실무 외식 주방관리론

실무 외식 주방관리론

2016년 8월 22일 초판 인쇄
2016년 9월 05일 초판 발행

지은이 | 여운승
발행인 | 윤용호
발행처 | 석학당 출판사
등 록 | 2001.10.23 제10-2238호
주 소 | 서울시 마포구 토정로 222(서울시 마포구 신수동 448-6) 한국출판콘텐츠 3층 301호
전 화 | 02)719-6116
팩 스 | 02)719-6120
홈페이지 | http://www.shdbooks.co.kr
전자우편 | sdh6116@chol.com

이 도서의 국립중앙도서관 출판예정도서목록(CIP)은 서지정보유통지원시스템 홈페이지(http://seoji.nl.go.kr)와 국가자료공동목록시스템(http://www.nl.go.kr/kolisnet)에서 이용하실 수 있습니다. (CIP제어번호: CIP2016020284)

ISBN : 978-89-93158-99-1 가격 : 19,000원

실무 외식 주방관리론

여운승 지음

Seok Hak Dang | www.shdbook.co.kr

머리말

외식기업에서도 도태되지 않고 살아남기 위하여 새롭게 변신하려는 많은 노력을 기울이고 있다. 세상은 언제나 새로운 것에 이끌리고, 존재하는 모든 것의 가치는 새로운 것에 의하여 대체되거나 사라진다. 현재에 아무리 뛰어난 것이라도 더 새로운 것이 나타나면 자취를 감추어 버리고 만다. 새로운 상황에 적응하지 못하는 것은 비록 존재하더라도 주목받지 못하고 시들어져 간다. 경제 원리를 설명할 때 인용되는 말 중에 파레토 법칙이라는 것이 있다. 이는 상위 20%가 전체의 80%를 담당한다는 말이다. 이 같은 법칙은 모든 분야에서 적용되고 있다. 최근 외식업에서는 이보다 더한 10 : 90의 치열한 경쟁을 견뎌내야지만 성공할 수 있다. 이런 경쟁의 치열함을 아는지 모르는지 외식업 창업에 대하여 많은 사람들이 너무나 쉽게 생각하고 창업에 뛰어들기 때문에 1년 안에 폐업으로 이어지는 경우가 90%가 넘고 있다.

외식업에서 성공하려면 소비자들이 원하는 외식문화의 변화와 욕구를 충족시킬 수 있는 메뉴상품, 서비스상품, 분위기상품 등이 제공되어야만 치열한 경쟁 속에서 살아남을 수 있다. 외식상품의 경우 조리과정 모든 분야에 인적자원과 조리기기의 영향이 미치지 않는 곳이 없다. 메뉴라는 종합상품이 고객에게 제공되기까지 각자의 분야에서 최고의 능력을 발휘할 때 고객을 감동시킬 수 있다. 외식기업의 내부환경에 많은 새로운 바람이 불었음에도 불구하고 메뉴상품이 만들어지는 가장 중요한 부서인 주방의 관리에 대하여 조금은 소홀해 왔던 것이 사실이다. 요리는 손맛이라는 말이 있다. 요즘처럼 급변하는 식문화 속에서 생활하는 현대인들에게도 적용되는 말일까? 물론 조리를 하는 사람으로서 전부를 부정할 수 있는 것은 아니지만 요즘의 외식시장을 살펴보면 예전의 손맛을 중시하던 음식이 아닌 표준화된 프랜차이즈기업이 성행하고 있다. 그렇다면 어릴적부터 이러한 프랜차이즈음식에 맛들여진 고객들을 상대하면서 조리사의 손맛에 의지한다면 성공할 수 있을까? 그만큼 성공할 수 있는 확률이 적을 것이다. 외식상품을 만드는 데 있어서 가장 효율적인 방법은 이러한 상품이 만들어지는 주방의 시스템이나 설비, 기기, 기구, 기물 등이 뒷받침 되어야 한다. 이렇게 급변하는 환경에 대처할 수 있는 외식전문가를 양성하기 위해서는 지속적이고 체계적인 교육이 필요한 시기라고 사료되어 이론과 실무를 겸비한 필자들이 한 자리에 모였다.

본서에서는 메뉴상품을 생산하는 가장 중요한 부서인 주방의 관리에 대하여 다루고 있다. 외식기업 경영자, 점포 책임자, 외식조리를 전공하는 학생, 외식현장의 실무자들의 지침서로서 활용될 수 있도록 많은 내용을 담으려고 원고를 준비하고 자료를 정리했지만, 내용상 수정 · 보완해야 할 사항이 많이 있으리라 사료된다. 앞으로 더욱 완벽한 지침서가 될 수 있도록 선 · 후배 선생님들의 아낌없는 질책과 조언을 받아 계속 보완해 나갈 것을 약속드린다.

끝으로 본서가 출판될 수 있도록 물심양면으로 도움을 주신 석학당 윤용호 사장님을 비롯한 관계자 여러분께 진심으로 깊은 감사를 드립니다.

2016년 8월

저자 씀

Contents

제5장 주방 기기 및 기물

제6장 주방 식자재관리

제7장 주방 구매관리

제8장 주방 안전관리

Contents

제12장 주방 재고관리

제13장 주방설계 실무

1

주방개론

1. 주방의 개념

주방(廚房)이란 '음식을 만들거나 차리는 방'을 일컫는 말로 외식업에서는 고객에게 제공할 메뉴상품을 만들기 위한 공간으로서 상품의 질을 결정하는데 많은 영향을 받을 수 있는 곳이다.

외식기업은 외식상품을 판매하여 경영수익을 달성하는 산업구조로 이루어져 있다. 외식기업의 수익률을 결정하는 요인 중 가장 많은 부분을 차지하고 있는 것이 주방이라는 곳에서 만들어지는 메뉴상품이다. 외식상품 중 하나인 메뉴상품을 제조하는 주방은 외식기업의 내부환경 중에서 가장 중요한 부분이라고 할 수 있다. 외식상품 모두가 중요하지 않은 것은 없지만 그 중 메뉴상품에 따라 업소의 모든 시스템이 갖추어지고 그 시스템에 따라 움직여지기 때문이다.

주방에서 만들어지는 메뉴상품의 경우 생산과 동시에 소비를 해야 하는 외식업만의 특이성을 가지고 있기 때문에 복합적인 시스템이 함께 조화를 이룰 때 완전한 기능이 역할을 할 수 있다. 그렇기 때문에 주방의 합리적이고 능률적인 배치로 조리 종사자들에게 좋은 작업환경을 만들어 주어야 한다.

주방의 잘못된 설비, 불규칙적인 배치, 작업유해 환경은 질병 뿐만 아니라 산업재해로 이어져 인력손실과 경제적인 손실을 유발할 수 있기 때문이다. 뿐만 아니라 작업능률의 저하, 낮은 생산성, 근로피로의 증가로 인하여 메뉴상품을 생산하는데 집중하지 못 함으로써 음식의 질은 낮아지게 될 것이다. 결과적으로 잘 못된 주방환경은 외식업소의 매출에 영향을 미치게 될 만큼 중요한 요소 중 하나이다.

따라서 주방의 시설 및 기기류의 과학적인 운영관리는 외식 경영의 필수적인 요인이라 할 수 있다. 그렇기 때문에 외식업과 관련된 사람들은 빠르게 발전하고 있는 주방기기산업에 적응하려는 노력이 필요하다. 이와 같은 기술혁신은 외식기업의 효율성 증대에 기여할 수 있는 표준화 · 간편화 · 전문화를 이룰 수 있다. 또한 메뉴상품의 품질과 생산원가를 낮추어 상대기업과 비교할 때 가격과 서비스경쟁에서 우위를 점할 수 있기 때문에 주방시스템 개선의 새로운 전략으로 대두되고 있다.

2. 주방의 설계

외식기업의 주방은 일반 가정에서의 주방과는 달리 매우 복잡하고 위험한 요소들의 총 집합이라 할 정도로 시설, 기기, 기물들이 혼합되어 있다. 이런 공간 속에서 메뉴상품을 원활하게 제조하기 위해서는 시설물이나 기기의 배치 등이 경제적이면서도 합리적으로 구성되어야 한다. 또한 각 구역과 음식을 제공하는 장소의 시스템적 연결동선 확정 및 각 설비의 배치를 조화롭게 하는 것이 중요하며, 특히 열기구를 이용하는 설비는 서로 중첩되지 않도록 해야 한다.

외식기업 주방의 열원으로는 가스와 전기를 주로 사용하고 있다. 이것들을 사용하는데 있어서 편리한 점도 많이 있지만, 조그만 부주위로 인하여 커다란 화를 가져올 수 있으므로 안전관리 교육이 반듯이 이루어져야 한다.

주방을 구성하고 있는 여러 가지 요소들은 각각 정해진 고유의 업무를 수행하기 위하여 조합된 것으로 안전하고 위생적인 메뉴상품을 생산하기 위한 시스템이라 할 수 있다.

따라서 주방을 설계하면서 고려해야 할 것으로는 주방설비의 배치계획, 기기의 레이아웃, 조리원의 적재적소 배치, 식자재 관리, 주작업공간, 준비공간, 배식공간 등은 주방의 효율성을 판단하게 하는 중요한 요소이다. 때문에 최소의 비용을 투입하여 최대의 생산효과를 거둘 수 있도록 경제적이면서 효율적으로 설계되어야 한다.

3. 주방의 시설관리

주방은 여러 부서의 기능적인 시설로 구성된 종합 경영시스템으로 이루어져 있으며, 외식기업이 추구하는 컨셉과 생산목표 달성에 기여할 수 있는 상태로 유지시켜 고품질의 메뉴상품을 고객에게 제공하는데 있다.

주방의 작업 환경적 요소로는 주방의장비, 기물의 설계와 공간 확보, 조리기구 등으로 인하여 조리 종사자에게 직접 영향을 줄 수 있는 요인이 되고 있다.

주방의 시설관리는 조리사가 각종 조리시설 및 조리 기구를 안전하고 위생적인 환경 속에서 조리작업을 할 수 있는 공간을 갖출 수 있도록 설계 할 때부터 고려가 되어야 한다. 주방의 설계 요소가 바람직하게 이루어 질 수 있도록 설계 전문가와 주방의 기능을 연계시킬 수 있는 구성원의 참여가 필요하다.

외식기업 주방의 경우 주어진 시간 내에 메뉴상품을 생산하여 고객에게 제공 해야 하기 때문에 복잡한 시설과 다양한 장비, 기구를 사용하고 있으므로 처음부터 배식방법을 중앙공급식으로 할 것인지 아니면 분산식으로 할 것인가를 계획해야 한다. 효율적인 주방 시설관리를 위해서는 기물, 장비, 배치관리로 구분하여 관리 한다. 기물관리는 기물관리부서에서 신속한 기물의 교체 및 적시수리가 이루어져야 하기 때문에 각 부서와의 긴밀한 협조체제를 갖추어야 한다. 장비관리는 최신장비를 도입 및 확보함으로써 조리 종사자의 노동력을 절감할 수 있으며, 장비의 청결관리, 주기적인 점검 및 보수를 함으로써 업무에 지장을 초래하지 않고 원활하게 운영될 것이다.

배치관리는 조리 종사자의 동선과 설비 및 시설이 겹치지 않도록 함으로써 부적절한 주방시설의 배치로 인하여 발생하는 경제적 손실요인을 제거하여야 한다. 따라서 작업 동선의 흐름을 효과적으로 처리하는데 중점을 두어야 한다.

가. 시설 관리의 의의

급식을 원활하게 운영하기 위해서는 좋은 환경과 적절한 시설, 설비가 필요하다. 좋은 급식 시설이란 음식을 안심하고 먹을 수 있도록 위생적인 시설에서 위생적으로 조리해야 하며, 조리 종사자도 안전하고 즐겁고 능률적인 환경에서 작업할 수 있는 시설을 의미한다.

급식시설의 설비 조건

① 음식을 위생적으로 처리할 수 있을 것
② 안전하고 쾌적하게 일할 수 있는 환경일 것
③ 능률적이며 취급하기 쉬울 것
④ 일정한 시간 내에 조리와 배식이 가능하도록 설비할 것

또한 조리 시설의 설비 계획은 식재료의 반입에서 가공, 조리되어 반출될 때까지의 과정을 고려하여 시설의 종류, 식수, 식단의 종류(한식, 중식, 일식, 양식 등), 배식 방법, 배식 시간, 주방장비, 기기, 시설 면적, 조리 인원, 사용예정 식품과 1회의 구입량, 식당의 좌석 수, 예산 그 외 법적인 문제 등을 계획하여 명확히 해야 한다.

나. 주방면적상의 구성

주방의 모든 업무가 가장 능률적으로 운영되기 위해서 가장 기본이 되는 것이 바로 주방의 위치와 규모에 대한 설계단계이다. 조리 업무량의 파악을 기초로 필요한 기구와 재료를 사용하여 업무를 효율적으로 수행할 수 있는 것은 조리기구 및 장비에 대한 배치와 전체 영업의 성격상 주어지는 주방의 규모이다.

따라서 주방 면적은 가장 활동적이고 필요 정도가 명확하다는 점에서 전체 면적 배분의 기초가 된다. 이렇듯 필요 정도가 확실하다는 것은 필요로 하는 주방 설비와 조리작업이 순수하게 기능적인 조건에 따라 정해지기 때문이다.

주방의 소요 면적은 조리기구와 식기의 수납 선반 등 주방설비의 설치 면적과 조리 종사자의 작업을 위한 바닥의 면적으로 이루어진다. 메뉴상품의 종류와 양에 따라서 필요한 조리기구의 종류와 수량이 결정되고, 그에 따른 소요 면적과 식기의 수납면적이 정해진다. 일정시간 동안 조리해야 할 수량은 좌석 수와 관계되는데, 수량이 두 배가되더라도 기구의 설치 면적과 작업 면적은 두 배로 되지 않는다. 예를 들면 앞쪽에 조리 기구를 배치하고 뒤쪽에 식기 선반을 배치한 통로상의 작업 바닥은 한 사람이 움직이기 위해서 600mm의 유효 폭이 필요하다. 그렇지만 여러 사람이 이동하면서 작업하기 위해서는 최적 900mm 이상이어야 한다. 한 명의 조리 종사자가 움직이는데 필요한 바닥 면적은 12~13m^2이다. 물론 이와 같은 결정은 공간 계획상의 개별적인 조건에 따라 다르게 적용된다.

다. 설비의 구성

주방의 설비는 조리의 공정에 따른 여러 종류의 기계기구류가 있으며, 기구류의 배치는 공정 순서에 의해 식품의 흐름을 고려하여 조리 작업이 원활하게 되도록 해야 한다. 조리 과정의 다양한 작업을 합리적으로 수행하기 위하여 여러 가지 조건에 따라서 고도로 특수화된 기기를 사용하여 음식을 조리하는데, 그에 따른 시설과 기기의 종류는 매우 복잡하고 다양하다. 또한 주방시설 설비는 인간을 대상으로 하는 공학이며, 고객에게는 안락한 분위기와 제공되는 요리를 최상의 상태로 보존할 목적으로 하며, 고객으로 하여금 가치를 제공받았다는 느낌을 받을 수 있도록 해야 한다.

각 시설은 그 시설이 제공하는 서비스 형태의 기본적인 기능을 가지고 있다. 분석의 목적은 가장 효율적인 기능을 수행하는 설비의 선정과 배치를 설계디자인 하는 것이며, 작업자의 노력을 향상시키거나 작업방법 및 수행에 대한 연구를 필요로 하는 것이다.

라. 시설설비의 계획

급식설비를 계획하는 데 있어서 가장 중요한 것은 급식 수, 식사내용, 배식시간, 시설의 성격 등이있다. 기업의 목적은 이윤추구이나 설비를 계획하는 사람의 입장에서는 생산성 향상과 품질향상 및 시설개선이 가장 중요한 요소이다.

1) 계획의 목적과 목적달성을 위한 노력

시설설비계획의 목적은 급식을 합리적으로 관리 · 실시 · 경영하기 위하여 최소의 공간에서 최대의 작업능력을 거둘수 있도록 계획하는 것이 궁극적인 목적이다. 이와 같은 목적을 달성하기 위해서는 첫째, 조리공정을 단순화 할 수 있는 조리방법을 개발시켜야 하고, 둘째, 각종 조리기기의 조작방법을 습득함으로써 작업을 수행하는 과정에서 유용하게 사용할 수 있도록 개발시켜야 하고, 셋째, 작업순서에 따라 합리적으로 기기를 배열하여야 하고, 넷째, 이동

가능한 기기를 채택하여 시간과 공간에 따라 다목적으로 이용할 수 있도록 해야 한다.

2) 급식시설 계획 시 검토사항

① 급식의 목표와 급식 수 : 기기의 용량과 기계대수를 결정하는 데는 급식수가 반영되며 급식의 목표에 따라 달라진다.

② 식사내용 및 업종 : 식사내용 및 반찬 수와 업종에 따라 기기의 종류가 달라진다.

③ 배식 시간대와 영업일수 산정 : 배식하는 시간대 및 시간당 서비스량을 산정하여 설치할 기기와 공간을 결정한다.

④ 배식방법과 식당의 위치 : 배식 방법이 식당 내, 셀프서비스, 배달 여부, 식사 후 식기회수 여부 등과 식사이동 문제를 고려하여야 한다.

⑤ 식품내용과 가공식품 사용도 : 어떤 식품을 어느 정도, 몇 시간 조리하며, 가공 식품은 어느 정도 사용할 것인가? 식품의 저장기간은 어느 정도인가? 파악하여야 한다.

⑥ 식품의 반입 · 반출방법 : 식재료를 어떤 방법으로 구입해서 어디에 보관 할 것이며, 어떤 과정을 거쳐서 식품을 관리할 것인가를 고려해야 한다.

⑦ 후생복리시설 : 종업원이 작업 후 휴식할 공간으로 휴게실, 샤워실, 세면실, 탈의실과 종업원의 식당도 고려하여야 한다.

⑧ 장래 계획 : 장래 시설을 확장, 증측 하거나 일부 변경 할 때를 대비하여 계획하고, 예산 및 투자효과를 고려하여야 한다.

⑨ 그 외 법적인 문제 : 방화, 방재, 급수, 하수구, 쓰레기처리 규제 등 노동안전 및 식품위생법규 등에 저촉되지 않도록 고려한다.

3) 시설설비의 경향

외식 산업 전반의 근대화로 급식 시설도 운영 방법의 일환으로 생각되고 있으며 식사 및 서비스의 향상 특히 생산성과 작업의 표준화 등에서 서서히 개선되고 있다. 그러나 영업시설과 달리 급식시설은 개선의 어려운 점이 많고 시설 격차도 크지만 다음과 같은 방향으로 개선되고 있다.

① 식재료의 저온유통, 적온, 저장 설비의 증가(냉동, 냉장고)
② 가열 기기류, 냉 기기류, 해동 기기류의 전용화 및 자동 조정 기구
③ 배선에 적합한 적온 급식용 기기의 이용 증가
④ 식기 및 기구류 세정의 기계화
⑤ 잔반 처리, 오수 처리의 기계화
⑥ 종업원 후생 시설의 개선
⑦ 동선 단축을 고려한 설계

마. 주방의 위치

급식의 종류와 규모 및 운영 방법에 따라 위치 선정 조건은 달라지는데 조리작업 의능률, 위생, 환경을 우선적으로 고려하여 다음과 같은 조건이 갖추어진 위치를 선정하여야 한다.

① 재료의 반입 및 오물의 반출이 편리한곳
② 통풍이 잘 되며 밝고 청결한 환경
③ 음식의 운반과 배선이 편리한 곳
④ 급수와 배수가 잘 되고 소음, 잡음, 기름연기, 냄새 등을 처리하기 쉬운 곳
⑤ 사고 발생 시 대피하기 쉬운 곳
⑥ 식당이 인접한 경우는 급식 대상자의 왕래가 편리하고 식당 환경이 좋은 곳

이상의 조건에서 볼 때 지하보다는 지상 1층이 좋다. 지하층의

경우 채광 · 통풍 · 온도 · 습도 · 환기 · 배수 등 환경 위생상의 문제가 있고, 2층 이상의 경우 식재료의 반입과 폐기물의 반출 등 작업 능률상 불리하다. 그러므로 공해 문제의 규제 등 문제의 여지가 있기때문에 대규모 시설의 위치 결정은 주위의 환경을 사전에 조사하여 결정할 필요가 있다.

조리실 내 · 외의 관계를 그림으로 나타내면 다음과 같다.

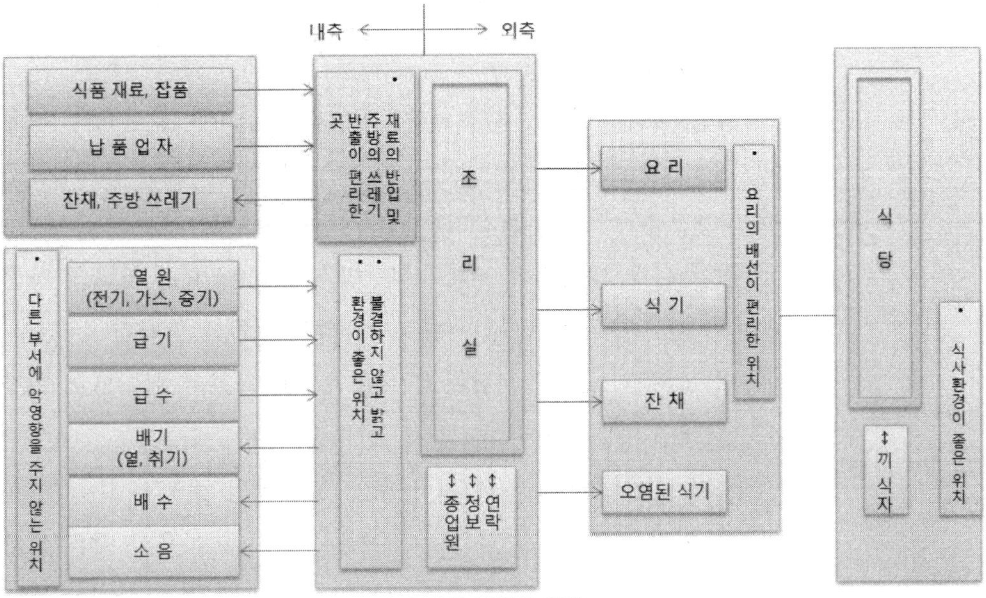

조리실 내외의 관계

4. 주방의 부문별 작업 공간

가. 반입과 저장 공간

반입과 저장 공간은 식당의 종류에 따라 다른데 최근에는 일반 저장 공간은 줄이고 냉장 저장 공간은 늘리는 경향이 있다. 이 공간은 빠르고 쉽게 식품을 취급할 수 있도록 설계되어야 한다.

반입 검수 공간은 바닥과 벽이 상하기 쉽고 더러워지기 쉬우므로 청소하기가 쉬워야 하며, 세면대, 청소 기구함 등이 있으면 좋다.

또 물품의 검수가 끝난 서류를 보관할 수 있는 선반이나 책상을 설치하고, 검수하기에 충분한 햇빛이 들어오거나 조도가 높은 조명을 시설해야 한다.

저장실은 가능하면 식품 검수실, 조리실과 가까운 곳에 설치하고 출입구는 조리실과 연결되어야 한다. 저장실의 크기는 식품 반입 횟수, 저장품의 양과 종류에 따라 다르며 반입 횟수가 잦으면 좁은 면적으로도 저장이 가능하다.

1) 일반창고

저장할 식품의 크기, 사용빈도, 특성을 고려하여 분류하여 저장하는데 이 창고에는 곡류, 설탕, 밀가루, 병조림, 식초, 유지류, 조미료, 양념류, 기타 잡물(휴지통, 비누)등을 보관한다.

창고는 급식 대상자가 적을 경우 입지 조건에 따라 하나의 창고에 여러 종류의 식품을 공용으로 보관하여 공간을 절약할 수 있다. 선반의 높이는 높으면 사용하기가 불편하고 피로하게 되므로 의자와 같은 보조 기구 없이 이용할 수 있도록 해야 한다.

선반의 넓이는 60cm는 되어야 하고 저장실의 통로는 최소 91cm이나 보통 1~1.2m 정도로 한다. 전동식 기기를 이용할 때는 이보다 더 넓은 것이 좋다. 저장실의 온도는 15.5 ~21.21℃ 사이가 적당하며 37.4℃를 넘어서는 안 된다. 또한 저장 식품은 바닥에서 20cm 이상 띄워 운반 컨테이너나 선반에 보관하고 선반은 벽으로 부터 최소한 5cm 이상 띄워서 설치한다.

식품창고 선반 일자형

식품창고 선반 L형

2) 환기 장치가 설치된 창고

근채류는 시원하고 어두운 곳으로 온도는 10~15℃, 습도 85~90%, 통풍이 잘 되는 곳에 저장한다.

3) 냉동 및 저온 창고

최근 이 공간을 늘리는 경향인데 대체로 공간 면적 배분은 전체 공간의 20~35%는 고기류, 과일과 야채는 30~35%, 우유와 유제품은 20~25%, 냉동식품은 10~25%, 기타 샐러드, 샌드위치, 빵 종류는 5~10%로 한다.

냉동고는 -20~-5℃의 온도를 유지하면서 맛과 영양 손실이 없이 식품을 장기간 저장 보존하는 것이다. 냉동고의 크기나 형태는 급식 인원 및 저장 식품의 종류와 양에 따라 결정된다.

일반적으로 사용되고 있는 냉장고나 냉동 보관고의 종류는 편의형 소형 냉장고(reach-in)와 물품식 대형 냉장고(walk-in) 등이 있다. 편의형 소형냉장고는 소규모 작업을 하는 급식 시설에서 저장고로 사용하며, 대형 냉장고는 0~5℃의 저온 유지가 되어야 하고, 사용하기 편리한 곳에 설치한다. 배식용이나 음식 보관용은 배선대나 배선실 가까이 배치하며, 병 냉장고는 서비스가 요구되는 곳에 놓는다.

냉동 시설의 바닥 재료는 내구성이 강하고, 청소하기 쉬운 타일로 주방 바닥과 수평이 되도록 하여 식품 운반차가 쉽게 운반할 수 있도록 한다. 벽은 수분을 흡수하지 않는 스테인리스 스틸이나 알

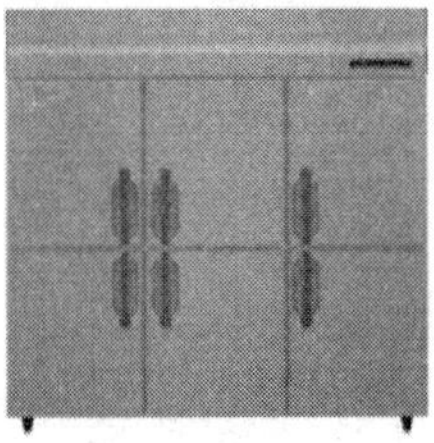

업소용 냉장고

냉장 테이블

루미늄 등이 좋고, 외벽에 계기를 부착하여 내부 온도를 볼 수 있도록 한다.

나. 전처리 공간

육류 · 어패류 · 야채 등의 불필요한 부분을 제거하는 1차 처리를 행하는 곳으로 식사 제공 규모가 클수록 분리하여야 하며 기기 배치는 작업 순서에 따라 설치되도록 계획한다.

위치는 주조리 공간과 가까운 곳에 설치하고 작업대 옆에 쓰레기 처리 장치, 배수 장치를 한다. 전처리 공간은 재료의 선별 · 선도 판정을 하는 곳으로 조명이 밝은 것이 좋다.

다. 주조리 공간

주방의 중심이며 전처리 공간, 식기 세정 공간, 저장 공간, 배식 공간에 가까이 배치한다. 또 반복 동선을 최소로 하고 조리와 배식이 작업 순서대로 진행될 수 있도록 한다. 이 공간은 열 · 증기 · 연기 · 냄새가 많이 발생하는 곳으로 고온 다습한 공간이어서 환기 장치가 필수적이다. 특히 내부 마감 재료는 내수성, 내습성, 내식성, 내마모성, 내화성, 내열성이 좋은 것을 사용하여야 한다. 바닥재로는 청소가 쉽고, 내습성이며, 흡음성이 있고, 결로 방지가 잘 되며, 단열성이 좋은 재료를 사용한다. 작업대의 배치는 작업 순서에 따라 적합한 장비품을 주방의 크기와 형태에 맞춰서 배열함으로서 편리하고 능률적인 배치를 하도록 한다.

주방배치의 형태는 일렬형 · 병렬형 · L자형 · ㄷ자형 · 아일랜드형으로 분류한다.

1) 일렬형

주방의 한쪽 벽면으로만 작업대를 배치한 형태이다. 그 길이가 너무 길면 좌 · 우 동선이 길어져 조리 종사자의 노동력 손실은 물론 쉽게 피로해 지게 됨으로 작업대의 길이가 2.7~3.0m 정도의 소규모 주방에 적합하다.

일렬형

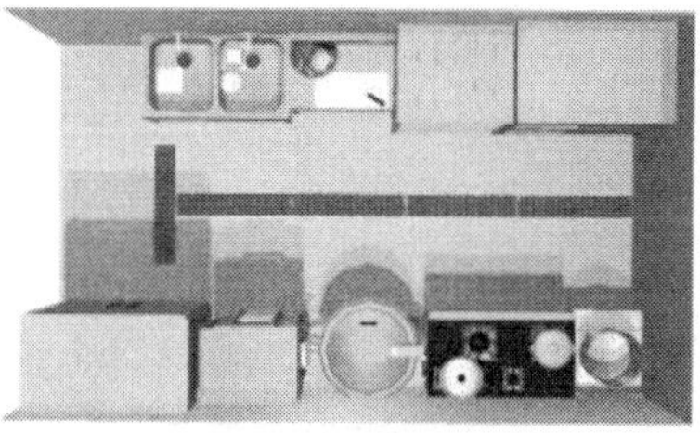

병렬형

2) 병렬형

주방의 마주 보는 두 벽면에 작업대를 배치한 형태로 작업의 효율성을 얻을 수 있다. 일반적으로 한쪽 벽면에는 개수대 · 조리대 · 가열대를 배치하고, 다른 한쪽 벽으로는 냉장고 · 준비대 · 배선대를 설치한다.

병렬형 주방은 양쪽 벽면에 수납공간을 설치하여 이용하면 편리한 반면 두 작업대의 간격이 지나치게 멀면 도리어 불편하므로 1.2m 정도로 하면 동선을 단축시킬 수 있다. 그러나 출입문이 양쪽 끝에 있으면 통행로로 사용되어 작업에 불편함을 초래할 수 있다.

3) ㄷ자형

주방의 세 벽면에 기기들을 배치한 형태로, 대규모 주방에 적합하다. 조리 종사자들이 가장 능률적으로 업무를 수행할 수 있도록 짜임새가 있고 동선의 방해를 받지 않는 장점이 있다.

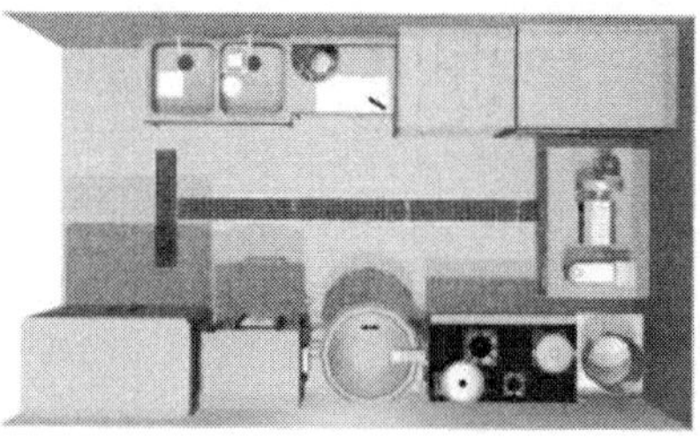

ㄷ자형

4) L자형

주방의 두 벽면을 이용하여 작업대를 L자 모양으로 배치한 형태이다. 작업대가 직각으로 배치되기 때문에 모퉁이 수납 공간의 깊이가 깊어 사용하기 불편하므로 회전식 선반을 이용하면 효율적이다.

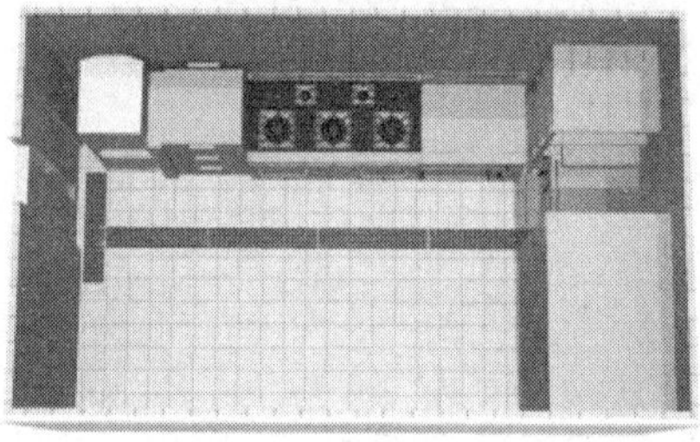

L자형

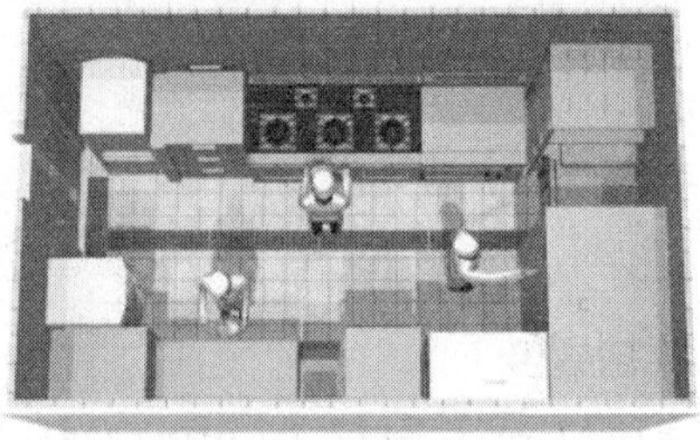

아일랜드형

5) 아일랜드형

조리 기기를 한 곳에 모아 놓아서 환풍기와 후드의 수를 최소화할 수 있다.

능률적인 작업공간

작업자가 주방에서 작업에 필요한 공간 확보를 위해서는 합리적인 주방동선을 결정하는데 필요한 사항을 고려하여야 한다.

① 동선을 다른 동선과 교차시키거나 역행해서는 안 된다.
② 동선은 가능한 한 일직선 라인을 통과해야 한다.
③ 옆으로 통과하는 동선도 최소화해야 한다.
④ 식재료가 체류되거나 흐름과 역행하는 일이 없어야 한다.
⑤ 작업자나 식재료의 이동거리는 최소화해야 한다.
⑥ 공간이나 설비는 최대한 활용되어야 한다.
⑦ 오염구역에서 비오염구역으로 들어오는 동선은 없어야 한다.

2
주방기구의 발달

1. 불과 주방기구의 역사

주방기구는 인류가 돌을 두드리고 깨뜨려서 얻은 뗀석기에서 유래되었다. 불을 사용하기 시작하면서 불 위에 얹어서 음식을 조리할 때 사용했던 돌이나 막대기로부터 전래되었다. 인류는 언제부터인지는 모르나 숲을 태우는 불을 알게 되었고, 타다 남은 자연의 불을 이용하게 되면서 사나운 짐승으로부터 보호받을 수 있다는것을 깨닫게 되었고 빙하기 또한 극복할 수 있었다.

불에 떨어져 가열된 조개는 훨씬 맛이 좋아지는 것을 발견하고 물고기나 짐승의 고기도 구워서 먹게 되었다. 가열 조리된 먹이감은 맛도 좋았을 뿐더러 위생상의 전염병을 예방하기도 했다.

구석기시대에는 석기가 발달함에 따라 자루가 달린 돌창이나 돌도끼를 만들어 동물성 먹이감을 사냥하여으며, 농사로 얻어진 곡물이나 서류를 가열하여 음식을 조리하는데 사용하였다.

중석기시대에는 돌칼, 동물의 뼈나 뿔을 재료로 보다 정교한 조리도구를 만들어 사용하였다.

신석기시대의 기구로는 마제석기인 반달돌칼, 멧돼지 이빨로 만든 낫, 돌보습, 돌괭이, 삽 등의 다양한 목재농기구가 발견되었다.

가. 신석기 시대의 토기와 부엌세간

토기의 제작으로 사람은 먹이감을 끓여 먹게 되었으며 음식을 조리하는 새로운 길이 열리게 되었다. 음식물을 담아 먹는 식기를 마련할 수 있는 길이 넓혀졌으며 , 액체와 낟알같이 흩어지기 쉬운 물건도 허실 없이 저장할 수 있게 되었다. 이 시대의 토기는 빗살무늬토기로서 찰흙띠를 써서 테쌓기나 감아올리기로 성형한 것으로 신석기시대의 기본형태의 토기이다.

조리용 석기 골각기로는 돌칼, 조개칼, 멧돼지 이빨로 만든 칼, 뼈나 뿔로 만든 송곳, 돌톱, 갈돌, 돌망치, 돌 긁개 등이 조리용으로 사용되었다.

나. 신석기 시대의 화덕

움집속의 화덕은 조리와 움집속의 난방, 그리고 조명의 구실을 하였다. 야외의 굽돌화덕은 돌을 장작과 함께 쌓아 올려놓고 불을 놓으면 돌이 달궈지게 되는데, 여기에 물고기, 짐승고기 등을 얹어서 직접 굽거나, 꼬챙이에 꽂아서 불어 굽기도 하였다. 이와 같은 조리법은 여름철 야외조리에 이용되었다. 즉 조리가 내부공간과 외부공간에서 다 이루어진 것으로 즉 고대의 야외부엌의 원형이다.

다. 청동기시대의 식기와 부엌세간

① 청동기 시대의 토기 : 민무늬토기는 모래가 섞인 진흙을 빚어서 만든 토기로서 빗살무늬 토기보다 경도가 훨씬 높다. 민무늬토기는 밑바닥이 납작한 평저토기가 많고 동시에 기형도 다양해 졌다.

② 바리형 토기 : 곡식을 삶거나 고기를 삶는데 이용하였으며 무문토기 중 가장 분포가 넓고 오랫동안 사용한 가장 기본적인

토기이다.

③ 항아리(단지)형 토기 : 물을 담아서 옮기는데 사용함으로 아가리가 좁고 목이 있다. 목이 긴 항아리는 양조용으로 이용되었을 것이고 목이 짧은 것은 술병처럼 액체를 따르는데 이용되었다.

④ 사발(바리보다 작음) : 음식을 담는데 주로 사용되었다.

⑤ 공열토기 : 아가리 바로 밑에 구멍이 드문드문 뚫린 토기이다.

⑥ 미송리식 토기 : 표주박의 위아래를 잘라 버린 것 같이 생긴 형태에 한쌍의 손잡이가 있다.

라. 초기 철기시대의 토기

① 아가리띠토기 : 민무늬토기 형식들은 그대로 유지되면서 아가리를 말아서 띠를 돌린 것 같이 한겹 아가리토기가 이 시기의 특징 있는 형식이다.

② 검은 토기 : 물레를 쓰지 않고, 빛깔은 검은색이며, 그릇의 벽이 두껍다.

③ 굽다리형 토기 : 모양에 따라 굽다리바리 · 굽다리접시 · 굽다리합 등이 있다.

마. 원삼국시대의 토기

① 김해식 토기 : 김해식 토기는 온도가 450℃에 이르면 찰흙이 고체형이 되는데 가마를 쓰지 않고 구우면 굽는 온도가 1,000℃ 미만으로 600~800℃정도로 그치는 일이 많으므로 연질이 되고, 가마를 써서 1,000℃ 이상이 되면 경질로 된다.

② 와질토기 : 회백색 연질토기로서 초기 철기시대의 검은 토기에서 변형된 것으로 본다.

도자기 명칭상의 분류

- 토기 : 700℃정도의 낮은 온도에서 구운 것으로 물을 빨아들이는 성질이 높고 손톱으로 긁으면 금이 그어진다.
- 경질토기 : 오짓물(유약 · 잿물)을 바르지 않고 물레를 쓰며, 가마에서 1,100℃ 이상으로 구운 것이다.
- 도기 : 연질로서 적갈색을 띠는 것도 있지만 오짓물을 바르지 않고 1,000℃ 정도에서 구운 경질 토기, 잿물을 바르고 1,200℃정도로 구운 것(오지그릇) 등을 모두 도기라고 한다.
  - 질그릇 : 오짓물을 사용하지 않고 구운 토기를 질그릇이라 한다.
  - 오지그릇 : 붉은 진흙으로 만들어 볕에 말리거나 약간구운 질그릇에 고령토와 싸리나무 태운 재를 섞어 만든 오짓물(유약)을 씌워서 다시 구운 그릇이다.
  - 옹기 : 질그릇과 오지그릇을 통틀어 옹기라고도 한다.

바. 식기의 성립

1) 흙으로 만든 식기

청동기시대에 접어들어 점차 식사의 내용이 풍부해지고 이에 따라 식기의 형태도 다양해졌다. 토기의 주 용도는 먹거리를 삶는데 사용되거나, 저장 · 발효용으로 사용되기도 했으며, 때로는 식기의 기능을 겸하기도 했다.

2) 용도별 식기의 명칭과 규격

① 삶기용 : 바리 모양 · 항아리 모양 · 원통모양 · 주전자

② 저장 · 운반용

ⓐ 큰독 : 높이 100cm 이상

ⓑ 독 : 높이 50～100cm

ⓒ 큰항아리 : 높이 50cm 이상

ⓓ 항아리 : 높이 30～50cm

ⓔ 단지 : 높이 30cm 이하

③ 식기

ⓐ 바리 : 지름 20cm 이상

ⓑ 사발 : 지름 10~20cm

ⓒ 보시기 : 지름 5~10cm

ⓓ 종지 : 지름 5cm

ⓔ 쟁반 : 지름 20cm 이상

ⓕ 접시 : 지름 20cm 이하

ⓖ 잔 : 높이 20cm 이하, 높이>지름

우리나라 식기의 명칭

3) 식기의 종류

① 바리 : 밥이나 죽을 담는 것

② 사발 : 밥이나 죽을 담는 것으로 사발은 바리보다 작은 것

③ 보시기 : 사발보다 더 작은 것으로 찬이나 조미액을 담는 것

④ 대접 : 사발이나 바리보다 크고 국이나 국수 같은 것을 담는 것

⑤ 접시 : 운두가 얕고 납작한 그릇으로 반찬 · 과실 따위를 담는 것

⑥ 쟁반 : 운두가 얕고 둥글납작하거나 네모난 그릇으로 음식 그릇을 받쳐 드는 것

⑦ 잔 : 사발보다 작고, 접시보다 조금 깊은 것

2. 업종에 따른 주방형태

가. 한식주방

한국 정통음식점 주방을 말한다. 우리나라는 반도국가로서 사계절이 뚜렷하고, 기후의 지역적인 차이로 각 지방마다 식물이 다양하게 재배되고 있다. 이러한 지역적 특성을 살린 음식들을 잘 만들어 낼 수 있도록 주방시설이 갖추어져야 한다.

우리나라 음식은 조선시대를 기준으로 볼 때 궁중 반상음식과 반가음식, 일반대중들의 서민음식 그리고 각 지역에 따른 향토음식 등이 특색 있게 발달해 왔다. 그렇기 때문에 한식주방은 교자상 · 반상 · 일품요리 그리고 계절별 특선요리를 잘 만들어낼 수 있어야 한다.

한식조리의 특징을 보면 주식과 부식이 분리되어 있으며, 곡물조리법이 발달하였고, 음식을 만드는데 간을 중히 여겼다. 그리고 약식동원의 개념을 기본으로 조미료나 향신료를 이용하는데 있어서 매우 신중하게 사용하였으며, 조리하는데 있어서 섬세하고 미묘한 손놀림을 요구한다.

또한 종교적으로 유교사상에 많은 영향을 받아 의례를 중히 여기는 상차림이 발달하였으며, 일상식에서는 독상이 중심이었다. 아침식사와 저녁식사를 중히 여기고 공동식사의 풍속이 발달하였다. 의례를 중요시하고 풍류성이 뛰어나며 저장식품도 발달하였다.

그리고 한식은 주체성이 뛰어나다. 조리를 함에 있어서 식품재료, 주방세간, 화력, 양념 등의 네 가지 요소가 특히 중요하므로 이와 같은 것들을 편리하게 이용할 수 있는 계획과 입지설정에 많은 정성을 기울여야 한다.

한식주방 설계 시 검토사항

① 인원 : 수용인원, 객석, 연회석 등을 검토하여 주방규모를 결정한다.
② 메뉴 : 영업방침과 정식요리, 일품요리의 비율을 확인하고 객단가를 조사하여 조리 기기 및 기물을 결정한다.
③ 서비스방법 : 객석에서의 조리 메뉴를 검토하여 서비스 방식에 맞는 주방형태를 구성한다.
④ 좌석 수 : 예상주문량에 따라 배식대의 크기를 결정하고 음식과 잔반을 운반할 수 있는 기기 등을 결정한다. 배식대는 서비스 방식에 따라서 주문분량의 음식이 나열될 수 있는 크기로 한다.
⑤ 특징 : 숯이나 불판 등의 운반과 객석에서 즉석조리 메뉴 등을 검토해야 한다. 조리사가 주방 전체를 관리 · 감독할 수 있도록 설계한다.

탕 그릇의 크기와 렌지의 수, 버너의 수납공간과 수량, 위치 등에 주의한다. 전처리 작업이 많으므로 작업공간을 충분히 제공하도록 설계한다.

⑥ 세척 : 주로 직접 세척방식, 대규모 업소의 경우 식기세척기 도입을 검토한다. 식기세척기 도입이 처음에는 불편하고 많은 예산이 투입되지만 지속적으로 사용하다보면 편리하고 경제적이다. 세척기의 설치는 사용하는데 불편함이 없도록 작업 동선에 용이하도록 설치하여야 한다.

⑦ 취사 : 객석 수×100g (일반정식 중심)
객석 수×70g (연회 중심)

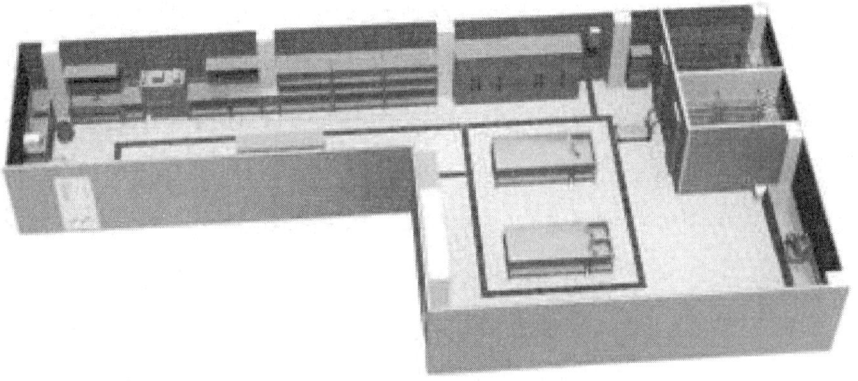

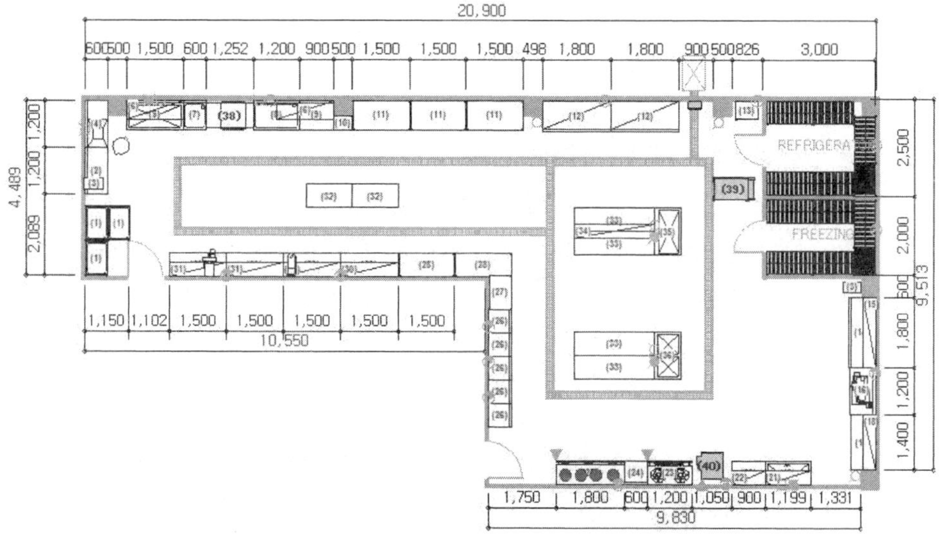

나. 양식주방

서양요리의 주방은 잘 발달된 주방형태를 갖추고 있으며, 분리되어 운영되는 특징을 가지고 있다. 주방이 분리되어 운영된 것은 기원전 5세기경으로 당시에는 종교적인 의식을 치르는 장소로서 활용되었다. 로마시대의 주방은 더욱 발전된 단계로 주방 내에 물탱크와 향신료, 싱크대, 요리 준비대 등의 기능이 다양해 졌다. 그렇지만 주방발전의 전성기는 프랑스 루이 시절이다. 귀족사회의 빈번한 연회행사를 치르기 위해 많은 조리사가 필요하였고 넓은 공간의 조리시설이 요구되었다. 부와 권력에 대한 표현으로 먹기 위한 음식보다는 아름다움을 표현하는 방법으로 주방시설이 매우 호화스러웠다. 19세기에 접어들면서 산업기술의 발달로 주방기기의 새로운 혁신이 일어났다. 냉동기기의 발달과 스테인리스 스틸, 알루미늄 등 신소재로 만든 주방기구들이 등장하면서 주방과 영업장의 분리가 뚜렷해지기 시작한다. 특히 렌지와 오븐을 중심으로 여러 가지 기능을 한 곳에 모을 수 있는 셋트 형식의 소스팬, 양념류 등이 주방을 차지하기 시작했다. 이와 같은 기류는 산업혁명이 시작된 영국을 중심으로 독일, 스위스 그리고 미국으로 이어져 현대에 와서도 세계 조리기기 시장의 대부분을 이들 국가들이 점령하고 있다.

현대주방의 특색은 컴퓨터를 이용한 정보화된 주방과 기기 그리

양식 레스토랑주방 설계 시 검토사항

① 인원 : 객석수와 시간대별 고객을 조사한다.
② 회전율 : 객단가 조사, 객 단가에 따른 회전율의 차이 및 입지 그리고 지역에 따라 조사한다.
③ 메뉴 : 메뉴와 주방기기의 관계도 검토한다.
④ 연회장 : 연회장의 유무 확인 및 서비스 제공방법을 검토한다.
⑤ 세척기 : 객석 수에 관계없이 세척기 도입 고려한다.
⑥ 냉장 · 냉동실 : 객석 수 70인 이상일 경우 냉장실의 설치를 고려한다.
⑦ 제빙기 : 제빙기는 객석수와 관계없이 도입을 검토한다.

고 음식을 표준화할 수 있는 첨단과학기술로 무장한 각종 조리기계, 냉장 · 냉동기술의 발달과 강력하고 첨단화된 주방조리기기의 화력 등으로 외식주방의 대형화가 이루어지고 있다. 또한 주방구조의 과학화와 환경위생에 부응하는 인테리어 기법을 도입하여 쾌적하고 효율적인 주방공간을 만들어가고 있다.

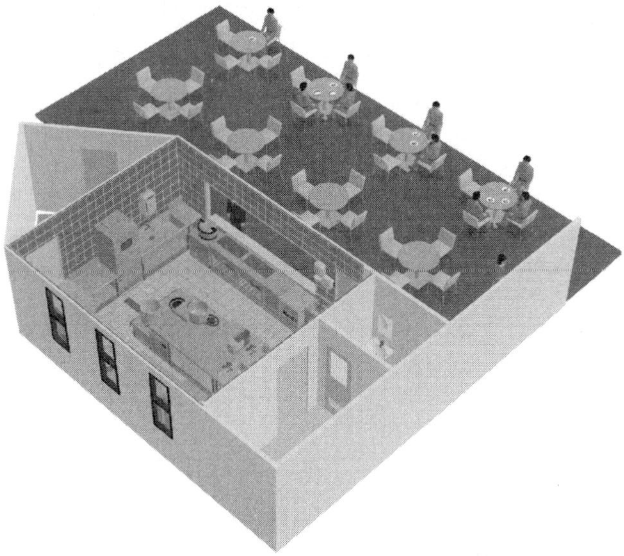

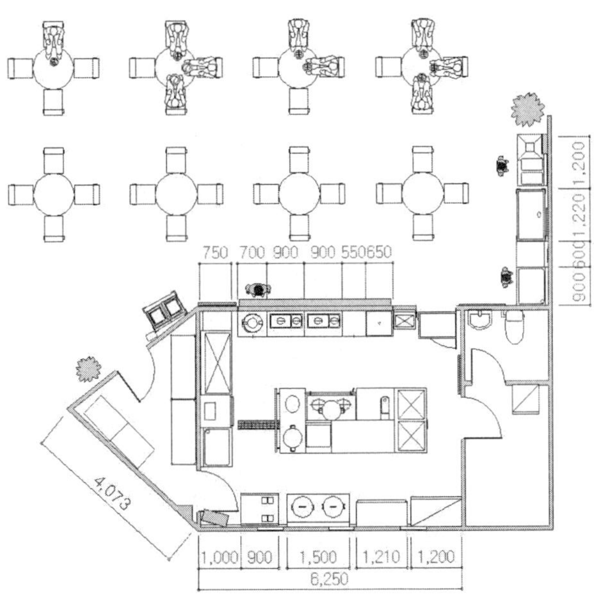

다. 중식주방

중식주방은 요리법의 다양성에 비교하면 조리기기는 많지 않고 사용법도 매우 단순하다. 중화 팬 하나로 볶음요리, 튀김요리, 조림 등을 할 수 있고, 그 위에 찜통을 얹어서 찜요리를 하기도 한다. 또 중화칼 하나로 요리재료의 껍질을 벗기고 다지고 썰어서 모든 손질을 하기도 한다. 중국 특유의 도마를 보면 통나무를 가로 질러서 자른 것을 주로 많이 사용하고 있으며, 최근에 와서 위생문제를 고려하여 플라스틱을 원료로 하는 도마를 사용한다. 중국요리는 한 번에 익혀서 먹지 않고 뜨거운 탕에 데치거나 기름에 데치는 등 먼저 애벌조리를 한 다음 마무리하는 특징이 있다. 기름에 볶는 조리법이 중식조리법의 약 80%를 차지한다. 또한 중국조리는 쪄서 튀기고 다시 볶는 방법의 복합적인 조리법이 발달하였다. 이와 같은 조리법의 특성에 맞도록 중식주방은 간편하고 위생적인 환경을 조성할 수 있도록 해야 한다.

중식주방 설계 시 검토사항

① 인원 : 객석수를 확인한다.
② 회전수 : 일반적으로 객석 회전율을 3~4회 정도, 고급업소는 1.5~2.3회전 정도 예상할 수 있다.
③ 연회장 : 연회장 규모 및 객석수로 중화렌지의 크기와 화구를 결정한다.
④ 특징 : 중화렌지의 크기 및 구경은 경영자 및 조리사와 함께 검토하고 냉장고는 충분히 복수로 시설해야 한다.
⑤ 세척 : 식기세척기 도입여부를 결정한다.
- 기름요리가 많으므로 직접 세척 시 반드시 3조 이상의 씽크대를 도입한다.
- 대형식기가 많으므로 씽크대 구입 시 수조의 크기를 고려한다.
- 증기 및 화로의 필요성을 확인하고 디저트용 설비 및 차 공급기 등을 검토한다.
- 조리방법 등의 개인적인 차이를 고려하여 배치 시 함께 의논하여 결정한다.

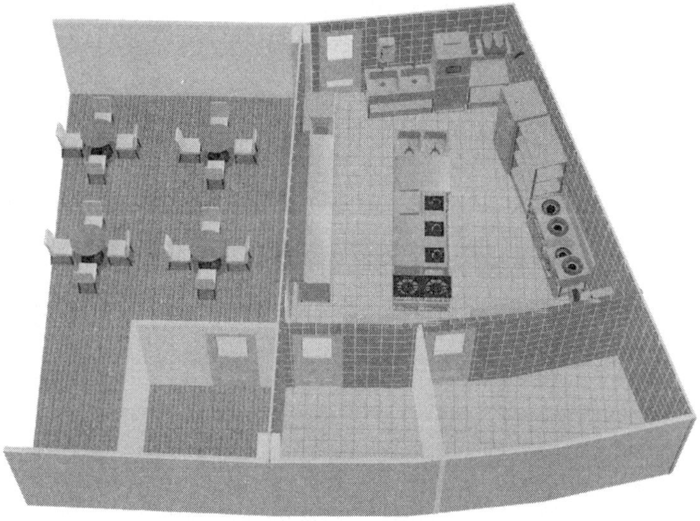

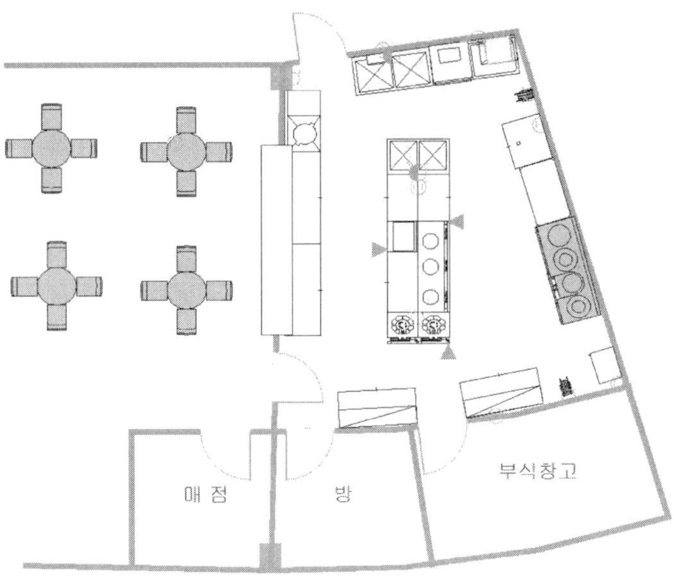

라. 일식주방

일본은 온대성 기후에 속하는 섬나라로서 해산물이 풍부하고 사계절이 뚜렷하여 지역마다 특색 있는 토속음식이 많이 발달되어있다. 일본인의 식생활은 530년경 전래된 불교와 더불어 발전하였다. 700년경에는 식생활에서 의식을 행하는 방법, 요리를 만드는 방법, 신에게 곡물을 바치는 방법의 규범이 생기기 시작하였다. 일본요리는 죠몬시대에는 자연식 그대로 잡식이 많았고, 나라시대부터 헤이안시대(8~12세기)는 일본요리의 기초 확립기로 794년 교토에 수도를 정하고 400여년 동안 당나라와 교류가 왕성해졌다. 이 때부터 당나라의 조리법이 소개되었으며 일본에는 중국문화의 영향으로 밀가루를 사용하는 만두 · 당과자 · 콩떡 · 팥떡을 만들었다. 가미쿠라시대에 정진요리가 발달하였고 일일삼식이 정착되었다.

무로마치시대(14~16세기)에는 주식으로 쌀의 소비가 증가하고 각종 장류 등 조미료도 보급되었다. 그리고 아쯔지시대(16세기)에는 포르투갈 등과 무역이 성행하여 남반요리 튀김, 카스테라 등 서양요리가 유입되었다. 모모야마시대에는 다도요리가, 에도시대에 와서 일본요리는 형식과 조리법이 거의 확립되었고 영업을 하는 음식점도 성행했으며 일본요리의 완성시대라고 할 수 있다.

1867년에 에도에서 동경으로 명칭이 변경되었다. 이 시대에 들어와서 각종조리법과 조미료, 조리법이 다양화되면서 일본요리의 융성기를 맞이한다. 근대에 와서는 서양요리 확산기로 구미음식문화를 받아들여 서양요리가 일본의 식생활에 크나큰 영향을 미치고 있다.

1964년 동경올림픽과 1969년 자본자유화를 계기로 외식산업이 발전하기 시작하여 1970년대를 외식사업의 원년으로 하고 현재는 최고의 전성기를 누리고 있다.

일본요리의 특징은 눈으로 먹는 요리라고 할 만큼 맛과 멋을 살리는데 치중하며 요리의 양이 비교적 적고, 섬세하고, 계절 감각이 뚜렷하며, 재료가 다양하고, 해산물이 풍부하다. 일본요리의 기본이 되는 조리법에는 오법, 오미, 오색의 조화에 계절감각을 매우 중요시하는 특징이 있다. 기본조리법 중 오법은 생것을 그대로 처리하여 식용하는 요리인 나마가 있으며, 끓임 · 조림요리인 니루, 구이요리인 야꾸, 찜요리인 무스 그리고 튀김요리인 아게루가 있다. 조리기구로는 칼이 중요한 조리기구 중에 하나이다. 칼의 종류는 매우 다양하며 전체적으로 간편하고 잘 정돈된 주방이다.

일식주방 설계 시 검토사항

① 인원 : 수용인원, 객석, 연회석 등을 면밀히 검토하여 주방 시설과 크기를 결정한다.

② 메뉴 : 메뉴의 다양성, 영업방침과 정식요리, 일품요리의 비율을 확인하고 객 단가를 조사하여 주방의 장비 및 기물을 결정한다.

③ 좌석 수 : 주문분의 음식이 배식대에서 충분히 나열될 수 있도록 배식대의 크기를 고려한다.

④ 특징 : 튀김 · 구이 · 삶기 등 각 조리부분이 작업대에서 장식되어 제공되므로 조리사가 주방 전체를 관리 감독할 수 있도록 설계하고 냄비의 크기와 냄비용 렌지의 수, 버너수량과 이용회수에 주의한다. 그리고 전처리용 생선 싱크대와 일반 싱크대를 분리하여 설치한다.

⑤ 설치 : 주로 직접 세척방식, 대규모 업소의 경우 세척기를 설치하여 사용한다. 식기세척기 도입 시 세척기 이용이 불편한 식기를 사전에 확인하고 대처 방안을 마련한다.

⑥ 취사 : 객석 수×70g (일반정식 중심)
객석 수×40g (연회 중심)

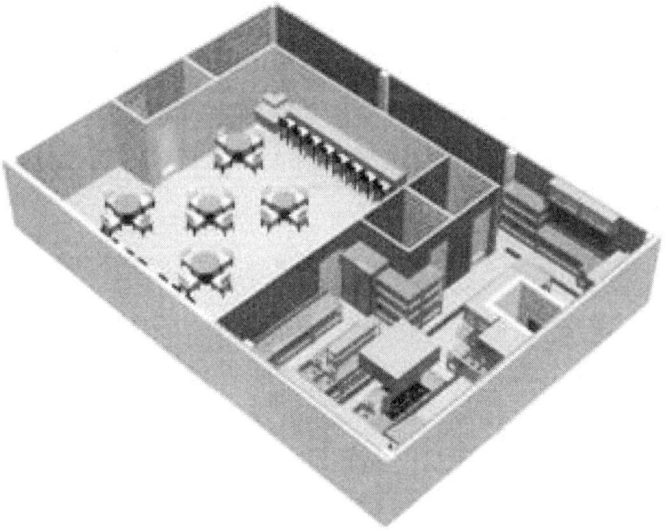

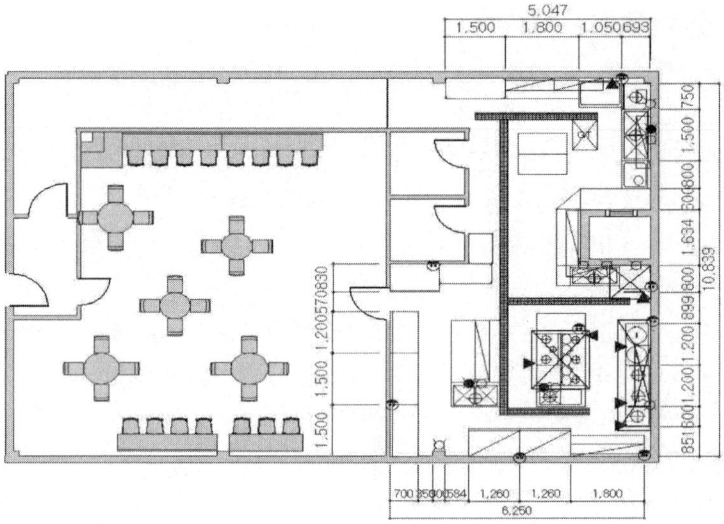

3. 주방 기기의 선택

주방기기의 가치는 그 기기가 필요한 정도와 필요할 때 기능을 만족스럽게 사용하느냐에 달려있다. 외식업체와 기준 그 규모, 그리고 재정적 성공이 이 기기에 직접적으로 관련되어 있다. 요구되는 조건은 특징적인 작업에 따라 다양하다. 즉 메뉴의 분량, 최대 수요, 공급의 종류, 활용 가능한 시설물, 설계 등 여러 요소에 의해 영향을 받는다.

주문 제작기기를 구입 할 때는 자세한 세부 항목과 정확한 요구 조건이 필요하기 때문에 자세한 세부 항목과 정확한 시방서가 필요하다. 작업효율을 개선시키기 위하여 제작업자들이 특수목적으로 개발한 다양한 종류의 기기들이 있다.

1) 특수 설비(주문 제작)

① 가격이 높다.

② 경제적 가치가 높다.

③ 주문제작 시 요구사항 : 세부항목, 정확한 요구조건, 제작자의 목록, 개발 프로그램 자세하게 표시, 산업공학 기술이 적용된다.

2) 제조업체의 표준 상품

① 가격이 저렴하다.
② 작업의 효율을 높이기 위한 여러 가지 형태가 있다.
③ 첨단 과학기술이 적용된다.
④ 시간적인 여유가 있다.

가. 기기선택 주의사항

최고 좋은 음식을 만들기 위해서는 기기의 선택이 매우 중요하다. 기기를 선택할 때는 다음과 같은 점에 유의해야 한다.

① 가장 훌륭한 조리를 하기 위한 기기 선택에 초점
② 본질적인 필요성
③ 비용
④ 성능
⑤ 특별한 요구조건에 대한 만족도
⑥ 안전성과 위생
⑦ 모양과 디자인
⑧ 제반시설과 정합성

나. 기기선택의 필요성

외식업소의 메뉴구성과 그 기기가 원하는 분량을 취급할 수 있어야 하며, 음식의 품질을 개선할 수 있고, 작업비용을 감소시킬 수 있는 기기인가를 파악하여 평가하여야 한다. 따라서 필수적인 것과 기본적인 것, 높은 활용성, 적당한 가격, 디자인 등을 고려하여야 한다.

① 기기의 처리능력

② 품질개선에 필요성

③ 작업비용과 시간의 절약

④ 메뉴의 일치

⑤ 최초계획에 필요한 것 : 알림표를 작성하여 자금의 적절한 배분을 유도하고, 한 번에 매입하지 않을 경우 추가할 물품은 인테리어 디자인 시에 참고로 할 것

ⓐ 필수적 또는 기본적

ⓑ 높은 활용성

ⓒ 사용가능성

ⓓ 기기 선택 시 음식의 질과 양을 확보하는 가장 실제적인 방법을 제공하는 필수설비를 선택하도록 한다.

⑥ 예상되는 성장과 변화에 대처할 수 있을 것

⑦ 처음 시설할 때 추가시설을 갖출 것에 대비할 것

라. 구매비용

기기의 최종적인 가격을 평가할 때 고려해야 할 항목으로는 다음과 같다.

① 최초의 가격 : 시장가격과 특수한 기기의 희소가치 등을 비교 평가

② 설치비용 : 기기가격 외에 많은 비용이 추가(설치비, 설비배관, 전선, 덮개, 화재안전장치, 가스시설 등)

③ 수리비 : 사용에 무리가 없고 견고하며 비용이 적게 드는 것, 자주 수리를 하지 않아야 할 것, 제작업사가 수리부품 등을 공급하는데 신속하고 신뢰성이 있어야 할 것(기기의 고장은 작업의 질을 떨어뜨리며 노동력을 더 필요하게 된다.)

④ 감가상각 : 최종비용에 중요한 요소로 목표량을 위한 견고성은 10년 아니면 10%의 감가상각이 따른다. 잘 제작한 기계는

보통 15~20년 정도의 수명을 유지한다.

⑤ 보험료, 재정비용 : 개인 · 가계 · 기업 등의 경제 사정을 고려한다.

⑥ 작업비용 : 기기를 운영하는데 들어가는 비용으로 청소의 어려움도 작업 비용이 증가하는 요인이므로 주방기기는 복잡하지 않고 단순한 것이 좋다.

⑦ 생산가치와 소비가치 : 비용에 있어서 미래의 화폐가치를 염두에 둘 것

지출한 자금이 투자가치를 나타낼 것인지, 기기의 공헌도가 지출한 자금뿐만 아니라 미래의 가치에 상응하는지 파악해야 한다. 기기의 운영비가 극히 제한되는 곳에서 비용을 절감하는 방법을 연구해 본다. 훌륭한 중고기기를 매입하거나 혹은 기기를 대여할 수 있는지, 가공품을 사용하여 메뉴 간소화를 통해 기기의 필요성을 줄이는 방안도 검토해야 한다. 만족스런 성능이 나타나지 않거나 생산가치가 상환되지 않는 것에 자금을 소비하는 것보다 기기를 매입하지 않는 편이 낫다.

$$\frac{A+B}{C+D+E+F+G} = >1$$

A : 기기의 수명 중 노동력 절감량

B : 기기의 수명 중 재료의 절감량

C : 구입 · 설치비

D : 기기의 수명 중 유용성

E : 기기의 수명 중 유지비

F : 기기의 수명 중 복합적 시설운용비

G : 기기의 철수 시 가치전환

만일 결과가 1.0 이상이면 기기는 노동력과 재료의 절감 이상으

로 수익을 가져올 수 있다. 만일 1.5 이상이면 구매를 매우 권장할 만하다. 하지만 기기에 대한 지나친 자본의 출자는 바람직하지 못하다. 최소의 노동력과 기기를 선택하는 것이 좋으며, 가스와 전기의 사용에 있어서 어느 것이 더 편리하고 이익이 있는지를 확인한다.

마. 기기의 성능

① 특수한 기능을 성취할 수 있는것을 선택

② 만족도 : 얇게 썰거나 자르려할 때 그것이 깨끗하게 잘리는가? 혹은 음식을 짓이기거나 찢겨지게 만드는가? 정상적인 사용 중에도 고장을 잘 일으키는가? 수명, 작업의 결과 쉽고 안전한 이동, 조작의 용이성, 분해 조립이 용이하여 청소하기 쉬운가?

③ 비용과 성능이 부합 할것(사용자가 가장 중요한 정보를 줌)

④ 정비가 좋은 기기는 유지비용을 절감

바. 특별한 요구에 대한 만족도

① 특정음식에 대한 설비

② 작업요구에 필요한 상세한 분석이 필수

③ 기기의 명세서와 관련된 기능적인 요구조건

④ 메뉴에 따른 기기의 활용성

⑤ 작업요구에 대한 상세한 분석은 산업공학기술 활용

⑥ 생산표와 생산적 요소는 기계의 요구조건을 판정하는데 사용

⑦ 기기의 기능적인 요구조건및 성능

사. 기기의 안전성과 위생

① 기기 선택의 안전기준점 확보

② 안전성과 위생에 대한 위험성

③ 상해나 오염으로부터 보호

④ 정상적인 마모율과 무해한 재료로 생산
⑤ 각종 기구의 표시
⑥ 음식공급을 계획하거나 기기를 선택하는 사람은 기구의 공인된 기준을 확보해야 하며, 기기를 설치할 때 그것을 따르고 있는지 확인
⑦ 기기의 위생적인 면은 음식의 성질과 생산비용뿐만 아니라 손님의 반응에 영향(박테리아의 생장을 방지하도록 음식의 적절한 온도유지, 기기의 음식오염을 방지 할 수 있는 자재사용, 청소하기 쉽고 기기의 분해조립이 쉬울 것).

아. 기기의 모양과 디자인

① 기기는 설계와 기능에 있어서 사람들의 관심
② 설비의 기준, 업장 컨셉, 다른 기기들과 조화
③ 정숙한 품위와 여유, 화려한 분위기의 기기
④ 단순성과 공간의 최대 활용
⑤ 부드러운 선은 청소 용이
⑥ 심미성과 내구성, 활용성, 이용 다양성을 갖춘 디자인, 색의 적절한 조화

자. 기기의 최종적인 가치

① 기계설비의 선택
② 작업의 편리성
③ 작업 공간 절약 : 유동성－특수한 설치와 건물의 특수 구조, 거리관계, 노동력 절약
④ 냉동기계 : 모터와 콘덴서의 효율성
⑤ 믿을 수 있는 기기 제작업자들로부터 기기를 선택
⑥ 기기는 성능과 제작 그리고 위생기준을 규정하는 협회의 승인
⑦ 기기가 설비되는 지역의 규약에 따르는 것이 중요
⑧ 품질 관련마크를 확인

4. 기기제작의 원칙

① 식품기기의 제작원칙은 디자인, 재료, 제작기준에 따라야 한다.
② 적당한 비용으로 최대의 실용성과 견고성을 갖추어야 한다.
③ 높은 위생성과 안전성을 확보해야 한다.
④ 간단하고 기능적인 설계가 되어야 한다.
⑤ 기기 설계는 양질의 생산과 편리한 이용에 목표를 두어야 한다.
⑥ 기기 설계 시 정확성을 최대화 할 수 있어야 한다(온도조절장치, 이원성과 적응성, 유동성 자동제어장치, 에너지 절약형 등).
⑦ 기기 설계에 첨단과학을 적용함에 있어서 보다 신중을 기해야 한다.
⑧ 제작비용은 품질의 저하 없이 최소화해야 한다.
⑨ 제작하기에 편리한 재질을 사용한다.
⑩ 마무리 작업이 잘 되어야 한다.

가. 디자인

① 적당한 비용으로 최대의 실용성과 견고성
② 높은 위생과 안전기준을 유지하는 기기
③ 간단하고 기능적인 설계

나. 재료(소재)

① 기능의 저하 없이 최소화, 가공이 용이할 것, 견고성, 수리의 편리
② 목재재료, 금속재료, 코팅금속, 순수금속과 합금 등

5. 주방기물 관리

외식사업의 각종 기물은 많은 종류가 있으며 그 성능도 다양하

다. 그렇기 때문에 업종과 업태 그리고 서비스 방법에 따라서 선택의 폭을 결정해야 한다.

주방기물 구매관리는 최소의 비용으로 능률적인 구매를 통해 원가절감을 이루어서 외식업소의 경제적 목적을 달성하고, 이익을 창출하는 출발점이 되도록 하여야 한다.

가. 기기 및 기물의 구매방법

외식업소에서 사용하는 기기기물이나 기기 등은 장기간에 걸쳐서 사용하는 기기와 1~3년 정도 단기간 사용하는 기물로 구분할 수 있다. 그렇기 때문에 외식업소의 기물관리는 이러한 특성에 맞게 구분하여 구입하는 절차가 필요하다.

나. 기물을 구매하는 과정

① 구매요건의 필요성 인식 : 품목, 수량 등 재고를 파악한다.
② 기물요건 기술 : 품목의 내용을 정리하여 기술한다.
③ 거래처의 선정 및 정보수집 : 거래처 및 기물취급처에서 견적과 정보를 수집한다.
④ 구매가격 결정 : 보통 공개입찰 혹은 수의계약을 통하여 구매가격을 결정한다.
⑤ 발주 및 사후 점검 : 거래확인, 발주문서를 확인하여 필요한 시기를 조절한다.
⑥ 송장점검 : 주문의 내용과 물품의 내용이 일치하는지 확인한다.
⑦ 검수 및 반품처리 : 발주서 및 송장과 다른 내용을 체크하여 교환하거나 잘못된 제품은 즉시 반품한다.
⑧ 기록 및 장부관리 : 주문서의 사본, 구매요구서, 물품인수증, 반품증, 영수증 등을 보관한다.

다. 구매기물 명세서 설정

① 구매책임자, 조리장, 경영자의 합의에 의해서 결정한다.

② 공장, 산지, 납품업계의 현실적 수준을 분석한다.

③ 수익성 및 내구성을 검토하여 단순히 싼 물건을 구입하는 것보다는 사용의 편리함과 외식업소의 컨셉에 맞는 것을 선택하도록 한다.

라. 구매명세서의 기술사항

① 기물의 정확한 품명을 확인한다.

② 기물마다 상표, 규격 및 품질상태의 명세를 확인한다.

③ 단위포장 안에 들어있는 경우 기물의 규격이나 수량을 확인한다.

마. 기물 구매업무 관리

① 구매견적서를 공정하게 처리한다.

② 구매발주서에 품목, 수량, 단가를 확인한다.

③ 계약사항의 이행 여부 확인과 심사를 철저히 한다.

④ 실제 입고 사항과 송장을 확인한다.

⑤ 시장조사를 통해 가격의 적정성을 확인한다.

⑥ 구매를 위한 구매관리비용이 과다하게 지출되고 있지는 않은가 조사한다.

⑦ 시장조사를 관련부서에 통보한다.

⑧ 반품 등 후속처리는 적법한가 확인한다.

⑨ 전도자금에 대한 명세는 정확한가 확인한다.

바. 기물의 보관관리

기물보관의 목적은 적정 기물을 보유하여 대형 파티 또는 바쁜 시기에 식음료 매출을 늘리는데 사용될 수 있도록 하는 것이다. 이를 위해서 좋은 시설과 보관, 계획, 실행 방법이 필요하다.

1) 창고시설과 설비조건

보관창고는 각 주방과 근접해야 한다. 선반설비와 탁자를 덮어서 보관할 수 있는 천 등이 필요하다.

2) 보관장소의 적절성

보관창고는 건조하고 햇빛의 직사광선을 피하는 것이 좋다. 창고 내 공기의 흐름이 원활해야 한다.

3 시설관리

1. 시설관리의 의의

주방은 여러 부서의 기능적 시설로 구성된 하나의 종합경영 시스템이라 할 수 있다. 이러한 특징을 이루는 과정에서 주방시설의 계획과정에 따른 시스템적 시각은 주방의 통합적 관리와 시설의 기능적 집합이라 할 수 있는 주방공간의 설계 및 배치를 위하여 매우 중요한 역할을 한다.

주방시설에 계획시스템을 적용 한다는것은 메뉴상품을 생산하는 기능적 생산시스템이기 때문에 효율적이고 합리적인 시설의 배치가 이루어져야 한다.

주방시설관리의 전략적인 개념을 파악하기 전에 레스토랑주방에 대한 구역의 한계를 결정하는 것이 순서이다. 레스토랑경영의 영업부서 중 조리부 소속으로 조리부서의 장을 중심으로 법정자격을 갖춘 조리사가 양목표(recipe)에 의한 식용 가능한 식품을 조리 및 가공 처리할 수 있는 일정한 장비와 조리시설의 시스템을 갖추어 놓은 장소라 할 수 있다.

가. 주방시설 설비 계획의 목표

① 경영진은 계약에 의한 노동력, 건축자재, 가구, 집기, 설비의 가격을 협상한다.

② 보수되는 시설이 고객과 종업원에게 호응을 얻어야 한다.

③ 투자에 대한 최대의 수익이 보장되어야 한다.

④ 시설과 설비 배치에 있어서 사람과 제품의 흐름을 효율적으로 한다.

⑤ 업장은 종업원에게는 안전한 직업장소이며, 고객에게는 안전한 만남의 장소이어야 한다.

⑥ 디자인과 설계는 위생적인 측면을 고려해야 한다.

⑦ 시설에 따라 종업원 작업능률을 향상시킴으로써 인건비가 절약되고, 종업원의 표준품질 유지가 용이해진다.

⑧ 시설유지비를 고려해야 한다. 건물과 설비에 에너지 효율성을 고려한다면 시설의 유지비가 적게든다.

⑨ 시설디자인에 따라 종업원의 감독과 경영활동이 용이해진다.

식음료 서비스의 설비계획 목적

- 생산설비측면
- 설비투자 최소화 목적
- 공간에 대한 효율적인 이용의 목적
- 원가관리의 목적
- 노동력의 효율증진과 그 유용화 목적
- 유연성의 목적

주방시설 계획의 원칙

- 종합적인 조화의 원칙
- 최단거리 운반의 원칙
- 유통원활의 원칙
- 공간 활용의 원칙

- 안전도와 만족감의 원칙
- 융통성의 원칙

나. 주방설비의 선택

적절한 설비 없이는 식음료 종업원이 효과적으로 저장, 준비, 조리를 할 수 없다. 제품의 품질과 생산의 효율성 향상을 위해 설비의 선택은 매우 중요하다. 설비는 15년 이상 사용되므로 비용 측면에서 효율적인 의사결정이 필요하다.

설비결정시 사용하는 종업원의 의사를 반영하는 것이 효과적이다. 즉 종업원이 설비사용 방법을 알고 있으므로 현장 종업원의 설비에 대한 의견을 반영하는 것이 생산성 향상에 도움이 된다.

식음료설비는 메뉴를 제조하고 공급하는데 사용되는 것으로 도마나 칼과 같이 작고 저렴한 설비에서 오븐, 냉장고, 냉동고 등 오랫동안 사용되는 크고 비싼 설비들도 있다. 식음료설비 선택에 있어서 유용성과 유연성이 가장 중요한데 고려하여야 할 사항은 다음과 같다.

1) 비용

구입가격은 중요한 요소로서 설비 구매가격은 타당해야 한다. 구매가격 고려 시 운영비를 포함해야 하는데, 설비의 운영비로는 에너지비용, 설치비용, 유지를 위한 수선비용, 감가상각비용, 보험료, 이자 등을 고려해서 결정한다. 주방설비에 대해 우리나라의 경우는 리스방법을 많이 사용하지 않으나 리스방법을 사용할 때에는 계약조건과 리스비율로 비용을 산출하여 구매가격과 비교하도록 한다.

2) 안전

설비의 사용은 근본적으로 안전해야 한다. 돌출되거나 날카로운 가장자리, 작동하는 설비에 대한 손쉬운 접근은 위험을 유발하는 요인이 된다. 미국의 경우 직업안전 보건법이 설비의 사고 및 재난을 방지할 수 있는 최저기준을 설치하였다. 이 법규에는 식음료업체가 포함되어 있지 않지만 이러한 기준은 설비구입 결정시 안전에 대한 정보를 제공해 준다.

3) 위생

설비는 쉽게 세척할 수 있어야 하며 위생관리가 용이해야 한다. 설비 디자인의 위생적인 측면은 사용되는 계절에 따라 다르다. 식음료의 부식을 막을 수 있고 향기, 색깔, 맛이 변하지 않아야 하며 벌레, 해충의 침투를 막을 수 있는 장비여야 한다.

설비의 재질은 다음과 같다.

① 나무 : 가볍고 경제적인 반면 물이나 습기의 침투로 위생관리가 어렵다. 쉽게 음식냄새가 흡수되므로 식음료 운영상 규제되어야 한다. 나무는 저장고의 선반에 많이 사용되기도 하나 주방에서는 많이 사용되지 않는다.

② 금속 : 스테인레스 스틸은 일반적으로 주방의 설비에 많이 사용된다. 철, 동, 구리, 크롬, 주석, 니켈과 같은 금속을 도금하는 것이 가능하며 음식이 접촉되는 부분은 모두 사용된다. 그러므로 주방설비 및 작업대는 주로 스테인레스 스틸로 처리된다.

4) 기능과 디자인

설비의 디자인은 간단하고 기능적이어야 한다. 적시에 좋은 품질의 메뉴상품를 제공하는 것으로 작동이 용이해야 하며, 가능하면 여러 가지 기능을 수행할 수 있도록 유연성이 있어야 한다.

5) 유지

대부분의 설비는 효율적인 사용을 위해 사용기간 동안 수리와 수선이 필요하다. 수선 시에 필요한 기술정도는 어떠한지, 공급업체에서 할 것인지, 비용은 어떤지 살펴보아야 한다. 수선기간동안에 메뉴를 조정하여야 하는가도 고려할 사항이다. 그러므로 비용과 빈도수를 고려하여 선택한다.

6) 설비의 용량

식당의 형태와 크기에 따라 필요한 설비의 크기와 종류가 결정된다. 즉 메뉴의 종류와 생산량에 따라 주방설비가 결정된다. 불필요한 주방설비를 설치하면 불필요한 경비 및 자금의 낭비가 발생하나, 설비가 제한적이면 메뉴를 다양하게 제공할 수 없다.

주방설비 선택은 설비전문회사의 조언과 경험에 의해 결정되나 패스트푸드의 경우에는 메뉴와 함께 주방설비가 선택되므로 공간이 가장 효율적으로 이용되고 있다고 할 수 있다. 그러나 공간을 지나치게 효율적으로 이용하려 하다보면 새로운 메뉴개발 시 어려움을 겪기도 하는데 그럴 경우에는 이동식 설비를 이용하기도 한다.

다. 주방 시설관리의 효과

외식업체의 주방은 경영자의 생각이나 외관의 화려함 보다는 조리 과정에서 종업원의 활동 동선의 의미를 가장 강조해야 하는 부서로서 기능적, 공간 배분적, 업무분담적인 역할이 분명하게 규정지어져 있어야 한다.

이처럼 업무의 특성과 배분된 공간에서 행해지는 주방 종사원의 기능과 활동역할은 주방 공간 내에 배치되어 있는 시설의 내용에 따라 많은 차이를 가져올 수 있다. 만약 주방시설에 대한 설계와 배치가 비합리적일 경우 다음과 같은 작업의 어려움을 초래할 수 있다.

- 주방시스템의 장비와 시설은 이곳을 이용하는 고객들에게 심한 불편을 줄 수 있다.
- 질 좋은 서비스보다는 고객에게 악영향을 줄 수 있는 서비스 지연이 시간적 관념을 고려하지 않고 무례하게 가질 수 있다.
- 주방 종사원의 비생산적 활동 범위를 확산, 유발할 수 있다.
- 주방의 종사원이 음식을 만들어 운반하는 장소와 고객이 이용하는 식탁 간에 처리할 수 없는 보다 많은 일거리를 발생시키게 된다.

그러므로 주방의 시설과 장비에 대하여 인간공학을 중심으로 한 합리적인 설계는 종사원의 생산성과 음식의 질적 가치를 높일 수 있지만, 잘못 설계, 배치된 장비와 시설은 시스템적 관점에서 여러 가지 문제를 파생시킨다.

이러한 측면에서 주방의 장비 및 시설의 운영설계와 배치는 시설 장비의 이윤창출 가능성 등을 결정짓기 때문에 주방의 경영 관리자는 이러한 제반 요인에 직접적으로 관심을 가져야 한다.

라. 시설관리자의 역할

주방의 한정된 공간에 다양한 기능을 가지고 있는 시설을 배치하고 그에 따라 관리기능을 유지하기 위해서는 무엇보다도 관리자의 역할과 책임이 중요하다.

주방 시설관리자의 중심적 역할은 "통제"와 "관리"에 중점을 두어야 주방운영 전반에 걸쳐 효율성을 발휘할 수 있는 것이다. 또한 주방시스템의 설계와 배치에 관한 사전지식이 필요충분조건으로 대두되었을 때만이 주방에서 생산되는 다양한 상품이 원활하게 유통될 수 있도록 조정 능력이 있을 것이다.

주방의 장비 및 설비에 있어서 합리적이고 인간 공학적인 시설배치의 기본 목적은 생산시스템이 창조한 가치를 고객에게 최상으로 제공하고 기계와 장비, 식자재, 인적자원 및 서비스 제공을 최적화

하는 것이 원칙이지만, 시설관리자의 능력정도에 따라 주방의 단위 생산 효율성과 안전성을 높일 수 있게 된다.

시설관리자의 기능적 관계를 통한 주방시설물의 최적배치에서 나타날 수 있는 역할과정은 상당한 차이를 보인다.

주방시설관리 시스템의 개념적 정의와 주방시설에 대한 장비배치관리의 목적은 "주방종사원의 작업 활동 공간에 있어 불필요한 활동을 최소화하여 목적하는 음식상품을 생산할 수 있도록 주방시스템을 구축하는 것"이라 할 수 있다.

이러한 관점에서 주방장비 및 시설의 배치관리는 결과적으로 인적 자원과 물적 자원의 효율적 운영을 통해 경영효율을 극도로 높이는 것이라 할 수 있다. 또한 목적 달성을 위한 메카니즘으로서 주방시스템은 시설과 장비의 기능적 관계를 고려하여 인적자원 및 물적 자원을 적절히 배치하기 위한 시스템이라 할 수 있다.

마. 시설관리의 일반원칙

주방장비 및 시설계획에 있어서는 메뉴상품의 생산량, 생산방식, 설비의 능력, 공정의 체계 등 모든 요인을 고려한 일반원칙을 수립하는 것이 결코 용이한 것은 아니다.

그러나 주방 작업 활동공간의 시설이라는 상대적 중요성을 고려해 본다면, 효율성을 실현할 수 있는 일반적인 원칙에 입각해야 한다. 그러므로 주방장비 및 시설의 배치 계획은 전략적인 성격을 지니고 있을뿐더러, 또한 전략적 계획을 통해 대안을 설정할 수 있다.

외식경영 부서의 특성 중 기능적 · 공간적 성격을 띠고 있는 곳이 바로 주방이므로 주방장비 및 시설배치에 있어서는 외식상품을 적절히 공급해야 하고, 상호 경쟁분석을 통한 시장기회포착을 위한 독특한 시설을 갖추기 위해서 시스템적 관점에 따라 다음과 같은 면을 고려해야 한다.

1) 능률적 측면

주방 시설관리의 시스템구축에 대한 능률성을 높이기 위해서는 다음과 같은 기본을 바탕으로 구축하여야 한다.

첫째, 주방의 조리업무 활동 공간은 다양한 조리작업시설 간의 기능적 상호연계성을 적절히 고려한 주방시스템의 공간이 수립될 때, 비로소 능률성을 높일 수 있다.

둘째, 주방시설 관리시스템의 설계와 배치는 조리시설 설계자의 경험과 조리업무에 근무한 경험에 바탕을 두어야 한다.

셋째, 주방시설 관리시스템의 설계는 배치의 원칙을 전제로 하여 설계하여야 한다. 배치는 공간설계 또는 공간할당에 기초하여 부분화 계획에 의해 실현되므로, 장비배치의 형태 및 방법, 조리시설구역의 기능적 배치 등을 고려하여야 한다.

넷째, 음식서비스시설의 주방시스템은 활동공간의 구조와 기능을 동시에 고려하여 설계하여야 한다.

2) 경제적 측면

주방공간의 비합리성을 갖고 있는 기능적 관계는 종사원의 불필요한 활동을 증가시키고 노무비와 기타 운영비의 증가를 초래할 수밖에 없다. 또한 특징화 된 메뉴는 주방시설의 설계와 재설계에 따른 비용 수요를 결정하는데 있어서 가장 중요한 요인 중의 하나로 대두되고 있다.

3) 위생적 측면

음식을 조리할 때 안전하고 위생적으로 사용할 수 있는 시설 및 설비를 확보함과 동시에 취급방법을 익혀야 한다.

2. 주방설계

가. 주방설계의 기본

외식업 인테리어 설계는 주방 설계에서 시작한다. 우선 주방이 설정된 후에 객석설계가 이루어지고 설비 설계가 이루어진다. 그리고 위생적인 환경확보, 작업능률의 향상, 경제성을 기본적으로 고려하여 설계를 하여야 한다.

생산하는 메뉴의 종류, 메뉴의 품질, 메뉴의 수에 따라 주방기기와 보조설비가 결정되고 주방기기가 설정되어야 주방규모가 결정되므로 주방규격의 결정은 점포영업과 직결된다.

① 메뉴 수, 메뉴의 종류를 먼저 결정한다.
② 메뉴 조리방법을 결정한다.
③ 주방기기의 종류와 규격, 수량을 결정한다.
④ 예상 최대 판매수량를 설정한다.
⑤ 냉장, 냉동고 등 창고 공간을 확보한다.
⑥ 한 시간 기준 최고 판매수량, 생산량을 설정해 본다.
⑦ 주방기기별 생산능력을 체크해 본다.
⑧ 작업동선이 최소한 1.2~1.3m가 확보되도록 설정한다.
⑨ 식품 원자재의 가공도를 결정한다.
⑩ 조리속도를 빠르게 할 수 있는 주방기기를 선정한다.
⑪ 우선 주방면적을 ①~⑩항의 제조건에 맞추어 설정한 뒤 객석을 확보한다는 기본원칙을 준수한다.
⑫ 주방의 위치는 객석으로 서빙하기 편리한 위치에 설정되어야 한다.
⑬ 주방면적에 대한 표준은 없으나 미국, 일본에서는 다음의 기준을 채택하고 있다(패밀리레스토랑 : 45~50%, 주점 · 바 : 18~25%, 다방 · 커피숍 : 15~18%, 패스트푸드 : 20~25%).
⑭ 주방은 점포의 모양에 따라 합리적으로 설정되어야 한다.

⑮ 주방 바닥 및 벽체의 마감재를 설정한다.

⑯ 온수 공급라인을 확보한다.

⑰ 배수시설을 확보한다.

⑱ 전기(전압 및 전력) 용량을 합리적으로 설정한다.

⑲ 도시가스설비 지역과 비 설치지역을 구분한다.

⑳ 후두설비도면, 닥터설비도면, 주방기기의 레이아웃, 주방기기 규격 및 품목을 확인한다.

나. 급식시설 계획 시 검토사항

① 급식 목표와 급식 수 : 기기의 용량과 기계대수을 결정하는데 급식수가 반영되며 급식 목표에 따라 달라진다.

② 식사내용 및 메뉴 패턴 : 한식, 양식, 중식, 일식, 절충식인지에 따라 기기의 종류가 달라진다.

③ 배식 시간대와 영업일수 산정 : 배식하는 시간대 및 시간당 량을 산정하여 설치 할 기기의 대수와 공간을 결정한다.

④ 배식 방법과 식당의 위치 : 배식방법이 식당에서인지, 셀프서비스 또는 배달인가, 또한 식사 후 식기회수 여부 등과 식사이동 문제를 고려하여야 한다.

⑤ 식품내용과 가공식품 사용도 : 어떤 식품을 어느 정도, 몇 시간 조리하며, 가공 식품은 어느 정도 사용할 것인가? 식품의 저장기간은 어느 정도 인가? 파악하여야 한다.

⑥ 식품의 반입 · 반출 방법 : 식품의 발주요구사항과 맞는지 검수를 철저히 하며, 물품 반출시에는 재고파악을 철저히 관리한다.

⑦ 후생 복리 시설 : 종업원의 작업 및 휴식할 공간으로 휴게실, 샤워실, 세면장, 탈의실과 식사할 공간으로 종업원의 식당도 고려하여야 한다.

⑧ 장래 계획 : 장래 시설을 확장, 증축하거나 일부 변경시에 대비하여 계획하고, 예산과 투자효과를 고려하여야 한다.

⑨ 그 외 법적인 문제 : 방화, 방제, 급수, 하수구, 쓰레기처리 규제 등 노동안전 및 식품 위생법규 등에 저촉되지 않도록 고려한다.

다. 주방의 위치

급식의 종류와 규모, 운영 방법에 따라 위치 선정 조건은 달라지는데 작업능률, 위생, 환경이 우선적으로 고려되어야 한다.

① 운영이 용이하도록 위치를 선정한다.
② 재료의 반입, 오물의 반출이 편리하도록 한다.
③ 통풍이 잘되고 밝고 청결한 환경을 유지한다.
④ 음식의 운반과 배선이 편리하여야 한다.
⑤ 급수와 배수가 잘되고, 소음, 기름연기, 냄새 등을 처리하기 쉬워야 한다.
⑥ 사고 발생 시 대피하기 쉬운 곳이어야 한다.
⑦ 식당이 인접한 경우는 급식 대상자의 왕래가 편리하고 식당 환경이 좋아야 한다.

이상의 조건에서 볼 때 지하보다는 지상 1층이 좋으며 지하 시설은 채광, 통풍, 온도, 습도, 환기, 배수 등 환경 위생상의 문제가 있고, 2층 이상의 경우는 식 재료의 반입과 폐기물의 반출 등 작업 능률상 불리하다, 그러므로 공해 문제의 규제 등으로 대규모 시설의 위치 결정은 주위의 환경을 사전에 조사하여 결정할 필요가 있다.

라. 주방의 생산방식

일반적으로 고객에게 제공되는 메뉴 아이템이 생산되는 과정을 전진방향으로만 살펴보면 구매 → 검수 → 저장 → 준비 → 조리 → 판매 → 평가 · 분석 → 피드백이라는 일련의 순환과정을 거치게 된다. 따라서 생산관리는 국부적인 관리가 아닌 통합적인 관리가 이루어져야 경영의 목표를 달성할 수 있는 것이다.

주방의 생산 방식은 일반적으로 생산과 소비가 이원화되어 있지 않는 전통적인 생산방식, 즉 원상태의 식재료를 구매하여 같은 장소에서 다듬고, 준비하고, 조리하는 방법을 일반화하고 있기 때문에 많은 공간과 기기, 많은 수의 숙련된 조리사가 요구된다. 이 과정에서 노동력과 식재료, 재고비용 등을 얼마나 효율적으로 관리하느냐에 따라 생산성이 좌우되는 것이다.

마. 주방기기의 선정과 조리장 구조

1) 주방기기의 선정

주방기기는 상표의 신용도, 기술수준, 사용되는 부품의 품질차이, 중요자재로 사용되는 스테인레스 스틸의 품질에 따라 천차만별의 제품이 생산될 수 있다. 따라서 단순히 저가품을 구입했다가는 오히려 비용이 많이 들어갈 수 있다.

기기 구입 시 유의할 사항

- 판매자가 제시하는 견적만 보지 말고, 부품수와 재질에 대해 파악한다.
- 주방 책임자와 충분히 의논하여 주방기기를 선정하되 무조건적으로 따라서는 안 된다.
- 견적가격은 판매자의 가격, 중도매상 가격 등 유통단계에 따라 달라지므로 어떤 유통단계인지 잘 파악하여야 한다.
- 구입 후 A/S가 잘 이루어지는 것을 확인한다.
- 여러 가지 주방기기를 생산라인별로 별도로 구입하면 가격면에서 유리할 수 있으나 설치문제와 A/S에 문제가 발생할 수 있는 점도 유의한다.
- A/S 기간을 반드시 설정한다.
- 전통 있고 오래된 음식점에 납품되는 업체를 선택하는 것이 유리하다.
- 대형점인 경우 우수상표의 제품을 선정하는 것이 좋다.

2) 조리장의 구조

조리장은 위생적 · 능률적 · 경제적인 면의 순서를 고려하여 설비해야 한다.

① 건물구조는 독립된 건물이거나 다른 용도의 시설과 구획되는 구조이어야 하고, 내구력이 있어야 한다.
② 급수시설은 수돗물 또는 공공시험기관에서 음용에 적합하다고 인정한 것이어야 한다.
③ 조리장의 조명은 50럭스 이상이어야 한다.
④ 창문, 조리장, 출입구, 화장실, 배수구에는 쥐 또는 해충을 막을 수 있는 방서 · 방충시설을 하여야 한다.
⑤ 객석, 조리장 및 화장실에는 충분한 환기시설을 갖추어야 한다.
⑥ 조리장은 객석에서 그 내부를 볼 수 있는 구조로 되어 있어야 한다. 단, 관광진흥법시행령에 의한 관광레스토랑의 조리장은 예외이다.
⑦ 조리장의 바닥과 내벽은 바닥으로부터 1m까지 타일, 콘크리트 등 내수성자재로 하여야 하고, 배수청소가 쉬워야 한다. 단 대중음식점, 유흥음식점의 경우에는 백색 타일구조이어야 한다.

바. 주방시설의 위생관리

1) 주방시설의 시작 전과 종료 후 점검할 내용과 개인위생

가) 개인위생점검

① 조리사는 개개인의 위생 및 청결 내용을 점검한다.

② 조리 시작 전 매일 가벼운 샤워, 머리청결을 생활화 한다.

③ 손톱은 길지 않아야 하고 시계, 반지는 착용하지 않는다.

④ 화장을 진하게 하지 않고 여성의 립스틱은 가볍게 하고 향수 사용은 금한다.

⑤ 위생복, 앞치마, 머리 수건, 위생모, 목 스카프를 확인하고, 안 전화이외에는 신어서는 안 된다.

⑥ 위생모 · 머리 수건을 착용할 때는 이마 앞으로 머리카락이 보이지 않도록 한다.

⑦ 소매는 20~25cm 위로 걷어 올리고 지나치게 팔꿈치까지 올리지 않도록 하는데 그 이유는 팔 보호, 체내의 비듬 등이 음식에 낙하되는 것을 방지하기 위함이며, 여름에도 긴소매의 위생복을 입는 것이 원칙이다.

⑧ 조리 시작 전에는 흡연을 하지 말고 양치질을 조리시작 30분 전에 하여 맛을 음미하는데 최상의 상태가 되도록 해야 한다.

나) 주방시설업무 시작 전 점검사항

① 첫 출근자는 주방열쇠를 경비실로부터 인수받아 사인을 하고 주방의 문을 열고 전등을 켠다. 닫힌 창문을 열고 가스배출 모터를 작동시켜 환기를 시킨다.

② 전날 쥐잡기를 위하여 쥐덫, 끈끈이, 쥐약을 놓았다면 반드시 점검하고 쥐약은 수량을 확인하고 관리를 특별히 해야 한다.

③ 가스밸브 상태를 점검하고 주 가스밸브를 작동시키고 냉장고 · 냉동고를 작동시킨다.

④ 전날 방제작업을 했다면 약의 잔류성을 인식하고 음식물을 다루는 기구 · 기물세척 및 도마세척을 철저히 해야 한다.

⑤ 전날 끓였던 육수통이 있을 때는 반드시 내용물을 휘저어 보고 불을 붙인다. 그 이유는 뜨거운 육수를 식히기 위해 뚜껑을 덮지 않았을 때 가스, 수도배관을 타고 올라간 위해성 곤충, 쥐 등이 낙하될 수 있기 때문이다. 그렇기 때문에 뜨거운 육수통을 밤에 방치할 때는 밀폐된 뚜껑대신 채반이라도 덮도록 한다.

⑥ 당일 예약 현황 및 특이사항을 점검하여 준비한다.

⑦ 전날 발주한 구매내용과 납품된 식자재 내용이 일치하는지 점검하고 검수하여 사인을 한다.

⑧ 전날 늦은 고객으로 인한 뒷정리 안 된 부분을 깨끗이 정리한다.

⑨ 조리업무의 준비로 칼, 도마, 작업대를 깨끗이 청소하고 작업에 임한다.

다) 주방시설업무 종료 시 점검내용

① 큰 그릇의 남은 음식은 작은 그릇으로 옮기고 뚜껑을 반드시 덮어야 하며, 뚜껑이 없으면 알루미늄 호일 보다는 투명비닐로 매듭을 지어 뚜껑을 만드는 것이 내용물을 확인할 수 있어서 사용하기가 편리하다.

② 냉장상태로의 보관 중에 변질이 염려되는 것은 얼음을 채워준다.

③ 기물을 정리하고, 실내청소를 하고, 나무도마는 소독 살균(락스)액을 넣고 물속에 잠기게 하고, 쓰레기는 반드시 규정에 근거하여 분리한다.

④ 흐르는 물에 육수를 식히거나 고기의 핏물을 제거하기 위하여 물을 흘려 놓을 경우에는 표시를 해 놓거나 당직자에게 알린다.

⑤ 모든 전열기 전원을 점검한다. 밥솥, 온장고를 먼저 점검한다.

⑥ 가스밸브를 점검하고 중간밸브와 주벨브를 차단한다.

⑦ 수도밸브를 점검하고 퇴근 후에도 수돗물을 흘려야 하는 경우

에는 당직자 및 경비실에 반드시 연락한다.

⑧ 살충제 살포 시에는 음식물이 닿는 기물을 안전하게 관리하고 쥐를 잡기 위한 설치물은 각 부원이 모두 알고 있도록 협의 후에 결정한다.

⑨ 환기를 중지시키고 청소상태를 점검한다.

⑩ 영업장 책임자에게 퇴근함을 알린다.

⑪ 퇴근 점검표 란에 사인하고 열쇠를 당직자 또는 경비실에 맡긴다.

3. 급식시설에 따른 주방

가. 병원 급식시설

① 다른 일반급식의 주방에 비해서 넓은 주방공간이 필요하다.

② 영양사실은 위생적인 작업 및 생산과정감독을 위해서 주방근처에 설치한다.

③ 병원급식의 특별식을 위한 별도의 주방을 마련하고 또한 야근자와 산모의 야식 등도 고려한다.

④ 중앙주방에는 각 병동별 배선실까지 신속한 운반을 위한 급식 전용 엘리베이터를 설치한다. 그때 급식이 완전히 이루어지기까지 음식의 적온보관을 위한 보냉고 · 보온고를 사용한다.

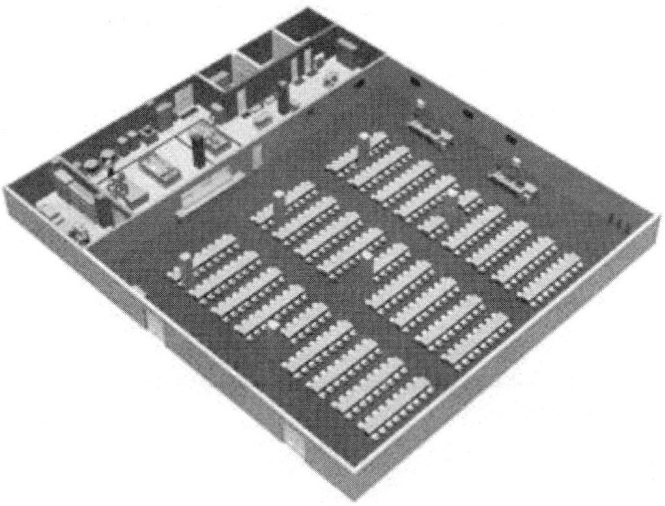

나. 학교 급식시설

① 예산, 급식방법 등은 학생들에게 알맞은 조사를 하여 시설한

다. 특정시간 내에 몇 개의 식단준비를 위한 충분한 공간과 다목적 조리기구가 있으면 좋다.

② 급식시설이 충분하지 않을 때에는 위탁방식을 써서 간단한 음식만 조리한다.

③ 카페테리아 방식을 도입하여 식사 전, 후에 피급식자가 직접 음식을 처리하도록 한다.

④ 식당 안에 별도의 손을 씻는 시설, 음료수, 식수대를 설치해 두면 노동력 절감이 된다.

⑤ 주방은 교실과 떨어져 있어서 수업에 지장을 주지 않아야 한다.

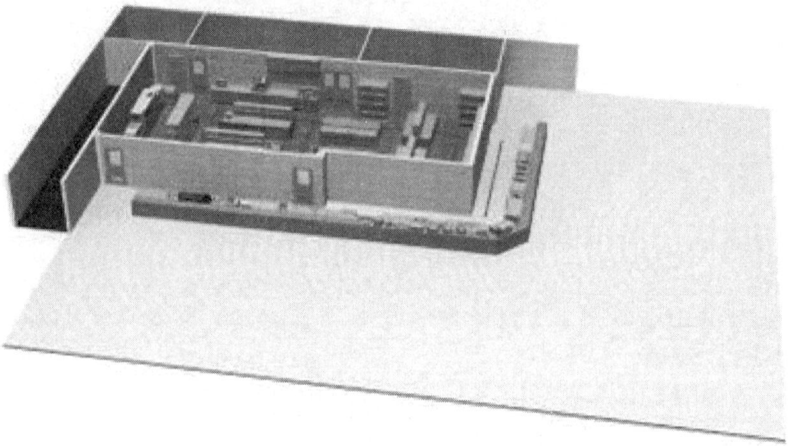

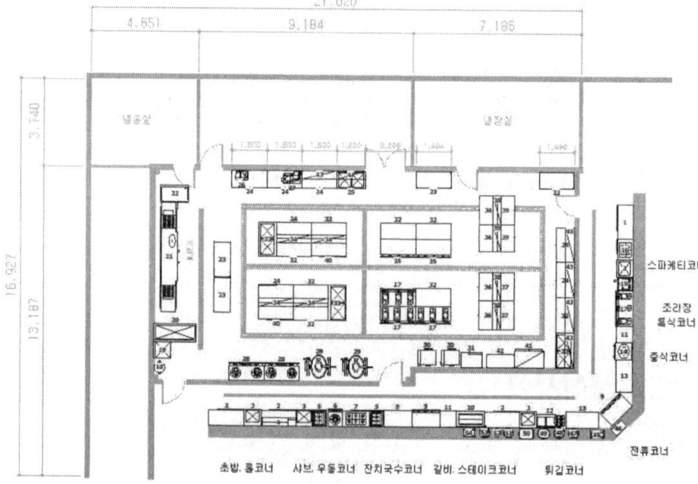

다. 기숙사 급식시설

① 주방은 배선대 중심으로 계획하며 배선대 가까이에 카운터를 둔다.

② 약 100명 정도의 인원수용 넓이로 공동사회의식을 도모한다.

③ 1일 3식으로 일요일에도 급식한다.

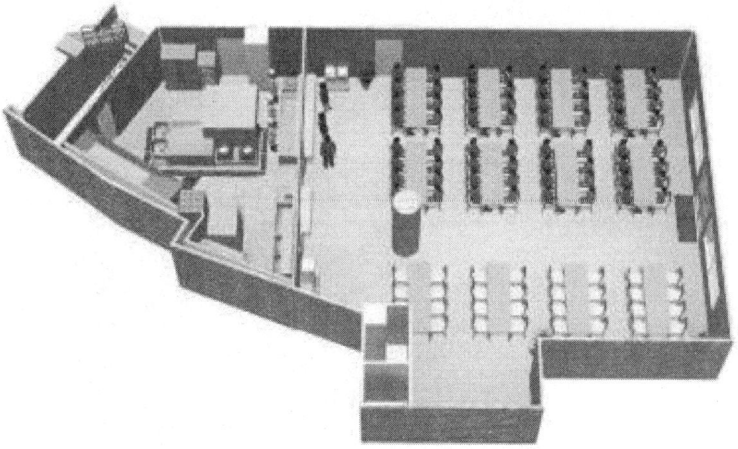

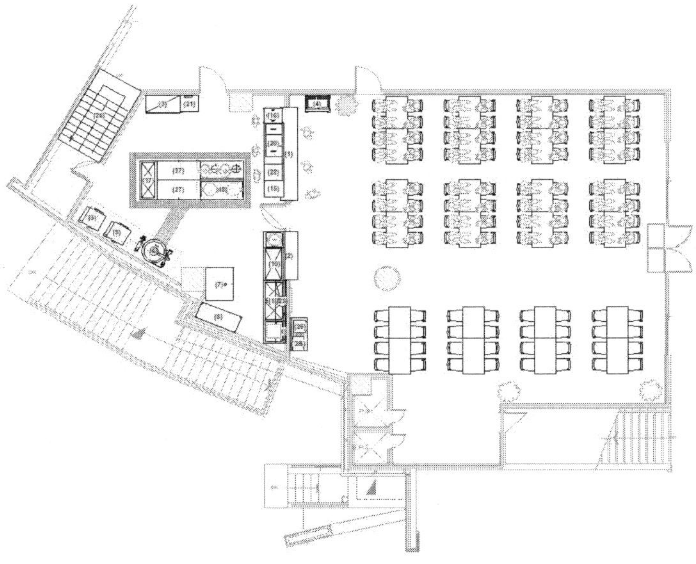

라. 산업체 급식시설

① 공장과 가까운 위치에 급식시설이 위치하도록 한다.

② 아름다운 경관을 갖추면 좋다.

③ 경제성과 양질의 식사준비가 가능하여야 한다.

④ 급식시설과 생산시설의 분리가 필요하다.

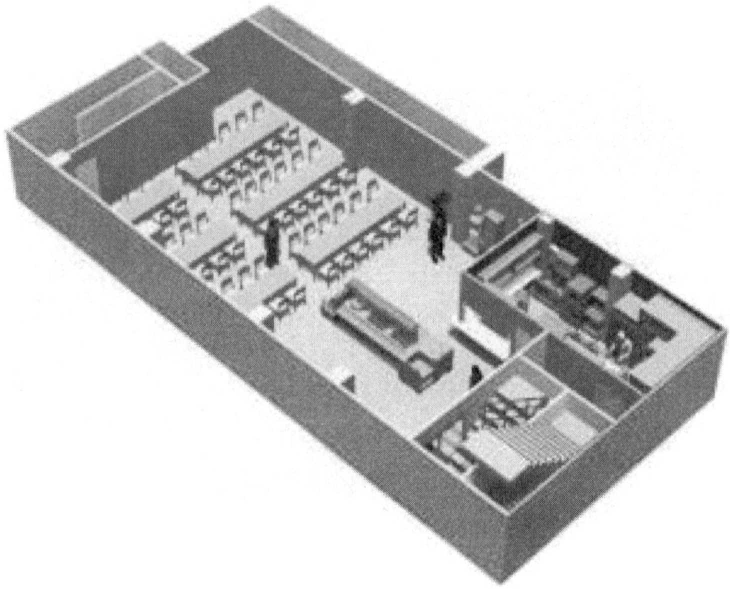

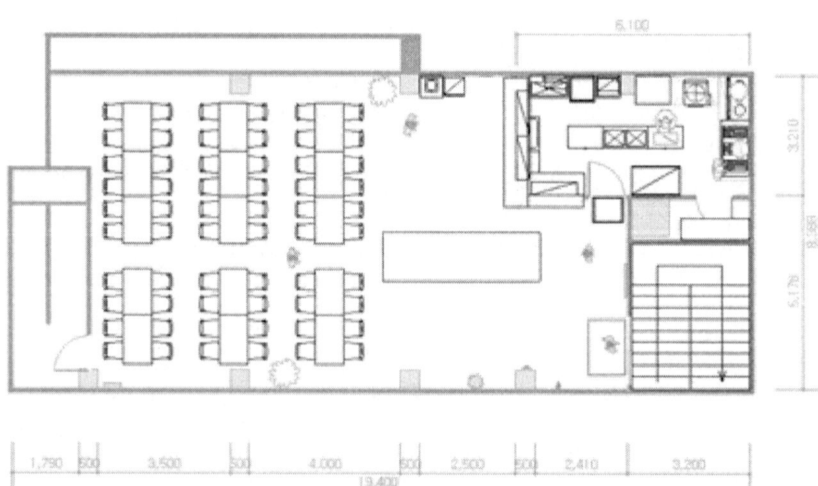

식당면적 : 급식형태, 급식인원수를 고려하여 급식소마다 한 개의 의자가 차지하는 면적이 총면적의 기준이 됨을 유념해 둔다.

- 통로의 폭 : 1.0~1.5m
- 식탁간격 : 1.2m
- 식탁의 폭 : 0.65m
- 식탁의 높이 : 0.7m 내외
- 의자간격 : 0.5~0.6m

표 3-1_ 기능별 소요면적 배분

기능별 분야	할당면적
검수(receiving)	5%
저장(food storage)	20%
준비 공간(preparation)	14%
냉 요리 공간(cooking)	8%
온 요리 공간(baking)	10%
다듬기 및 썰기(ware washing)	5%
통로(traffic area)	16%
잡품저장(trash storage)	5%
종업원 시설(employee facilities)	15%
기 타	2%
계	100%

4

위생관리

1. 위생관리의 의의

위생의 원어는 라틴어로 새니타스(sanitas)이며 건강이라는 뜻이다. 그러나 외식업에서 식품위생은 좋은 음식, 즉 병균이 없고 위생적으로 준비된 안전한 음식을 지칭한다.

세계보건기구(WHO)는 "식품위생이란 식품의 생육, 생산, 제조로부터 인간이 섭취하는 과정까지의 모든 단계에 걸쳐 식품의 안전성, 건강성 및 오염방지를 확보하기 위한 모든 수단을 말 한다"라고 정의하고 있다.

오늘날 식품의 생산, 가공, 수급이 분업화되고 식생활이 더욱 더 가공식품에 의존해 가고 있다. 이 같이 식품의 생산, 수급이 대량화되는 과정에서 식품의 안전성을 높이고 상품가치를 향상시키기 위해 식품의 보존, 착색, 착미, 착향 강화를 위한 각종 화합물이 첨가되고, 식품 취급을 위한 기구 · 용기 · 포장이 중요한 위치를 차지하게 되었다. 그리고 식품 저장, 수송과 식품의 오염, 변질을 방지 할 수 있는 과학적 방법으로 개선되어 가도록 하는데 위생관리의 의의를 둔다.

2. 식품 위생관리의 필요성

식품의 부패, 변패, 유해미생물, 유해화학물질 등을 함유하고 유해식품으로 인한 위생상 위해내용을 배제하여 식품가공을 통한 조리음식을 제공함으로써 식품영양의 질적 향상과 국민의 건강한 식생활 공간을 제공하는 것이 식품위생관리의 필요성이다.

식품위생관리를 위한 필요성은 식품 및 첨가물의 변질, 오염, 유해물질의 유입 등을 방지하고 음식물과 관련 있는 첨가물, 기구, 용기, 포장 등에 의해서 불필요한 이물질이 함유된 비위생적인 요소를 제거함으로써 이와 같은 원인을 미연에 방지하고 안전성을 확보하는 것이다.

3. 위생관리의 목적

주방에서 지켜야 할 위생관리의 목적은 주방에서 다양한 식품을 취급하여 메뉴상품으로 고객에게 직접 제공하는 과정에서 일어날 수 있는 식품위생 상의 위해를 방지하고, 고객의 안전과 쾌적한 식생활공간을 보장하는데 있다. 또한 조리종사자들의 작업 중 발생할 수 있는 재해를 미연에 방지하여 효율적인 주방운영이 이루어지도록 하는데 있다.

주방에서 행해지는 다양한 조리과정은 결국 고객에 대한 위생상의 위해를 방지하여 안전성을 보장해야 하는 궁극적인 목적이 있는데 그 내용을 구체적으로 살펴보면 다음과 같다.

가. 종사원 측면

① 자신을 질병으로부터 보호하여 정신적 · 신체적으로 건강유지

② 쾌적한 주방공간을 확보하여 작업능률 향상

③ 조리종사원들의 작업재해를 미연에 방지

나. 식재료 취급측면

① 음식취급과정에서 일어날 수 있는 각종 전염성을 방지(위생 관념)

② 음식상품의 질적 가치를 향상(조리방법)

③ 식재료의 보존상태 기간을 연장(저장창고관리)

④ 항상 신선한 식재료를 사용(시장구매전략)

⑤ 원가절감의 원칙에 적용(원가절약)

다. 시설관리 측면

① 종사원들의 안전사고 방지(안전관리)

② 장비 및 기물과 기기의 경제적 수명 연장(시설관리)

③ 단위면적당 작업능률을 향상(수익성 향상)

④ 메뉴상품의 질적 가치유지(신상품 개발)

⑤ 시설교체 시점을 연장(대체기물 선정)

라. 식품위생의 목적

1) 식품으로 인한 위생상의 위해를 방지하고, 식품 영양의 질적 향상을 도모하여 국민보건의 증진에 이바지 한다.

2) 식품의 안전성을 확보함으로써 생명과 건강 유지 및 향상시킨다.

① 자연환경 : 광선, 온도, 습도 등

② 생물학적 요인 : 병원미생물, 부패균, 기생충 등

③ 환경요인 : 수질, 대기, 토양오염 등

④ 식품생산 : 화학적 합성품, 첨가물 등 식품을 매개로 하는 전염병

3) 식품 및 첨가물의 변질 · 오염 · 유해물질의 유입을 방지한다.

4) 음식관련 첨가물 · 기구 · 용기 · 포장 등에 함유 될 수 있는 비위생적인 요소를 제거하여야 한다.

5) 조리사가 지켜야 할 위생

① 항상 신체를 청결하게 유지하여야 하며 위생복을 깨끗하고 바르게 입어야 한다.

② 정기적인 신체검사와 예방접종을 해야 하며, 1년에 2회 이상 보건소나 지정된 의료기관에서 건강진단을 받아야 한다.

③ 손을 항상 청결하게 유지하도록 노력하며 상처가 있을 때에는 즉시 치료하도록 하고 직접적인 조리는 하지 않도록 한다.

④ 손톱은 짧게 하며 보석류나 시계, 반지는 착용하지 않는다.

⑤ 화장실은 작업 전에 다녀오고 작업 중에는 될 수 있으면 화장실에 가지 않도록 하며 용변 후에는 반드시 손을 씻도록 한다.

⑥ 음식을 맛볼 때에는 손가락을 넣거나 조리 기구에 입을 대고 맛보지 말고 작은 공기에 담아 맛보도록 한다.

⑦ 조리사는 항상 건강해야함으로 과로, 수면부족, 과음, 흡연 등은 피하는 것이 좋다.

6) 작업장 위생

① 주방은 1일 1회 이상 청소해야 한다.

② 벽 · 바닥 · 천장의 표면은 효과 적으로 청소할 수 있도록 단단하고 깨끗해야 하며 파손 시 즉시 보수한다.

③ 환기 장치와 조명 시설이 되어 있어야 한다.

④ 냉장 · 냉동고의 저장품은 적절한 순서로 배열하여 철저히 청소한다.

⑤ 기기나 기구류는 수시 청소 및 소독을 실시한다.

⑥ 주방은 정기적인 방제소독을 실시하며 외부인의 출입을 금지한다.

⑦ 폐유는 하수구에 버리지 말고 한 곳에 모아서 처리한다.

4. 식품의 구입방법과 변질

가. 식품의 구입방법

식용 가능한 식품을 안전하고 위생적으로 조리하기 위해서는 일련의 식품류에 대한 구입과정 절차가 매우 중요하다. 특히 식중독을 시기적으로 발생시킬 수 있는 7~9월 사이의 하절기에는 식품류의 구입방법과 시기에 세심한 주의가 필요하다. 여름철에 식중독을 일으키기 쉬운 음식으로는 어패류나 가공품, 육류, 두류, 난류, 어묵, 팥을 사용한 빵이나 과자류, 감자 샐러드, 마요네즈 샐러드 등이 이에 속한다.

식품의 구입과정에서 중요하게 여겨야 할 내용으로는 다음과 같은 절차를 거쳐서 합리적으로 선택하는 것이 중요하다.

첫째, 안전하고 위생적인 조리식품의 선택기준에 알맞은 식품 구입계획을 구체적으로 세우고 구입 시기, 구입 장소, 수량, 신선도, 가격 등을 고려해야 한다. 또한 장소적, 계절적, 시간적, 사용용도별 등을 명확하게 설정하여 식품구입계획과 방법에 따라 진행해야 한다.

둘째, 구입한 식재료에 대한 검수를 철저히 해야한다. 품질, 선도(색, 냄새), 첨가물의 사용유무, 이물질의 혼입유무, 표시의 확인, 제조 년 월 일, 보존법 등에 유의하여 실시한다. 또한 저장장소의 조건을 고려하여 적합한 시기에 식품을 구입하도록 해야 한다.

셋째, 야채, 어패류, 육류는 48시간 이상 조리시설에 머물지 않도록 하기 위해서 가능하면 매일 사용할 만큼의 양을 조절하여 구입하여야 한다.

넷째, 경쟁 입찰방식 : 필요한 품목, 수량을 표시하여 납품업자들을 선정하여 그들에게 견적서를 제출하도록 하고, 품질이나 가격에 대해서도 검토한 후에 계약에 따라 구입한다.

다섯째, 수의계약방식 : 필요한 품목 등을 납품업자 1개 업체만

선택 결정하여 구입하는 방법이다. 이럴 경우 구입가격, 재고량, 폐기량, 조리과정상 감소되는 양을 고려해야 한다.

여섯째, 검수가 끝나면 주방 내의 보관 장소에 방치하는 일이 없도록 주의해야 한다.

나. 식품변질의 유형

식품변질은 기존식품의 가치를 저하시키는 원인이 될 뿐 아니라 변질로 인해서 파생되는 파급효과는 상상을 초래하는 경우가 발생하기도 한다.

변질은 인체에 직접적으로 위해를 주는 식중독을 일으키는 원인이 되기 때문에 변질방지를 위한 보존방법을 구체적으로 개발하여 사용하는데 노력해야 한다. 변질에는 부패, 발효, 산패, 변패등과 같은 형태로 변화되는 경우가 있으며 변질의 원인은 미생물, 효소, 수분, 온도, 산소, 수소, 이온농도 등이 그 식품의 영양분과 물리적, 화학적 반응을 통해 일으키게 된다. 이러한 변질의 유형을 내용별로 구분하여 살펴보면 다음과 같다.

① 변질 : 식품을 장기간 방치하면 변화하여 외관이 변하고 각종 성분이 파괴되어 향기, 맛 등이 달라져 원래의 특성을 잃게 되는 현상이다.

② 부패 : 식품의 단백질이 미생물에 의해 분해되어 악취가 나고 인체에 유해한 물질이 생성되는 현상을 부패되었다고 한다.

③ 발효 : 미생물이 분해 작용을 받아 탄수화물이 유효한 알코올 등으로 생성되는 현상을 발효라 한다.

④ 산패 : 산패는 발효현상 중 산을 생성하여 시어지는 현상을 말한다. 즉 유지가 산화되는 현상이다.

⑤ 변패 : 단백질 이외의 성분 즉 탄수화물이 미생물에 의해 분해되는 현상을 변패라고 한다. 유해물질이 생성되는 경우가 비교적 적으며 부패와는 구별된다.

표 4-1_ 위생관리 부분

<table>
<tr><td rowspan="3">식품 위생</td><td>저장, 조리, 보관</td><td>저장상태, 온도조절, 조리방법</td></tr>
<tr><td>해충구제</td><td>박테리아, 바퀴벌레, 파리, 쥐 등</td></tr>
<tr><td>화학적, 유독성물질</td><td>화공약품, 조미료, 향신료</td></tr>
<tr><td rowspan="3">시설 위생</td><td>청소</td><td>시설물의 청결, 운영상태</td></tr>
<tr><td>쓰레기 및 배수처리</td><td>쓰레기 배출구, 음식물 찌꺼기 배수상태</td></tr>
<tr><td>주방설비 및 기구</td><td>정상가동, 파손, 재생</td></tr>
<tr><td rowspan="3">개인 위생</td><td>외모</td><td>복장, 신발, 액세서리, 보석 및 시계류 등</td></tr>
<tr><td>신체</td><td>손톱, 감염된 상처, 호흡기 및 피부장애 등</td></tr>
<tr><td>조리습관</td><td>가열, 조작, 기물취급</td></tr>
</table>

5. 식품의 보존방법

식품을 적정한 온도와 양만큼 보존하는 의미는 주방에서 사용하는 식품과 식재료를 오랫동안 사용할 수 있으며, 변질 또는 부패되지 않도록 일정기간 보존하는 것이다. 이처럼 식품을 보존하는 목적은 다음과 같다.

① 식품의 손실을 줄인다.
② 영양가를 그대로 지킨다.
③ 생산지에서부터 소비지까지 직접 공급받을 수 있다.
④ 위생상의 위해 사고를 방지할 수 있다.

이러한 식품의 보존법에는 기술적인 방법이 대부분이나, 경우에 따라서는 천연적인 방법도 있다. 기술적인 보존방법의 원리는 미생물을 살균하거나 증식을 억제하는 것이 대표적인 방법이다.

가. 물리적 보존법

1) 건조법(탈수법)

① 일광건조법(sun drying) : 어패류, 김, 오징어, 명태, 건포도 등을 빛을 통해 건조하여 보존하는 방법.

자료출처 : http://cafe.naver.com/ladder2heaven/3862

직화건조기

② 직화건조법(배건법) : 보리, 찻잎, 커피 등을 불에 의해 건조하여 보존하는 방법.

③ 동결건조법 : 한천, 당면, 두부 등 냉동 후 건조하여 공기 또는 진공으로 건조하여 보존하는 방법.

동결건조기

분무건조기

④ 분무건조법 : 분유, 인스턴트 커피, 분말쥬스 등을 가루로 분해하여 보존하는 방법.

⑤ 진공동결법 : 채소, 분유, 달걀 등을 진공상태에서 건조하여 보존하는 방법.

2) 냉장 · 냉동 보존법

식품의 보존 · 보관은 일반적으로 냉장고, 냉동고, 온장고, 식품창고 등을 활용하는 것이 대부분이다.

① 움저장 : 감자, 고구마, 채소 등과 같은 식재료를 굴속에 넣어둔다든지 또는 땅을 파고 묻어두는데 평균적으로 온도는 10℃를 유지하여 보존하는 방법이다.

움저장법

② 냉장고 : 식품을 0~10℃의 저온으로 단기간 저장 · 보관하는 방법이다. 채소, 과일, 율무, 우유, 난류 등 가능한 한 냉장고

내의 온도가 5℃ 이하로 유지되도록 해야 하며, 2～4℃ 정도가 가장 이상적인 보존온도이다.

③ 냉동고 : 식품을 -15℃ 이하로 급속히 냉동시켜 보존하는 방법이다. 내부 온도를 -18℃ 이하로 유지시켜 주는 것이 좋다.

④ 온장고 : 식품을 65～85℃의 고온으로 보존한다. 한번 가열된 조리식품을 고온 그대로 보존하는 시설로 세균의 발육 한계온도 이상으로 하는 것이 필요하며, 보존식품의 변질에 유의해야 한다.

3) 가열살균 보존법

① 저온 살균법 : 61～65℃에서 30분간 가열 후에 급냉시키는 보존법이다. 우유, 소스, 술, 쥬스 등이 이용되며, 멸균되지 않는다.

- 저온살균기 : 살균조의 벽을 사이에 둔 재킷 속에 증기를 분사하거나 뜨거운 물을 통과시키면서 우유를 교반장치로 저어 목적한 온도까지 가열하고 일정 시간을 유지하였다가 증기 대신에 냉수로 바꾸어서 냉각하는 장치.

② 초고온 순간 살균보존법 : 130～140℃에서 2초간 가열 후에 급냉시키는 방법이다. 우유, 과즙류 등에 이용된다.

- 순간고온살균기는 75℃ 전후에서 15초간 가열하는 장치를 사용하고,
- 초고온살균법은 135℃ 전후에서 2~4초간 가열하는 장치를 사용한다.

③ 고온 단시간 살균보존법 : 70~75℃에서 20초 내에 가열 후 급냉시키는 방법이다. 우유, 과즙 등에 이용된다.

④ 고온 장시간 살균 보존법 : 95~120℃에서 30~60분간 가열하여 보존하는 방법이다. 통조림 등에 이용된다.

⑤ 초음파 가열 살균 보존법 : 초음파로 단시간 처리하는 보존방법이다.

4) 조사 살균 보존법

자외선, 방사선 등을 이용하여 미생물을 살균하여 보존시키는 방법이다.

5) 발효처리에 의한 보존법

① 세균, 효모의 이용 : 치즈, 주류 등 발효식품이나 절임식품을 만들어 보존하는데 이용되는 방법으로 식품에 유용한 미생물을 번식시켜 유해한 미생물의 증식을 억제시키는 것이다. 보

존 이외에도 맛과 향을 돋게 한다.

② 곰팡이의 응용 : 식품에 특정한 곰팡이를 발효시키는 과정에서 유해한 미생물 발육을 저지시키는 것으로서 치즈와 같은 식품에 주로 응용된다.

6) 화학적 처리에 의한 보존법

① 염장법 : 해산물, 채소, 육류 등의 저장에 이용되는데 10%정도의 소금 농도에서 미생물 발육을 억제시켜 보존하는 방법이다.

② 당장법 : 젤리, 잼, 가당연유 등의 저장에 이용되는 방법으로서, 소금과 마찬가지로 탈수작용에 의해 미생물의 발육을 저지시키는 방법이다. 설탕의 농도가 50%정도에서 약간의 산을 가해 주면 저장이 잘 된다.

③ 산저장법 : 초산, 구연산, 젖산 등을 이용하여 저장하는데 미생물의 발육에 필요한 pH의 범위를 벗어나게 하는 것이다.

④ 화학물질 첨가 : 산화방지제, 합성보존제, 살균제, 피막제 등을 이용하여 보존하는 방법이다. 이는 특히 인체에 해가 없어야 한다.

7) 종합적 처리에 의한 보존법

전기훈연기

① 훈연법 : 연기 속에 살균력이 있는 포름알데히드, 메틸알코올, 페놀 등을 식품조직 속에 침입시켜 저장하는 방법이다.

② 냉훈법 : 연어, 드라이 소시지 등에 이용되는 방법으로 보통 15~30℃의 온도에서 적당하다.

③ 온훈법 : 햄류의 제조에 이용되는 방법으로 보통 50~70℃의 온도가 적당하다.

④ 액훈법 : 훈연성분을 용해시킨 수용액에 식품을 넣어 훈연과 같은 효과를 얻도록 하는 방법이다.

⑤ 기타 염건법 · 조미법 · 밀봉법 등이 있다.

5

주방기기 및 기물

1. 기기 및 기물관리의 의의

외식기업의 주방에서 사용하고 있는 기기나 기물은 시대환경과 음식문화의 발전과 함께 눈부시게 발전을 거듭하여 오늘날에 이르렀다.

그 결과 조리작업과정이 조직화 및 기계화되어 가고 있으며, 이러한 과정을 통하여 조리제품의 대량생산과 균일생산시대로 접어들게 되었다. 따라서 조리기기 및 기물의 현대화는 조리종사자들의 노동력을 감소시킬 뿐만아니라, 단위면적당 작업의 능률을 향상시키는 결과를 낳았다.

그러나 메뉴상품은 모든 공정과정이 기계화를 통해 최상의 상품을 창출할 수 없는 것이 현실이다. 왜냐하면 메뉴상품 가치기준이 고객에 의해 평가를 받기 때문이다.

외식주방에서 최신의 기계와 장비를 확보하고 있는 것은 각 업장별 주방마다의 혁신을 예고하는 계기가 되었다. 주방의 환경, 작업방식, 작업범위 및 조리작업자의 특성에 따르는 요구사항이 다양하게 전개되지만, 작업 실행단계에 접어들면 아무 무리 없이 소화해 나가고 있는 것이다.

이러한 장비 및 기물들은 조리사들이 공동으로 사용하며, 주방공간을 차지하는 점유율이 높기 때문에 기능, 색상, 크기, 사용의 간편함을 고려하여 구입과정에서부터 사용관리를 철저히 해야 한다.

일반외식기업의 주방에서 사용하고 있는 모든 장비와 기물들은 구입가격이 대체적으로 비싸고 다양한 사용방법이 있으므로 사용자와 관리자는 사용원칙을 철저히 지키는 것이 매우 중요한 사항이다.

가. 주방기기의 관리요령

① 모든 주방기기와 기물은 사용방법과 기능을 충분히 숙지하고 매뉴얼에 따라 정확하게 사용해야 한다.

② 주방기기의 적절한 사용용도 외에는 가능한 사용을 금해야 한다.

③ 주방기기나 기물에 무리가 가지 않도록 사용에 유의해야 한다.

④ 주방기기나 기물에 이상이 있을 경우, 즉시 사용을 중지하고 적절한 조치를 취해야 한다.

⑤ 전기를 사용하는 기기나 기물의 경우 전기 사용량과 일치 여부를 확인한 다음 사용해야 한다.

⑥ 사용 도중에 전기기관에 물이나 이물질이 들어가지 않도록 항상 주의하고 청결하게 유지해야 한다.

2. 기기 및 기물의 구입방법

주방의 기기나 기물의 가치는 사용용도에 따르는 성능이 얼마나 만족스럽게 수행할 수 있느냐에 따라서 평가를 받는다.

주방기기나 기물의 가격이 비교적 소액으로 구입이 가능한 물품이라면 소홀하게 다룰 수 있지만, 모든 기기나 기물의 구입가격이 고액이기 때문에 신중한 선택과 관리가 이루어져야 한다.

주방기기 및 기물구입관련자는 보통 조리장비나 기물의 사용경험이 부족하고, 기능과 사용상의 유의점에 관해서 잘 모르기 때문에, 제작회사의 홍보물만 보고 새로운 모델과 신제품이면 무조건 우수하다고 생각하는 오류를 범할 수 있다.

그러므로 기물구매자는 사전에 충분한 사용용도와 성능을 검토해야 한다. 미국의 주방전문가인 애버리(Avery)는 주방시설의 설비는 인간을 대상으로 하는 공학이며, 고객에게 안락한 분위기와 제공되는 요리를 위해 최상의 상태 보존을 목적으로 해야 하며, '식사를 최대한으로 즐길 수 있도록 해야 한다' 라고 했다. 이 의미는 주방기기 및 기물과 설비의 효율성을 강조하는 내용이라 할 수 있다.

가. 주방기기 구매 시 고려사항

1) 주방기기의 필요성 여부

구매하고자 하는 주방기기들은 각 기능별 선택기준이 서로 달라 서비스 방법과 음식의 양 및 질을 평가할 수 있는 심사기준에 적합한것을 선택 한다. 즉 필수적인 것과 기본적인 것, 장비의 활용성, 적절한 가격, 디자인 등을 고려해야 한다.

2) 비용

주방기기를 구매하고자 할 때 가장 우선적으로 적용시켜야 하는 중요한 항목은 가격에 알맞은 기기나 기물의 정도를 나타낼 검증항목이다. 기기의 구입비용과 기능에 적합한 메뉴상품 생산이 가능할 때 장비 구입 가치는 의의가 있다. 기기의 구입 비용은 고가이므로 경영전반에 많은 영향이 미칠 수 있다.

3) 주방기기의 성능과 편리성

주방기기의 선택요인의 속성 중 성능과 사용방법의 편리성, 안전성도 중요한 요인 중의 하나이다. 그렇기 때문에 메뉴에 적합한 기능을 가지고 있으며, 이용하는 만큼의 성능을 발휘할 수 있는 기기를 구입한다면 유지비용을 절감할 수 있다.

4) 만족도

주방기기는 각자가 가지고 있는 특성조건이 매우 다르게 작용하여 고객이 요구하는 일정한 메뉴상품을 생산하는 기능을 가지고 있기 때문에 조리사가 원하는 조건을 만족시킬 수 있는 성능을 가지고 있어야 한다.

5) 안전과 위생

위생은 음식의 질과 생산비용뿐만 아니라 고객의 직접적인 반응에도 영향이 미치므로 위생과 안전은 주방기기선택의 중요한 요인 중의 하나이다. 기기의 미세한 홈은 세균번식을 돕기 때문에 세척 후 습기를 신속히 제거할 수 있어야 한다. 또한 기기선택의 안전기준점을 확보해야 한다.

6) 모양 · 디자인 · 색상

주방기기는 모양 · 디자인 · 색상이 주방의 기준과 건물구조, 그리고 전체 분위기와 맞지 않는다면 바람직하지 못하다. 즉 주방기기의 설계와 기능에 있어서 사람들의 관심을 끌어야 한다. 디자인 및 색의 적절한 조화는 작업자의 생산성을 높여주고 고객의 신뢰성도 높여준다.

7) 제반시설과 적합성

전기시스템, 수도시스템, 환기, 가스 등 제반시설과의 적합성도 기기선택 요인 중의 하나이다. 기기는 단순하면서도 공간을 최대로 활용할 수 있어야 한다.

3. 주방기기의 재질에 따른 이해

가. 비금속 재질

1) 나무

목재의 소재를 이용하여 만든 주방기기나 기물은 경제적인 면에서는 이점을 보고 있으나, 각종 세균이나 습기에 대한 투과성이 좋기 때문에 음식의 냄새와 얼룩의 흡수, 마모에 대한 약한 저항성 등으로 활용성이 낮고 위생적 가치가 떨어진다.

주방에서 목재의 사용은 경제성을 고려한 방법이지만 제작이 임시적인 상태의 선반이나 케비넷 등 소음을 완화시키고 색깔과 감촉에 있어 다양성이 있기 때문에 자주 사용되어 졌다.

2) 유리와 사기

유리는 내열성 유리와 보통 유리로 구분하여 사용하는데, 내열성 유리는 오븐이나 조리용 주전자로 사용할 수 있으며, 알칼리와 산에 강하다. 유리 도구는 깨질 위험성이 높기 때문에 일반 조리도구로는 잘 이용되지 않으며 주로 전자렌지용 도구로 쓰인다.

3) 플라스틱

플라스틱 제품은 열을 가하지 않는 조리 기구로 많이 사용하며, 음식 및 식재료 보관용기로 사용하기에 적합하다. 플라스틱으로 만들어진 주방용품은 가볍고 가격이 저렴한 장점도 있지만 무엇보다도 식품과 화학반응을 일으키지 않아야 한다.

나. 금속재질

1) 스테인리스 스틸

스테인리스 스틸은 주방시설 재료로서 가장 많이 사용되는 재질이다. 재질의 특징으로는 열전달성은 매우 빠르고 재질이 강하여 음식에 대한 화학적 변화가 거의 없으며, 주로 물청소가 가능한 작업대 및 냉장고 등에 많이 사용한다. 장점으로는 스테인리스 스틸 재질은 화학반응이 잘 일어나지 않으므로 팬, 소스통과 같이 음식물 보관용 기물이나 각종 기기의 재료로 이용되고 있다. 또한 세척하기에 매우 편리한 점이 있어 위생적인 면에서도 뛰어나다.

2) 알루미늄

우리 생활주변에서 알루미늄은 은박지, 조리기구 등에 이용되며, 열전도성이 높고 가벼우며 습기에 부식되지 않아 캔류의 소재로 사용되고 있다.

3) 구리와 놋쇠

구리는 알루미늄보다 열에 강하고 전기전도율이 높아 주방기구의 바닥소재로 이용되고 있다. 반면에 가격이 비싸고 몇몇 식재료와 화학반응을 잘 일으키고, 재질이 약하여 긁히기 쉬우며, 무거워서 관리하기가 어렵다는 단점을 가지고 있다.

4) 철

철은 열전도율이 높아 무겁고 단단하여 흡수되는 열을 오랫동안 유지시키나 관리 소홀로 인하여 녹이 생길 수 있다.

4. 기물의 관리요령

가. 칼

칼은 손잡이와 칼날로 구성되어 있으며 칼날과 손잡이의 길이, 두께나 형태에 따라 주방에서 여러 가지 용도로 사용된다.

1) 칼 다루기

칼의 잘못된 사용과 보수는 칼날을 망가뜨릴 수 있기 때문에 다음과 같은 사용법에 주의해야 한다.

① 항상 날이 잘 서고 완벽한 상태의 칼을 사용해야 한다.
② 칼 손잡이와 손은 미끄러짐을 방지하기 위해 항상 기름기가 없어야 한다.
③ 칼 받침대는 똑바로 놓여지고 미끄러지지 않게 고정해야 한다.
④ 사용하지 않는 칼은 주위에 놓지 말고 곧바로 지정된 장소에 보관한다.
⑤ 칼날이 무뎌지는 것을 방지하기 위하여 칼날을 제때에 갈아주어야 한다.

2) 칼의 사용법

- 로우팁(low tip)형은 칼끝이 아래로 향하고 있으며, 똑바로 자르기 좋고 채썰기 등 동양요리에 적당하다.
- 센터팁(centre tip)형은 칼등과 칼날이 곡선을 이루고 있어서 힘들이지 않고 자르기 좋으며, 회칼로 많이 사용한다.
- 하이팁(high tip)형은 칼등이 곧게 뻗어 있고 칼날이 둥글다. 뼈를 자를 때 많이 사용한다.
- 스테인리스 스틸이라고 100% 녹이 전혀 안 생기는것은 아니므로 과일이나 야채의 산(acids)이 칼날에 그대로 남아 있으면 녹 발생의 원인이 될 수 있으므로 깨끗이 닦은 후 보관해야 한다.
- 도마나 블럭은 서늘하고 통풍이 잘 되는 곳에 보관하여야 오랫동안 사용이 가능하다.
- 기름기나 다른 오염이 묻었을 때는 세제를 사용하여 세척 후 잔유물이 남아있지 않도록 완전히 헹구어야 한다.
- 세척 시 다른 물건들과 구분하여 따로 세척하도록 하고 부드러운 스펀지나 수건 등을 사용한다.
- 부엌 칼 이외의 다른 용도로 사용 할 경우 칼날의 손상이 있을 수 있기 때문에 다른 용도로 사용하지 않도록 한다.

- 날 보호를 위해서는 나무도마가 가장 좋지만 세균이나 위생이 염려된다면 재질이 좋은 플라스틱 항균도마를 사용하지만 칼날을 쉽게 무뎌지게 한다.
- 제품이 손상될 위험이 있으므로 강한 충격에 주의해야 한다.
- 거친 수세미나 철 수세미 등은 사용하지 않는다.
- 칼이 무뎌졌을 경우에는 칼갈이를 사용하면 절삭력이 되살아난다.

3) 칼의 올바른 상식

- 칼날은 불에 닿으면 무뎌지므로 주의한다.
- 딱딱한 것을 억지로 자르면 이가 빠지기 때문에 뼈나 냉동식품을 억지로 자르지 않는다.
- 칼은 염분이나 산에 약하므로 신 김치나 레몬 등을 썬 다음에는 곧 바로 깨끗이 씻어서 보관한다.
- 장마철이나 오랫동안 사용하지 않을 때는 식용유나 올리브유를 발라 녹이 나지 않도록 조치한다.
- 칼이 잘 들지 않는다고 아무 데나 대고 갈면 칼날이 빠질 수도 있다.
- 일주일에 1회 정도 열탕 소독을 해준다.

4) 칼의 명칭 및 사용법

칼은 음식을 준비(자르기, 썰기, 뼈 바르기, 다듬기)하는 데 사용한다.

- 리벳(Rivet) : 두 개의 손잡이판과 칼자루를 함께 합쳐 주는 짧은 원형 볼트
- 덧받침(Bolster) : 칼이 테이블에 놓일 때 날이 테이블 표면에 닿는 것을 방지하는 부분
- 칼등(Back) : 날의 뭉툭한 부분

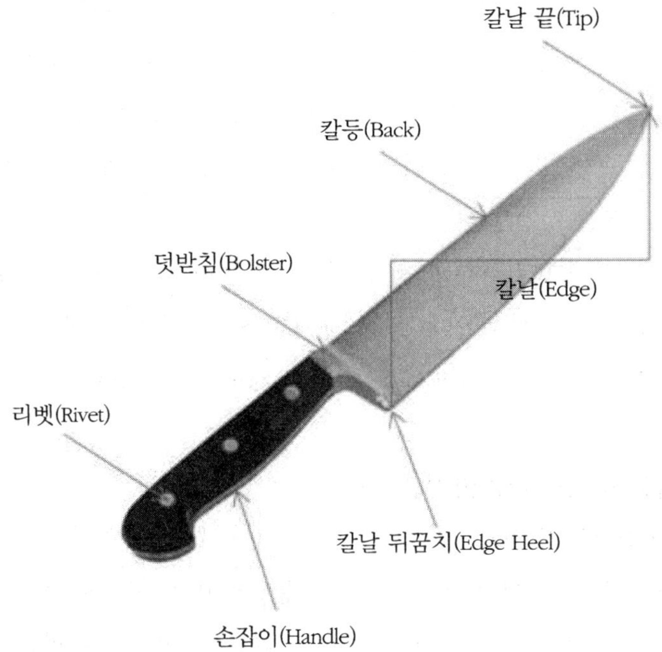

- 칼날 끝(Tip) : 날의 앞쪽 끝부분.
- 칼날(Edge) : 날의 점점 얇아지는 날카로운 곳으로 커팅을 할 수 있는 부분
- 칼날 뒤꿈치(Edge heel) : 날의 바닥 끝부분에서 좌철이 점점 좁아지는 부분
- 손잡이(Handle) : 칼을 사용하고자 할 때 손으로 잡는 부분

가) 써는 방법에 따른 칼의 사용 부위

- 칼 밑등 : 감자나 고구마, 무 등의 껍질을 모양 그대로 빙글빙글 돌려(돌려깍기) 사용하며, 오른쪽 둘째손가락으로 칼등을 누르고 엄지손가락은 옆면에 갖다 대고 하면 손쉽다.
- 칼 밑등의 각진 부분 : 흠집을 도려낼 때 사용한다. 감자, 무, 당근의 흠집 있는 곳을 파낼 때 이곳에 대고 돌리면 쉽게 제거 할 수 있다.

- 칼끝 : 가늘면서 뾰족한 칼끝은 섬세한 작업을 하는데 적합하다. 양배추의 속을 도려낼 때, 토마토의 껍질을 도려낼 때, 얕게 칼집을 넣을 때, 고기의 결을 끊어줄 때 사용할 수 있다.
- 칼날 중앙 : 둥글게 썰기, 채썰기, 납작 썰기 등등 모든 썰기는 이 부분을 사용한다.
- 칼등 : 우엉껍질을 긁어서 벗길 때, 마늘이나 생강을 짓이길 때, 칼을 눕혀서 사용한다. 또한 고기전용도구가 없을 때 스테이크 고기를 두들겨서 연하게 만들 때도 사용할 수 있다.

5) 칼을 이용한 다양한 썰기

가) 잡아당겨 썰기

칼의 안쪽은 들어 올리고 칼끝을 재료에 비스듬히 댄 채 잡아당기듯이 써는 방법으로 오징어를 채 썰 때 이 방법을 이용한다. 썰어 놓은 재료는 썰어진 채 도마 위에 그대로 있으므로 그 밑에 칼을 뉘어서 넣고 살짝 들어서 그릇으로 옮겨 담는다.

나) 밀어 썰기

무, 양배추, 오이 등을 채 썰 때 사용하는 방법으로, 오른쪽 검지 손가락을 칼등에 대고 칼을 끝 쪽으로 미는듯하게 가볍게 움직이면 곱게 썰어지고, 위에서 아래로 내리 누르듯이 힘을 주면 채소의 섬유질이 파괴되어 썰어진 단면이 거칠어진다.

큼직한 호박이나 무 등을 토막 낼 때도 쓰이는데, 이때는 칼을 안쪽에서 끝 쪽으로 밀어 넣는 듯한 기분으로 재료에 넣고, 왼손으로 칼 끝 쪽을 누른 채 위아래로 번갈아 힘을 주면서 쪼개듯이 자른다.

밀쌈이나 김밥 등 말랑말랑하고 속에 무엇이 들어 있는 재료를 썰 때 무조건 힘을 주어 눌러 썰면 속 재료가 빠져 나와서 지저분해진다. 우선 칼끝을 재료에 넣은 다음 안쪽으로 잡아당기는 듯한 동작으로 얇게 썬다.

다) 눌러 썰기

다져 썰기의 방법으로 왼손으로 칼끝은 가볍게 누르고 오른손을 상하 좌우로 누르듯 써는 것이다. 흩어진 것은 다시 모아 같은 동작을 반복하면 곱게 다져진다.

라) 저며썰기

재료의 왼쪽 끝에 왼손을 얹고 오른손으로는 칼을 눕혀서 재료에 넣은 다음 안쪽으로 잡아당기는 듯한 동작으로 얇게 써는 방법이다.

마) 내려 썰기

위에서 아래로 내리치면서 써는 방법으로 시간이 촉박할 때 주로 쓰는 방법이다.

칼을 내려칠때 똑바로 내려치는것이 아니라 손목의 반동을 이용하여 칼을 앞으로 잡아당기면서 썰어야 손쉽게 썰어진다.

6) 칼의 종류

가) 필링 나이프(Peeling Knife)

칼날이 굽어져 있으며 작고 가벼운 과일깍기와 재료의 썩은 부위를 오려내는데 사용한다.

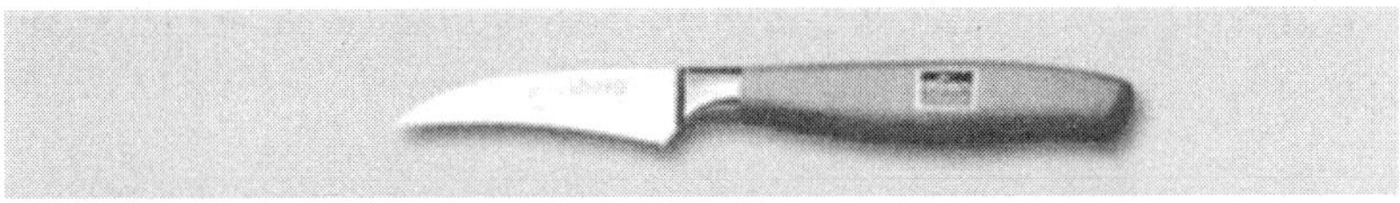

나) 패링 나이프(Paring Knife)

작고 가벼운 재료를 다루는데 사용되며 과일깍기, 자르기, 과일이나 야채 조각, 고기를 다듬는데 사용한다.

다) 토마토 나이프(Pomato Knife)

비교적 작고 가벼운 재료, 과일, 야채, 고기를 다듬는데 사용한다.

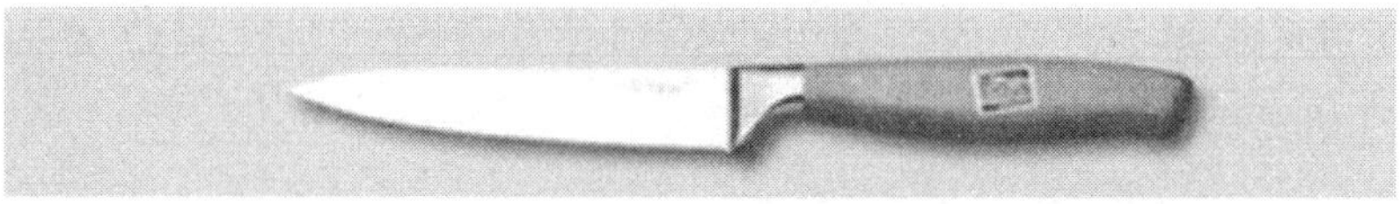

라) 스테이크 나이프(Steak Knife)

칼날이 가늘고 톱니모양이며, 껍질이 딱딱한 과일, 샌드위치, 냉동상태의 고기를 요리하는데 사용한다.

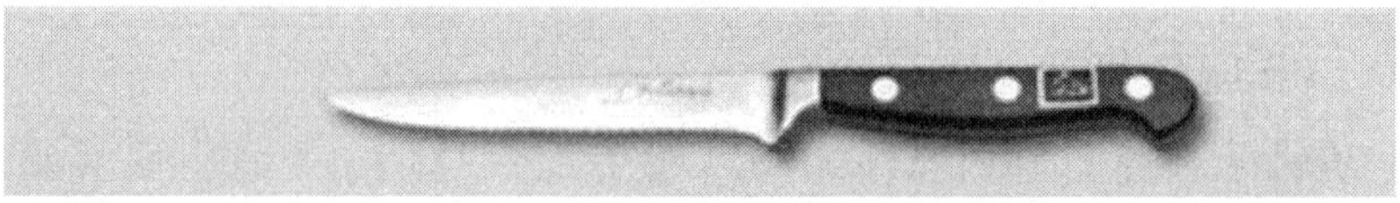

마) 본닝 나이프(Boning Knife)

칼날이 가늘고 굽어져 있으며, 살과 뼈를 분리시키기 사용한다.

바) 본닝 나이프(Boning Knife)

칼날이 가늘고 유연하며 생선이나 육류고기를 얇게 요리하는데 사용한다.

사) 카빙 포크(Carving Fork)

고기 덩이를 삶거나 굽는 요리 시 이동시키거나 고정시켜서 자르기 용이하게 하기 위하여 사용한다.

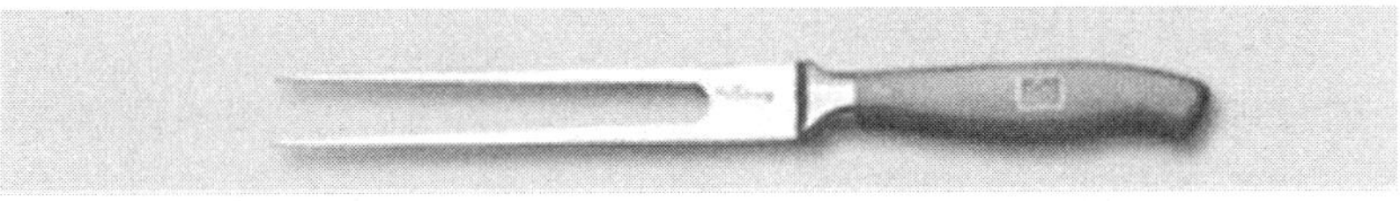

아) 쉐이프 나이프(Chef Knife)

묵직하고 건조하며 예리한 칼날로 만들어졌으며 야채 배추, 무, 양배추 등 일반적으로 가장 많이 사용한다.

자) 브레드 나이프(Bread Knife)

톱니모양의 칼날이며 딱딱한 빵이나 냉동육고기 절단에 사용한다.

차) 카빙 나이프(Carving Knife)

칼날이 곡선이며 강하고, 유연한 칼날로 만들어졌으며, 생고기, 삶은고기, 구운 고기를 오려 내거나, 자르는데 사용한다.

카) 햄 또는 훈제연어용 나이프(Ham/Smoked salmon Slicer)

길고 유연한 칼날로 햄, 연한 생선살을 얇게 자르는데 사용한다.

타) 치즈 나이프(Cheese Knife)

칼날에 톱니 모양으로 구멍이 있는것이 특징이다. 치즈를 자를 때 칼날에 치즈가 달라붙지 않는 이유가 바로 이 때문이며, 살짝 올라간 칼끝은 치즈를 접시에 옮길 때 사용한다.

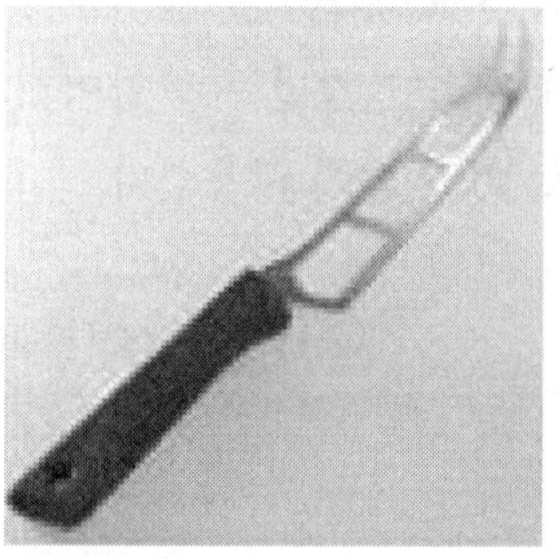

파) 클로버(Cleaver)

고기뼈를 자르거나 파를 자를 때 사용하며, 칼날이 두껍고 단단한 것이 특징인데, 칼이 무거울수록 사용하기 편하므로 가능하면 가장 무거운 것을 선택한다.

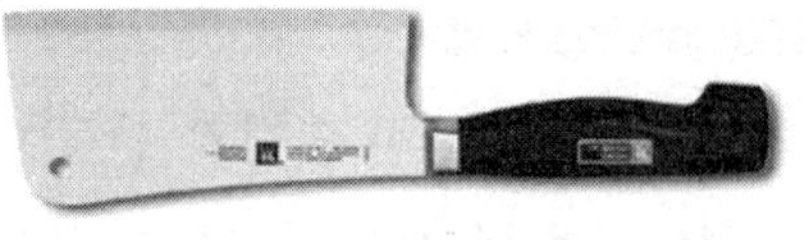

7) 칼 손질하는 법

매일같이 하루 작업이 끝나면 그 날 마무리 순서로 칼을 손질하는 것이 좋다. 칼을 손질할 때는 숫돌을 사용한다.

가) 숫돌을 사용하여 칼 가는 방법

① 숫돌을 물속에 담가 충분히 적신 다음 사용한다.

② 숫돌은 항상 표면이 평평하도록 사용한다.

③ 홈이 있거나 골이 생겼을 때는 시멘트 바닥이나 같은 숫돌로 문질러서 표면을 균일하게 한다.

④ 사용할 때는 숫돌 표면에 수분을 많이 머금게 하여 마찰열을 줄여서 칼날이 약해지는 것을 방지해야 한다.

⑤ 숫돌을 사용하여 칼을 갈 때는 숫돌 받침대를 사용하거나 수건을 사용하여 고정시켜야 한다.

⑥ 칼을 갈 때는 숫돌 표면과 칼의 한 면이 거의 닿게 하여 간다.

⑦ 숫돌의 앞쪽부분에서 시작해서 반대쪽으로 이동하고 이때 중간은 숫돌의 모든 부분을 이용하여 칼을 갈고, 눌러서 밀 때는 힘을 주고, 당길 때는 힘을 빼고 당긴다.

⑧ 양날을 갈 때는 양면을 같은 횟수로 갈고, 단면일 때는 한 면만 갈고 반대 면은 2~3회 쇳가루를 제거하는 정도만 간다.

⑨ 마지막으로 손잡이와 칼날 부분을 물로 잘 씻어서 마른 헝겊으로 닦아낸 다음 수분을 완전히 제거해야 한다.

1. 오른손으로 칼을 견고하게 쥔 후, 칼 끝부터 숫돌에 댄다. 왼손은 날에 균일한 힘을 주어 누른다.

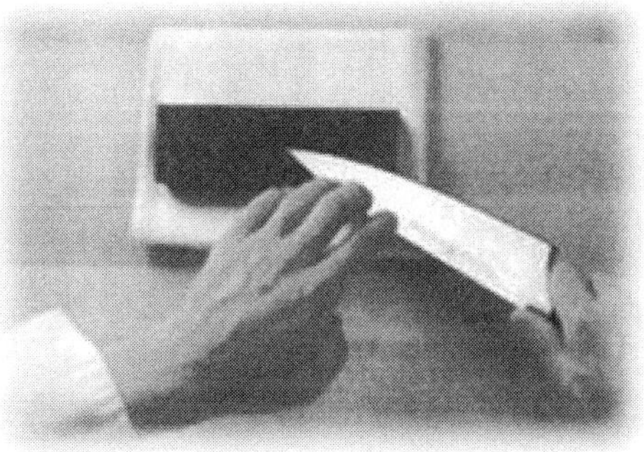

2. 부드럽게 힘을 가하면서 칼을 숫돌과 숫돌이 20° 각도를 유지하면서 칼 위로 갈기 시작한다.

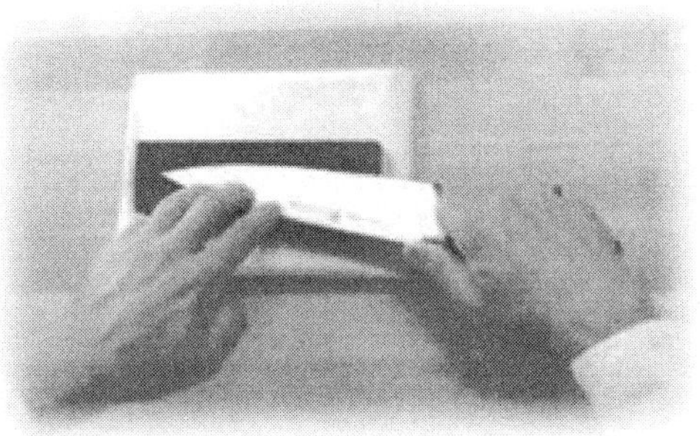

3 가볍게 누르는 힘을 균일하고 부드럽게 유지하면서 계속 간다.

4. 칼 손잡이 부분까지 숫돌의 전면을 이용하여 간다.

나) 샤프닝 스틸 사용법

샤프닝 스틸은 칼날의 유지를 위해 사용되는 둥근 강철봉으로 칼날을 날카롭게 하는 것이 아니라 단지 날을 직선으로 만들어서 임시적으로 사용하는 목적으로 사용한다. 샤프닝 스틸을 사용하는 올바른 방법은 다음과 같다.

① 샤프닝 스틸을 왼손으로 견고하게 쥔다(오른손잡이라면 엄지손가락으로 단단히 움켜쥔다).

② 편안한 거리만큼 샤프닝 스틸을 몸에서 이동한다.

③ 샤프닝 스틸을 약 45° 각도로 유지하고(사람에 따라 0~45°) 칼과 샤프닝 스틸은 약 75°로 유지한다.

④ 샤프닝 스틸과 칼의 접촉면은 15~20°로, 약 0.6cm를 유지한다.

⑤ 위와 같은 각도를 처음부터 끝까지 유지하면서, 적당한 압력으로 부드럽게 샤프닝 스틸 전체를 가로지르게 칼을 이동시킨다. 이때 칼의 끝까지 움직인다.

⑥ 칼 반대 방향도 마찬가지로 진행한다.

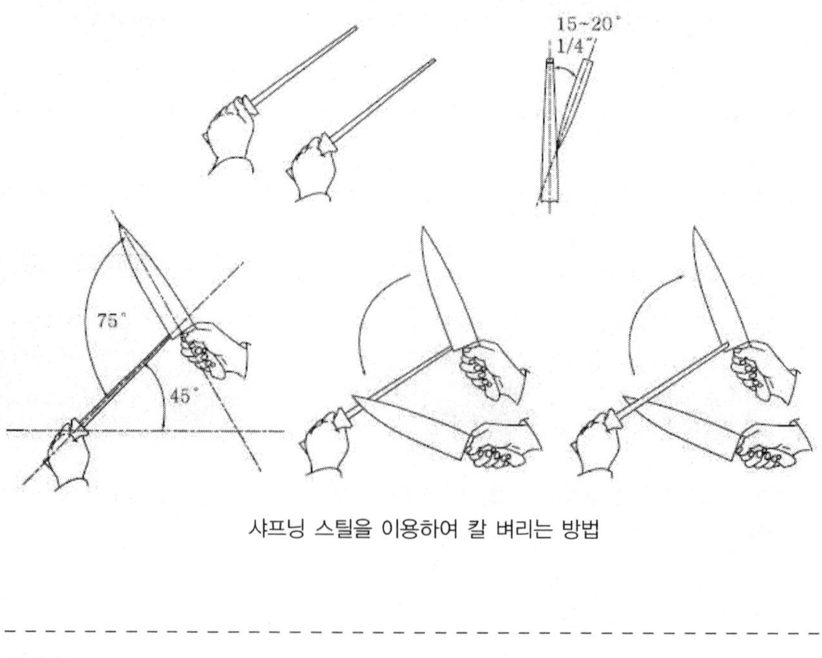

샤프닝 스틸을 이용하여 칼 벼리는 방법

나. 은기물류

은기물류는 순은제 기물이나 은도금 기물의 두 종류가 있는데, 대부분의 호텔 레스토랑 및 전문 레스토랑에서는 은도금 기물을 사용하는 경우가 많다. 그러나 고급 레스토랑이나 호텔 레스토랑의 특별한 업장에서는 순은제를 사용하기도 한다. 때로는 은도금 기물류 대신 스테인리스 스틸, 동 또는 리켈을 사용하기도 하는데, 이들을 취급할 때에는 부딪치거나 소음을 내서는 안된다. 특히 테이블 세팅을 할 때에는 더욱 조심해서 취급해야 한다. 은기물류는 녹이 슬 염려가 있으므로 뜨거운 물에 깨끗이 닦은 후 반드시 마른 타올로 닦아 건조하게 보관해야 한다. 또한 음식을 담을 때나 삶은 계란을 담을 때는 은기물류의 색깔이 변하므로 주의를 기울여야 한다.

1) 은기물류 취급법

은기물류는 고급 레스토랑이나 호텔 레스토랑에서 일반적으로 많이 사용하고 있으며, 원가가 대단히 비싼 편이다. 또한 관리하는 데도 상당한 주의가 요망되는 기물류임과 동시에, 은기물류는 항상 약품처리를 하기 때문에 마른 수건을 이용하여 깨끗하게 물기가 없도록 닦아야 한다.

가) 은기물류의 취급요령

① 사용된 은기물류는 닦기 쉽도록 쟁반을 사용하여 운반하고, 각 종류별로 구분하여 한 곳에 모은다.

② 모여진 은기물류는 식기 세척기에서 뜨거운 물로 세척액을 사용하여 충분히 씻는다.

③ 은기물류의 취급은 항상 손잡이를 잡고 한다.

④ 뜨거운 물을 용기에 따로 준비한다.

⑤ 포크의 경우 날의 안쪽부분을 특히 주의해서 닦는다.

⑥ 종류별로 구분된 기물을 왼손에 적당량을 잡고 핸드타올을 오른손에 잡아 용기에 담겨 있는 뜨거운 물을 사용하여 신속하

고 깨끗하게 닦는다.

⑦ 잘 닦여진 은기물류를 종류별로 가지런히 정리해 놓는다.

나) 은기물류의 취급시 유의사항

① 무거운 쟁반을 운반할 때에는 왼손의 손목을 회전시켜 어깨 위로 받쳐 들며, 가슴을 펴고 운반하는 것이 일반적이다.

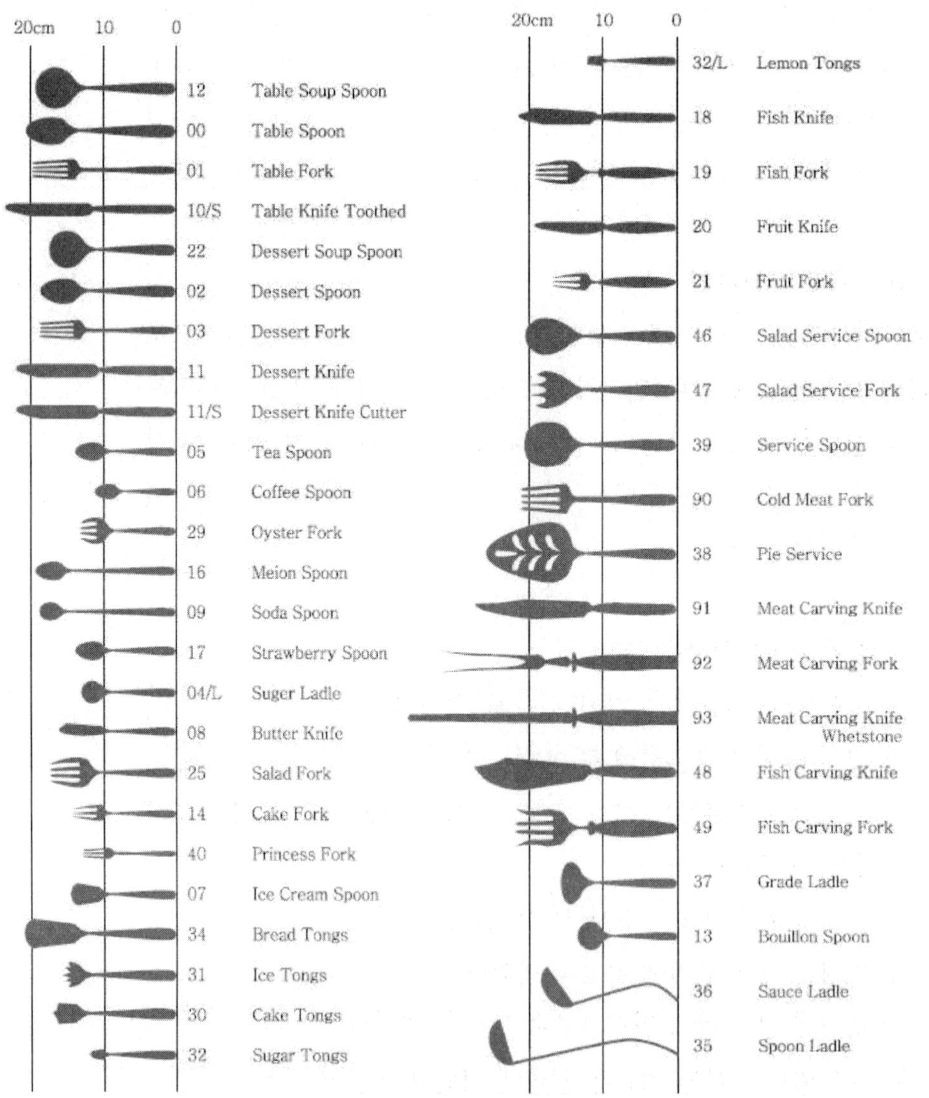

은기물류의 종류와 크기

② 여러 종류의 은기물류를 닦을 때는 큰 기물부터 닦는다.

③ 음식이 닿는 부분은 손으로 잡거나 만져서는 안 된다.

④ 손잡이부분을 모로 잡아 가능하면 지문이나 손자국이 나지 않도록 해야 한다.

다. 챠핑 디쉬

뷔페 연회에서 많이 사용되고 있으며, 음식물이 더욱 먹음직스러워 보이게 하는 역할을 한다. 챠핑 디쉬는 차갑게 사용하는 것과 워머를 장착하여 음식이 식지안고 적정온도를 유지하도록 하는 것이 있다. 또한 재질이나 모양이 다양하므로 연회의 격에 어울리는 기물을 사용하도록 한다.

원형 챠핑디쉬

조개모양 챠핑디쉬

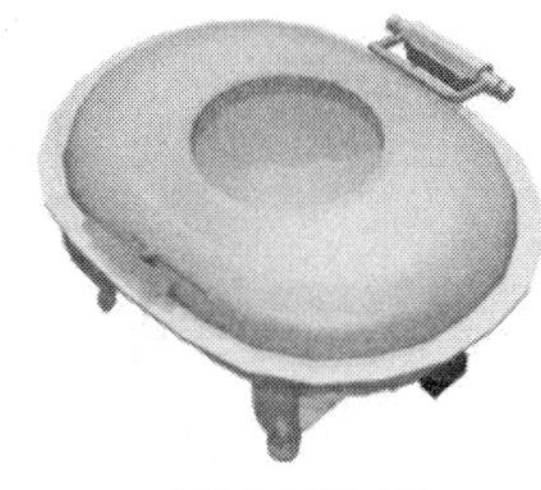
타원형 챠팅디쉬

사각 챠핑디쉬

숩 챠핑디쉬

찜 챠핑디쉬

라. 도자기류

인류문명 이전부터 사용되어 온 도자기류는 수천 년의 역사가 말해 주듯이 그 종류와 사용용도가 매우 다양하며, 생산지 또한 세계 각지에 퍼져 있다. 특히 도자기류는 어떤 류의 비품 · 집기보다도 깨지거나 금이 가기 쉽기 때문에 취급 시에는 특히 주의를 해야한다.

1) 도자기류 취급요령

도자기류는 운반과 취급 시 깨지지 않도록 세심한 주의가 필요하며, 운반할 때는 기본적으로 두개, 세개, 네개를 개수별로 운반하는 방법과 한꺼번에 운반하는 방법이 있다. 특히 서브할 때와 철거할 때가 매우 중요하며, 도자기류의 접시를 닦을 때와 운반할 때의 취급하는 요령을 살펴보면 다음과 같다.

가) 도자기 접시를 닦는 법

도자기류의 접시는 식기세척기를 사용하거나 종업원에 의해서 세척이 이루어 진다. 세척이 끝난 접시를 닦을 때는 양손으로 마른 헝겊을 감싸 쥐고 접시를 회전시키면서 빛이 나도록 닦아야 한다. 또한 접시의 가운데 부분을 닦을 때는 왼손에 헝겊을 감싸서 접시를 들고 닦아야 되며, 먼저 앞부분을 닦은 후 뒷부분을 닦는 것이 원칙이다. 닦을 때는 소음이 나지 않도록 조심스럽게 다루어야 하며, 접시를 여러 장 포개놓을 때는 접시에 손이 닿지 않도록 주의하여야 한다.

나) 깨끗한 빈 접시를 운반할 때

① 하나하나의 접시를 다룰 때에는 엄지손가락을 이용한다.
② 손가락이 접시의 안쪽으로 들어가서는 안 된다.
③ 많은 양의 접시를 운반할 때에는 왼손에 암타월을 깔고 위에 접시를 올린 다음, 가볍게 왼쪽 허리춤에 기대어 바른손으로 받쳐 들고 운반한다.

다) 음식이 담긴 접시를 운반할 때

① 뜨거운 접시는 암타월로 손을 보호하여 운반한다.
② 고객 앞에 내려놓을 때는 특히 조심해야 하며, 뜨겁다는 안내

말을 하여야 한다.

라) 접시를 철거할 때

① 먼저 잡은 접시를 왼쪽 엄지와 새끼손가락을 접시 위로 올리고, 나머지 손가락으로 접시 밑을 바친다.

② 포크는 엄지손가락에 잡고 나이프는 포크 밑에 끼운다.

③ 접시를 왼쪽 팔목부문에 올려놓고 나이프를 손에 든 접시에 나란히 끼우고 음식물을 포크로 접시 밑 부분에 쓸어 담는다.

④ 그 다음 접시도 같은 요령으로 운반한다.

마) 주의사항

① 접시와 접시끼리 부딪히지 않도록 하여야 한다.

② 운반 시 한꺼번에 많은 양을 취급하지 않도록 하여야 한다.

밥 공기

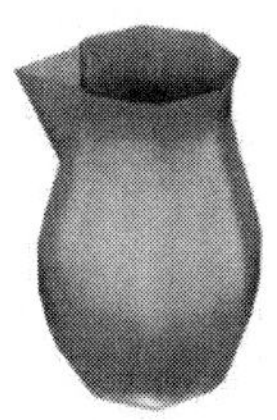
생크림 통

커피잔/커피받침

접시

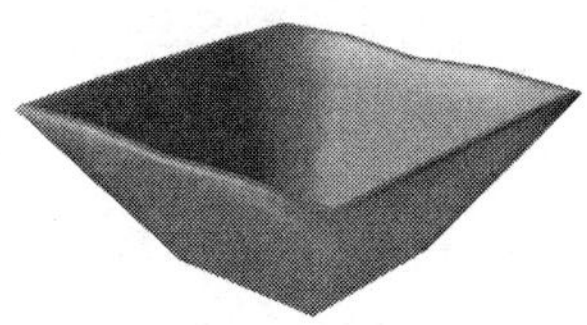
사각볼

물 포트

마. 글라스류

1) 글라스류 취급법

가) 서브 및 운반할 때

① 글라스는 깨지기 쉬우므로 상당한 주의를 필요로 한다.

② 글라스를 운반하는 방법에는 손으로 운반하는 방법, 트레이로 운반하는 방법이 있는데, 어떠한 경우라도 손가락이 유리컵 안으로 들어가서는 안된다.

③ 글라스를 잡을 때에는 항상 밑 부분을 잡도록 하며, 손잡이가 달린 잔은 반드시 손잡이를 잡도록 한다.

④ 손으로 운반할 때에는 손잡이부분을 손가락 사이에 끼워서 윗부분이 아래쪽으로 향하도록 한다.

⑤ 트레이로 운반할 때에는 항상 유리컵이 미끄러지지 않도록 냅킨을 깔고 그 위에 올려놓는다. 또한 한 쪽으로 쏠리지 않도록 하며, 한꺼번에 많은 양을 운반할 때에는 글라스 랙을 사용하기도 한다.

나) 글라스 닦는 법

① 글라스 랙을 사용하여 식기 세척기에서 세척한다.

② 용기에 뜨거운 물을 따로 준비한다.

③ 세척된 글라스에 수증기를 쏘인다.

④ 글라스 타월을 엄지손가락으로 잡은 다음 왼손바닥으로 유리컵 밑부분을 감싸준다.

⑤ 오른손으로 한쪽 타월을 글라스 안쪽에 넣고 엄지손가락을 갖다 대고, 나머지 손가락은 글라스 바깥부분을 완전히 잡는다.

⑥ 타월을 돌려 가면서 글라스 안팎을 닦은 후 글라스 손잡이를 닦고 밑바닥을 닦는다.

⑦ 수증기를 쏘여도 얼룩이 충분히 닦이지 않을 때에는 물에 담그었다가 닦는다.

⑧ 글라스를 닦을 때에는 무리한 힘을 가하지 말아야 하며, 닦으

면서 글라스가 깨지지 않았는가를 확인한다.

워터글라스

텀블러글라스

언더럭스

고블릿

와인글라스

칵테일글라스

샴페인글라스

6

주방 식자재 관리

1. 식자재관리의 의의

식자재 관리는 발주, 구매, 검수, 저장, 출고 등과 관련된 모든 업무를 의미한다. 외식업소 경영자들이 가장 잘못 관리하는 부분 중의 하나가 식자재 구매와 재고관리 등 식자재 전반에 대한 관리로 구매의 부적절함과 재고관리의 잘못된 관행은 구매비용의 상승, 상품의 가치하락, 재료의 높은 변패율을 초래하여 식자재 원가는 상승하고 이윤의 폭은 감소하는 결과로 나타난다.

2. 식자재의 개념

일반적으로 식재료의 개념이 광범위하게 정의되어 있으나, 외식업에서는 원자재로 보통 한정되어진다. 원재료란 메뉴상품을 만들기 위하여 투입되어 소모되는 소재들을 의미한다. 외식업에서 식재료 원가가 매출액 대비 30~40% 정도 차지하는 만큼 식재료의 관리는 매우 중요하다. 그러므로 필요한 식자재를 알맞게 구매하여 최선의 상태를 유지함으로서 이윤 창출에 공헌하고, 낭비되는 재료를 절약 하는것이 식재료 관리의 목적이라고 할 수 있다. 외식업에서는 식재료의 질 자체가 바로 상품의 질과 수명으로 연결되는 경우가 많기 때문에 식재료 관리의 중요성은 절대적이다.

3. 식재료의 특성

지속적인 생산기술과 저장방법의 발달로 식재료 공급의 양과 시기가 확대되고 있기는 하나, 아직도 자연조건의 영향을 받는 까닭에 공산품과 비교해 볼 때 ,가격 및 공급량의 변동폭이 상대적으로 높다. 가격변동의 등락 폭이 큰 것은 자연적 환경과 복잡한 유통경로에 따른 중간상인들의 마진 또한 상당한 부분을 차지하고 있다. 우리가 생각하고 있는 식재료의 대부분은 농수축산물인데, 다른 공산품처럼 균일화, 규격화가 어렵다. 이것은 곧 음식의 표준화를 어렵게 하는 주 원인이며, 다른 공산품과 비교할때 관리하기가 더 어려운 특징을 가지고 있다.

4. 식자재 관리의 업무

물품의 보관 업무는 검수와 조리 업무를 연결하는 역할을 한다. 따라서 식자재 보관체계는 조리에 사용될 음식의 질에 직접적으로 영향을 끼치므로 최적 상태의 보관으로, 운반에서 영업장 소비(생산) 직전까지 계속 식자재가 최상의 품질을 유지할 수 있도록 하여 최고의 메뉴상품이 생산되도록 관리 하여야한다.

가. 식자재 관리요령

검수가 완료된 합격품을 물품의 종류나 특성에 맞게 최적상태로 최상의 품질 유지를 위해서 적절한 저장시설을 활용하여 원활한 입출고 업무를 수행한다.

나. 보관시설의 위치

식자재 창고 속에 저장되는 재고가격으로 경제적 가치를 계산해 보면 엄청난 자산이므로 식자재 저장시설의 관리는 매우 중요하다.

적절한 저장실의 공간은 사용 메뉴의 내용, 거래량, 구매정책, 배달의 빈도에 따라 다르며, 식자재 창고의 위치는 검수구역과 조리구역 사이, 즉 두 구역에 인접하여 위치하는것이 이상적이다. 최초 설비계획 시에 물건 입고는 창고와 직선거리에 위치시키며, 같은 층에 검수장, 창고, 주방이 위치하도록 하는 것이 바람직하다.

다. 창고 내부의 배치 및 안전성

1) 재고 회전에 의한 식자재 배치

선입선출의 원칙에 의거하여 출고되어야만 식자재 낭비 가능성을 최소화 할 수 있다.

2) 진열위치

식자재는 각 품목별 창고 내에 고정된 위치에 보관하여야 한다.

3) 사용빈도

식자재의 사용 빈도, 출고량을 감안하여 보관위치를 정한다.

4) 부정유출 방지

식자재의 부정유출 방지를 위해 창고를 철저하게 통제하여 안전성을 유지하여야 한다.

업무 진행 시 유의사항

- 체계적이고 위생적으로 물품을 분류 및 적재해야 한다.
- 물품의 원상태 유지와 낭비 · 손실 · 폐기율을 최소화해야 한다.
- 도난 및 부패되지 않아야 하며, 원활한 입 · 출고 및 자산이 보존되어야 한다.

라. 식재료의 분류

식재료의 분류는 보통 크게 농산, 축산, 수산물, 유지, 가공식품, 음료로 나눌 수가 있다.

① 농산물 : 곡류, 야채, 과일류
② 축산물 : 육류, 유제품, 육가공품류
③ 수산물 : 생선, 갑각류, 패류, 연체류, 해조류
④ 유지 : 각종 동, 식물 기름
⑤ 가공식품 : 일반 농수산물 가공품류, 조미료류
⑥ 음료 : 주류, 음료

마. 식품보관 및 관리요령

품 목	보관 · 관리요령
주식류 (쌀 · 보리쌀 · 밀가루 · 식빵 등)	〈보관요령〉 - 건조하면서 서늘하고 통풍이 잘되는 위생적인 용기에 보관하여야 한다. 〈관리요령〉 - 곰팡이가 피어 있거나 색깔이 변한 곡류는 식용으로 사용해서는 안 된다.
유지류 (참기름 · 들기름 · 미강유 · 콩기름 · 옥수수기름 등)	〈보관요령〉 - 유지는 직사광선을 받지 아니하는 서늘하고 위생적인 용기에 보관하여야 한다. - 유지는 생선과 같이 냄새가 많이 나는 식품과 분리 보관하여야 한다.

육류 및 생선류 (쇠고기 · 돼지고기 · 달걀 · 생선 · 패류 · 두부 · 어묵 · 건어물 등)	〈보관요령〉 - 육류는 도살된 후부터 식용되기까지 모든 단계에서 냉장 또는 냉동상태 로 보관한다. - 육류는 3~4일 정도 저장하고자 할 때는 4℃ 이하, 장기간 저장할 시에는 냉동시켜 보관한다. - 달걀은 씻지 아니한 상태로 냉장 보관한다. - 생선은 내장을 제거한 후 소금물로 깨끗이 씻어 물기를 없앤 다음 다른 식품과 분리하여 냉장 보관한다. - 두부는 반드시 찬물에 담가 두었다가 냉장시키거나 찬물에 담가 보관한다. - 건어물은 건조하고 서늘한 곳에 보관한다. - 패류는 내용물만을 모아서 소금물로 깨끗이 씻은 후 냉장・냉동 보관한다. - 어묵은 냉장상태로 보관하여야 한다. - 생선 횟감은 깨끗이 씻어 물기를 제거하여야 하며, 냉장고에 하루 이상 보관해서는 안된다. - 우유는 4℃ 이하로 냉장 보관하여야 한다. 〈관리요령〉 - 생선에는 유해미생물(비브리오균 등)이 부착되어 있을 수 있으므로 내장부분을 제거한 후 흐르는 물에 깨끗이 씻는다. - 생달걀의 껍질에는 유해미생물(살모넬라균 등)이 부착되어 있을 수 있다. - 두부는 조리 전에 반드시 흐르는 물에 씻는다.
채소류 (배추 · 양배추 · 무 · 양파 · 오이 · 시금치 · 상추 · 파 · 콩나물 등)	〈보관요령〉 - 채소는 반드시 물기를 제거한 후 포장지로 싸서 냉장 보관하여야 한다. - 씻은 채소와 씻지 않은 채소가 섞이지 않도록 분리 보관하여야 한다. - -3℃ 이하의 냉동 보관은 냉해를 가져올 수 있으므로 주의를 하여야 한다. - 양파 및 감자를 오래 보관하여야 할 경우에는 껍질이 있는 상태로 서늘한 곳에 보관한다. 〈관리요령〉 - 야채류는 먹을 수 없는 부분을 제거한 후 흐르는 물로 3회 이상 깨끗이 씻는다. - 감자의 녹색 및 발아부위는 제거한 후 사용한다.

채소류 (배추 · 양배추 · 무 · 양파 · 오이 · 시금치 · 상추 · 파 · 콩나물 등)	〈보관요령〉 - 채소는 반드시 물기를 제거한 후 포장지로 싸서 냉장 보관하여야 한다. - 씻은 채소와 씻지 않은 채소가 섞이지 않도록 분리 보관하여야 한다. - -3℃ 이하의 냉동 보관은 냉해를 가져올 수 있으므로 주의를 하여야 한다. - 양파 및 감자를 오래 보관하여야 할 경우에는 껍질이 있는 상태로 서늘한 곳에 보관한다. 〈관리요령〉 - 야채류는 먹을 수 없는 부분을 제거한 후 흐르는 물로 3회 이상 깨끗이 씻는다. - 감자의 녹색 및 발아부위는 제거한 후 사용한다.
조미식품 (간장 · 된장 · 고추장 · 고춧 가루 · 식초 등)	〈보관요령〉 - 고춧가루는 위생적인 용기에 넣어 건조하고 서늘한 곳에 보관한다. - 식초는 신맛 성분이 손실되지 않도록 사용 후 마개를 꼭 닫는다. - 젓갈은 서늘하고 그늘진 곳에 뚜껑을 잘 닫아 보관하여야 한다. - 물과 기타 이물질이 들어가지 않도록 한다.
기 타	상기 물품 외 보관 및 관리방법은 식품위생법 시행규칙에 의한 식품의 한글 표시기준에 준한다. 【식품 위생법상 검수 표시기준】 식품의 위생적인 취급을 위하여 다음과 같은 표시기준에 관한 사항을 규정하고 있다. (1) 제품명(기구 또는 용기, 포장 제외) (2) 식품의 유형(첨가물 제외) (3) 업소명 및 소재지 (4) 제조년월일(포장 완료일을 기준, 소분 판매는 소분용 원료제품의 포장시점) (5) 유통기한(첨가물 제외) (6) 내용량(내용량의 성상에 따라 중량, 용량, 개수로 표시) (7) 성분 및 원재료명(첨가물 포함) 함량(특정 성분을 제품명의 일부로 사용하는 경우) (8) 영양성분(따로 정하는 제품에 한하여 특수 영양식품 및 건강보조식품) (9) 기타 식품 등의 세부표시기준에서 정하는 사항

바. 창고 안전 및 위생관리

구 분	업 무 내 역
1. 출입제한	- 관계자 외 출입을 제한한다. (도난방지, 안전사고 방지, 정보유출 방지) - 인화물질 출입을 제한한다. (화재예방)
2. 저장	- 안전을 고려하여 저장구역을 설치한다. (잠금장치, 천정, 유리창을 통한 진입불가)
3. 적정온도유지	* 제품에 맞는 환경을 유지한다. (적절한 온도, 습도, 환기관리) - 건조 제품 : 10~21℃ 이하 - 냉장제품 : 5℃ 이하 - 냉동제품 : -18℃ 이하
4. 위생	- 정기적으로 저장구역을 청소한다. - 창고 내 저장 설비는 흡수성이 없고 잘 닦이는 자재로 설치한다. • 선반 : 환기를 위하여 구멍이 뚫린 것이 좋다. • 바닥 : 걸레, 빗자루 청소가 가능하도록 적재한다. - 자재는 원래의 포장 상태로 보관한다. - 해충, 쥐 등의 집짓기 방지를 위하여 최소한 벽으로부터 5cm 이상, 바닥으로부터 10cm 이상 떨어지게 보관한다. - 다른 제품에서 나오는 향기를 흡수하기 쉬운 제품은 별도로 저장한다. (ex, 밀가루)
5. 점검	- 용기포장 상태를 점검한다. (훼손여부 점검 → 해충피해 등) - 유효기간을 점검한다. - 보관 적정온도・습도 유지를 위하여 수시 점검한다. (냉동, 냉장고, 일반창고)
6. 안전관리	- 식자재 배송원의 위생・청결 유지 및 안전 배송 직무 교육을 실시한다. - 각종 운반구 상태 점검을 주 1회 실시한다. - 창고 열쇠 관리를 철저히 한다. (퇴근 시 경비실에 보관하며, 출근 시 경비실에 가서 확인 후 사용한다)

사. 자재별 관리적온

<table>
<tr><th>구분</th><th colspan="6">세 부 추 진 사 항</th></tr>
<tr><td rowspan="14">자재별 관리 현황</td><td colspan="6">자재별 관리(저장방법, 저장온도, 유효기간)는 다음과 같이 분류 관리한다</td></tr>
<tr><td colspan="2">품 목</td><td>저장 방법</td><td>적정 저장온도</td><td>유효기간</td><td>해당자재</td></tr>
<tr><td colspan="2">냉동육</td><td>냉동</td><td>-18℃ 이하</td><td>최대 24개월</td><td>쇠고기, 돼지고기, 양고기, 가금류 등</td></tr>
<tr><td colspan="2">냉장육</td><td>냉장</td><td>0℃∼5℃</td><td>최대 60일</td><td>국내산 육류 및 수입육 일부</td></tr>
<tr><td colspan="2">냉동수산물</td><td>냉동</td><td>-18℃ 이하</td><td>최대 24개월</td><td>어류, 패류, 연체류 등</td></tr>
<tr><td>야채</td><td>신선 야채</td><td>냉장</td><td>3∼6℃</td><td></td><td>오렌지, 아스파라거스 등</td></tr>
<tr><td>과일</td><td>냉동</td><td>냉동</td><td>-15℃ 이하</td><td>최대 24개월</td><td>송이, 죽순, 감, 리치, 망고</td></tr>
<tr><td colspan="2">유제품 및 난류</td><td>냉장</td><td>0∼5℃</td><td>15일∼1년</td><td>생크림, 버터, 치즈, 마요네즈</td></tr>
<tr><td colspan="2">가공식품류</td><td>실온</td><td>15∼20℃</td><td>12∼36개월</td><td>캔류, 향신료, 곡류</td></tr>
<tr><td rowspan="3">주류</td><td>레드 와인</td><td>실온</td><td>15∼18℃</td><td></td><td>와인류</td></tr>
<tr><td>화이트 와인</td><td>냉장</td><td>2∼6℃</td><td></td><td>와인류</td></tr>
<tr><td>증주류 · 혼성주 · 기타</td><td>실온</td><td>15∼20℃</td><td></td><td>위스키 · 증류주 · 리큐르주</td></tr>
<tr><td colspan="2">음료</td><td colspan="2">실온</td><td>6∼24개월</td><td>탄산음료 및 쥬스 등</td></tr>
</table>

*유의사항 : 냉동 · 냉장고 가동상태 및 온도변화를 수시로 점검한다.

아. 식자재 관리의 목적과 효과

식재료를 취급하는 관계자들이 원가에 대한 의식을 높이게 하고 합리적인 방법으로 관리함으로써 다음과 같은 효과를 기대할 수 있다.

① 낭비가 방지되어 예정된 목표이익을 확보하게 된다.

② 원가기준 카드를 각 메뉴대로 만들기 때문에 식재료의 가격변동에 민감해진다.

③ 실제원가계산이 정확하게 계산되기 때문에 식재료 처리에 있어서 낭비가 되지 않도록 주의하게 된다.

④ 식재료 원가를 알게 됨으로써 식재료 취급에 주의하게 된다.

⑤ 조리작업이 계획적으로 진행되며 주방에서도 영업성적에 관심을 갖게 된다.

⑥ 식재료를 가격에 맞도록 사용하게 된다.

⑦ 낭비방지와 절약의식이 식재료 뿐만아니라 다른 자재, 인적자원, 시간 등도 낭비에 대한 의식을 가지게 된다.

⑧ 목적이 하나로 집약되어 행동하게 되고 작업의 횡적 관계가 잘 이루어지고 협조정신이 이루어져 능률의 향상을 가져온다.

⑨ 영업, 조리, 구매의 일이 상호 이해되고 인간관계가 잘 이루어진다.

⑩ 재고수량에 관심을 가지게 되고, 보관관리에 최선을 다하게 된다.

⑪ 검품 검량이 확실하게 이루어진다.

⑫ 판매가 잘되는 메뉴와 잘 되지 않는 메뉴가 분명해지기 때문에 그 내용의 합리화가 이루어진다.

⑬ 경영층에서 주방이 특정 영역 시 되어 오던 것이 전체적 관리체제 속으로 들어오게 된다.

7

주방 구매관리

1. 구매관리의 의의

식음료 관리활동과정에서 이루어지는 구매관리는 원가관리를 위한 기초적인 관리 단계로, 적정한 물품을 적정한 시기에 구매하는 것만이 아니라, 식음료 사업을 계획, 통제, 관리하는 경영활동으로 인식되어야 하며, 경영주체가 업자의 기능유지를 위해 필요한 시기에 최소한의 비용으로 최적의 상품을 구입하는 경영활동이라 할 수 있다.

외식기업의 구매는 메뉴에 맞게 조정되며 세 가지 기능을 한다.

첫째, 메뉴에 제공되는 식품들이 획득되어진 것을 의미한다.

둘째, 구매하는데 지불되는 가격은 고객들이 식사비용을 결정하는데 중요한 요소이다.

셋째, 구매된 식재료의 질은 제공된 음식의 질을 결정한다.

모든 식자재는 시간경과에 따른 부패 또는 변질될 위험이 있기 때문에 식재료의 구매에 우선하여 재고량을 관리하는 것이 중요하다. 또한 재고량이 필요량의 최하한선을 유지하여야 하며, 효율적인 구매업무가 이익 증대와 원가절감에 중대한 역할을 한다.

2. 구매계획의 절차

식재료를 구매하는 과정에서 철저하고 합리적인 계획과정을 거치지 않고서는 질 좋은 최상의 상품을 구매하기란 매우 어렵다. 그렇기 때문에 계획의 내용은 충실하고 정확성과 공정성 및 민주성이 접목된 계획이어야 한다.

구매계획을 위한 절차

- 기초 구매 정보 수집계획
- 시장 조사 및 동향 파악계획
- 구매물품의 선정 및 조달방안계획
- 구매물품의 관리방안계획
- 예산계획
- 적정 재고량 조사

3. 구매 집행과정

구매 관리를 위한 집행과정은 조리목적에 필요한 식재료를 적절한 납품예정자와 구매처를 탐구 파악하여 교섭과 발주과정을 거쳐 관련 주방이나 창고에 입고시키는 일련의 과정을 말한다.

가. 적정재고량의 파악

외식업체의 주방에서는 필요한 만큼의 각 품목별 식재료의 적정

재고량을 항상 유지하여야 한다. 따라서 구매담당자는 신속하고 정확한 재고량을 파악하여 구매의뢰에 영향을 주어야 한다.

나. 구매량 결정

구매량을 결정하는 것은 외식업체의 수익에 커다란 영향을 미치는 중요한 결정수단이다. 구매담당자는 레스토랑에서 사용한 식재료의 품목과 수량 등을 파악하여 식재료 제공자에게 의뢰하는 과정이다.

다. 품질기준 설정

구매담당자는 필요한 구매품목과 양이 결정되면 각각의 구매 품목에 대한 품질을 설정하여 납품업자를 선정해야 한다.

라. 납품업자 선정

적정한 기준에 의해 구매할 식음료 품목이 선정되었을지라도 지속적이고, 품질을 믿을만한 납품업자와 업체를 선정하는 것은 결코 쉬운 일이 아니다.

마. 구매가격 결정

최소의 비용으로 최고의 상품을 구매하려고 하는 것이 구매담당자가 기본적으로 취해야 할 구매업무의 목적이다.

바. 결재조건과 납품시기 결정

구매담당자와 납품업자는 상호협상의 결과에 따라 결재조건과 시기를 결정하는 단계이다.

사. 송장의 점검

구매담당자는 구체적이고 세부적으로 기록된 구매조건 내용과 송장의 기록내용을 비교하여 물품의 내역과 가격결정에 따라 일치

여부를 확인하여 물품을 받는 것이다.

아. 검수작업

구매주문서에 의해 현물을 확인하고 대조하여 주문내용에서 발견할 수 있는 반품의 처리방법을 해결하는 과정이다. 특히 검수 과정에서 일어날 수 있는 예기치 못한 사항에 대처할 수 있는 대안을 마련하는 것도 중요하다.

자. 기록 및 기장관리

주문서 사본, 구매 청구서, 물품인수장부, 검사 또는 반품 보고 기록서를 작성하여 비치 · 보관하여야 한다.

4. 식재료 구매 시 주의사항

식재료를 구매하는 과정에서 다음과 같은 몇 가지 주의할 점이 있다. 특히 구매하고자 하는 식재료의 종류와 특성에 따라 특별히 주의해야 할 점이 많은 것은 결과적으로 외식업체의 수익결정 요인과 직결되며 나아가 국민보건 및 건강에도 직접적으로 영향을 미치기 때문이다.

가. 신선할 것

식재료가 신선할 때 맛이 가장 좋을 뿐만 아니라, 영양가도 높다. 이렇게 신선한 식재료를 선택해야 하는 것은 결국 양질의 서비스를 제공하고 수익증대에도 영향을 주기 때문이다.

나. 위생적일 것

구매하고자 하는 모든 식재는 항상 신선하고 위생적으로 처리된 재료를 구매해야 하는 것이 원칙이다.

다. 안전할 것

주방에서 소모될 식재료는 위해 및 변질 등 위험성이 내포된 식품을 선택하여 사용해서는 안 된다. 특히 농약이나 중금속, 유해첨가물은 허용기준치를 초과한 상태로 사용할 경우 사회적으로 커다란 물의를 일으킬 염려가 많다는 사실을 인식해야 한다. 또한 유해색소의 첨가문제, 무허가 식품, 품질표시 등 일반적인 내용이 대체적으로 안전해야 한다.

라. 적정가격일 것

소비시장 구조의 가격변동은 시대 상황에 따라 급격한 변화를 가져온다. 어떠한 식재료이든 가격은 적정한 선에서 구매계약이 이루어져야 한다. 필요이상의 높은 가격으로 구매비가 지불된다든지 또는 실제가격보다 낮게 책정되어 식재료를 구매한다면, 원가비 상승률에 도움을 줄 수 있는 요소로 변한다.

5. 구매 관리과정

식재료의 구매는 정기적이고 치밀한 시장조사를 통하여 용도에 적합한 식자재를 합리적인 가격에 구매하고 납품시기와 품질에 유의해야 한다. 또한 합리적이고 효율적인 식재료를 구매하기 위해서는 품목에 대한 품질, 규격, 무게, 수량, 기타 질적 특성을 간략하게 기술한 표준구매명세표(standard purchase specification)를 작성하여야 한다. 이는 구매의 일관성 및 표준 설정 검수절차의 간소화, 음식의 질적 관리, 재고관리, 적정한 구입원가의 절감효과 등을 기대할 수 있다.

가. 식재료 구매 절차

표 7-1- 식재료 구매과정

메뉴계획	구매 필요성 인식 특정품목이나 소요량 파악
▼	
표준 구매 명세서	품목 내용 기술(품질, 규격, 무게, 수량) 오류발생방지, 비용발생억제, 영업기획, 상실방지
▼	
시장조사	물량, 가격, 품질, 격, 성수기 등 조사
▼	
공급처 선정 및 확보	공급처 실태 조사(신뢰도, 규모, 재정도)
▼	
구매가격 결정	가격, 품질, 서비스수준 고찰 최소비용, 최고품질, 생산성과 수익성 고려
▼	
계약 및 발주	계약방식 선택, 납품거리 확인 주문은 서류작성이 원칙
▼	
검수	납품서 주문내역과 인수물품의 사실 확인 후 적합여부 판결 주문내용에서 발견할 수 있는 반품처리 검수일지 작성 및 입고 확인
▼	
저장	냉장 · 냉동 일반창고로 구분하여 저장 1일 구매 식자재는 해당 주방에서 저장 및 사용
▼	
기록 및 보관	구매내용의 정리 · 보관 물품인수증, 구매요구서, 반품증 정리 및 기록

나. 식재료 구매 방법

① 공개시장구입(Open Market Buying) : 원칙적으로 일반 경쟁계약에 의하여 구매하는 것으로써 가장 합리적이라 할 수 있다. 이를 위하여 1명 이상의 상인으로부터 받은 견적서를 가지고 품질과 서비스가 철저하고 가장 낮은 가격을 제시한 사람에게 주문한다. 공개시장구입은 보통 전화구매방식으로 구

매명세서를 보고 필요한 것을 구매하는 방법으로 구매자는 납품업자에게 전화를 해서 필요한 양만큼 신청을 한다. 또한 외판원과 직접 접촉하거나 혹은 시장을 방문해서 직접구매방식을 취할 수 있다.

② 비밀입찰구매(Sealed Bid Buying) : 정부기관이나 공공기관에서 주로 이루어지는데, 필요한 상품의 목록을 입찰 신청서와 함께 업자들에게 보내면, 업자들은 거기에 가격을 기입해서 봉함우편으로 다시 우송하면 최저 가격의 입찰자에게 낙찰된다.

③ 계약구매(Contract Buying) : 매일 혹은 1주일에 몇 번씩 배달하여야 할 식료품은 보통 특정한 기간을 정하지 않고 공식적인 혹은 언약에 의한 계약에 따라 구매한다. 신뢰성 있는 업자를 계약 체결 또는 출입업자로 선정한다면 제품의 품질은 보장될 수 있다.

④ 예매구매(Future Buying) : 대규모 업체에서 주문할 당시의 고정된 가격으로 미래에 납품될 상품의 구입을 계약하는 것이다. 납품을 약속된 기일 내에 이행하느냐 못하느냐 하는 것은 물자의 재고에 직접적인 영향을 미치게 되므로 생산과 직결되는 만큼 중요하다.

다. 구매담당자의 역할

복잡한 유통구조에 관한 사전지식, 식품의 감별법, 식재료의 구매 시 선택 고려사항 등이 중요시되어야 되며 그 식품이 가지고 있는 특성과 영양성분, 보존기간 및 변질에 관한 전반적인 지식을 습득해야 한다.

1) 구매담당자의 조건

업소의 특성과 규모에 따라 구매를 담당하는 전문부서가 있기도 하고 단순히 한 사람의 담당자가 구매를 전담하기도 하지만, 구매는 업소의 성패도 결정지을 수 있을 만큼 핵심적인 일이므로 이러한 일을 수행하게 될 구매담당자는 신중하게 선정을 해야 한다.

구매담당자는 메뉴 생산에 적합하고 운영의 요건에도 맞는 식자재를 적재적소에 공급해야 하는 직무를 수행해야 되므로 성공적인 구매관리를 위해서는 구매활동 자체에 대한 이해뿐만 아니라 조리, 판매, 가격정책 등 전반적인 운영에 대해서도 폭 넓은 지식과 노하우를 겸비하고 있어야 한다.

뿐만 아니라 구매담당자는 식자재를 가장 저렴한 가격으로 구입할 수 있도록 시장동향에 밝아야 하며, 식자재별 계절적인 특성에 대한 종합적인 지식도 갖고 있어야 한다. 다시 말해서 신속한 정보력과 지식과 경험을 바탕으로 빠르게 변해가는 시장여건에 능동적으로 대처함으로써 결과적으로 음식의 질과 서비스 수준을 높일 수 있도록 책임감과 직업의식을 가지고 업무에 임해야 한다.

업소의 수입을 창출하고 발전에 기여하는 구매담당자의 조건을 간단히 요약하면 다음과 같다.

① 사익을 탐하지 않고 양심적이며 의지가 강한 사람
② 식자재의 주산지 및 계절적인 변동요인에 밝은 사람
③ 구매 명세서의 이해 및 작성이 가능한 사람
④ 구매방법 및 발주절차를 숙지하고 있는 사람
⑤ 식자재의 산출률 및 관련 메뉴의 조리에 밝은 사람
⑥ 긴급구매, 가격분석 등을 할 수 있는 사람－식자재 마케팅 및 시장정보에 밝은 사람
⑧ 경제적으로 궁핍하지 않은 사람

이와 같은 조건에 맞는 적절한 구매담당자 선정이 어려울 경우 경영자는 실제적이고 구체적인 구매교육을 통해 능력 있는 구매 담당자를 양성해야 한다.

이미 활동하고 있는 유능한 구매 담당자라 할지라도 시장의 변화에 맞는 지속적인 교육은 업무 능력의 향상과 동기 부여를 위해 필

요하므로 업소의 경영자는 외식업계의 변화에 적응하려면 개인도 공부를 계속하여야 한다.

2) 구매방법

식자재 구매는 크게 두 가지 방법으로 이루어진다.

첫째는 직접 구매 방법으로 주방 같은 생산 또는 판매부서의 식자재 요청을 바탕으로 재고상황, 메뉴의 특성, 예약, 매출현황 등을 고려하여 필요할 때마다 수시로 실행하는 구매 활동으로 보통 신선도와 저장이 문제가 되는 품목들로 구성되기 때문에 구매 즉시 청구한 부서로 이동되며 그 날 또는 단기에 소비될 것으로 간주된다.

직접구매를 통해 구입된 품목들은 대표적으로 생선류, 야채류, 과일류를 들 수 있고 가격의 변화가 심하다는 공통적인 특징으로 인해 계약된 공급자로부터 일정기간 동안 고정된 가격으로 공급받는 것이 일반적이다.

둘째 구매방법은 구매 청구서에 의해 구매되어 즉시 사용되기보다는 저장실에 보관되는 것으로 저장관리자나 재고 관리자에 의해 실행되는 것이다. 다시 말하면 저장실을 관리하는 담당자가 식재료 별로 구매의 필요성을 인지할 때마다 구매청구서를 작성하여 구매부서에 전달함으로써 이루어지는데, 일반적으로 식자재마다 업소에 맞는 저장량에 대한 기준이 설정되어 있으므로 이를 기준으로 시장여건과 예상매출액의 변동여부 등을 고려하여 구매해야 한다.

구매행위의 세부적인 절차를 살펴보면 다음과 같다.

① 제1단계 : 메뉴생산에 필요한 식자재를 적절한 수량과 질, 가격 등을 고려하여 결정한다.

② 제2단계 : 필요로 하는 식자재에 대한 시장조사를 실시한다.

③ 제3단계 : 시장조사를 바탕으로 품목별로 구입여부를 결정한다.

④ 제4단계 : 납품업자와 협상한다.

⑤ 제5단계 : 구입한 식자재들에 대한 효용 및 경제성을 평가한다.

모든 구매활동에는 이와 같은 5단계가 수행되어야 하는데, 그 중에서도 제5단계는 가치분석의 단계로 반복적인 실수의 여지를 제거함으로써 업무의 질적 향상을 이루고 장래의 구매 및 업소 전반의 효율성을 증진시킬 수 있는 중요한 단계이다.

3) 구매계획

구매계획의 내용은 다음과 같은 6개항의 기본요인으로 성립된다.

① 품질 – 어떤 등급의 식자재를 사는가?
② 수량 – 얼마나 사는가?
③ 가격 – 얼마에 사는가? (원가)
④ 시기 – 언제 사는가? (납기)
⑤ 구매처 – 어디서 사는가? (유리한 업자선택)
⑥ 조건 – 어떤 조건으로 사는가?

식자재 구매계획 시 고려사항

- 출하시기(성수기) : 최근에 유통시스템의 발달, 수입 농산물, 온실재배, 및 특수 농법에 따른 농업기술의 발달로 식품의 성수 출하기가 연장되어 사계절에 따른 식품의 구별이 없어졌으나, 농지 재배된 농산물은 영양가도 높고 값도 저렴하기 때문에 각 지방에서 많이 생산되는 농산물의 작황상황을 인지하여 구입하는 것이 중요하다. 특히 생선류, 채소류, 과일류 등은 계절에 따라 질과 가격에서 큰 차이가 날 수도 있으므로 품목별로 최대 작황시기를 알아두는 것이 중요하다.
- 식품규격 : 가공제품을 구입할 때에는 식품공전, 식품공업규격, 품질규격에 따른 기준, 용기, 포장재, 식품첨가물 등을 참조한다. 또한 식품형태, 크기, 중량에 따른 규격과 포장단위에도 유의해야 한다.
- 적정가격 : 물가변동에 관한 정보의 수집은 구매계획에 있어 빠져서는 안 되는 매우 중요한 단계로 적정 구매가격의 기준은 업소의 규모, 구매방법에 따

라 다르지만 계절변동이나 국내·외 식품공급사정, 기후, 세계 농산물의 주요 변동사항 등을 파악하여 적절한 구매 가격대를 설정해야 한다.

• 유통기구 : 수산물, 채소, 청과물, 냉동식품 등의 개별적인 유통기구의 구조와 시스템을 파악하여 최적의 공동구매로 설정할 수 있어야 한다.

라. 구입식품의 분류

구입 및 보관 관리의 측면에 따라 식자재를 분류하면 다음과 같다.

1) 상비식품(장기저장 식품)

① 곡류 및 가공품

② 종실류 및 가공품

③ 두유 및 가공품

④ 유지류

⑤ 조미료

⑥ 마른 식품류(버섯, 해조류, 어류)

⑦ 당류 및 가공품

⑧ 통조림 및 병조림

2) 단기저장 식품

① 햄, 소시지 등의 육가공품

② 알류

③ 수산연제품(어묵, 맛살 등)

④ 기타(근채류, 상온저장 가능식품)

⑤ 버터, 마가린, 쇼트닝

3) 신선한 식품

① 어패류 및 가공류

② 채소류

③ 육류 및 가공류
④ 과일류
⑤ 두부류

4) 냉동식품

마. 구매량의 결정

식자재의 저장성, 매출예측의 어려움, 유통시장의 잦은 변동 등은 식자재의 구매량 결정을 어렵게 하는 최대의 난점이다. 이러한 어려움을 극복하고 구매량을 합리적으로 결정하기 위해서는 구매자의 단독 결정보다는 주방장처럼 직접 또는 간접적으로 식자재를 사용할 사람과 함께 수량과 종류를 결정해야 한다.

구매량의 결정은 바로 원가관리의 시작으로 업소의 이익과 직결되는 문제이므로 필요한 식자재의 양을 정확히 파악할 수 있도록 최선의 노력을 기울여야 한다.

일반적으로 업소에서 사용하고 있는 구매량의 결정 방법은 우선 재고량을 조사해 보충되어야 할 식자재량을 파악한 후, 해당기간 동안 평균적으로 사용되는 식자재량을 계산한다. 여기에 예상보다 웃도는 판매에 대비하여 준비해야 할 추가분을 계산하여 모두 합함으로써 구매량을 계산한다.

바. 구매명세서의 작성

구매명세서는 특정한 음식의 조리에 필요한 식자재의 품질, 중량, 개수 등 그 특성에 대하여 간단하게 기록한 양식으로 구매 품목에 대한 설계도라고 할 수 있다. 구매명세서에 기록되는 각 사항은 상품을 발송 또는 수령하는데 있어서 구매자나 납품업자 그리고 검수인을 위한 적절한 지침 혹은 점검표가 되므로 가능한 상세히 서술해야 한다. 구매명세서를 작성할 때에는 주방조사 이외에도 정부 및 공공산업기관에서 제정한 기준을 참고하면 많은 도움을 얻을 수 있다.

경영자가 메뉴를 정하고 그에 대한 판매 및 가격 정책을 세우면 구매자는 이에 따른 표준 구매명세서를 작성하여 납품업자 및 검수 담당자에게 1부씩 배부해야 한다.

구매명세서에 의한 구매는 다음과 같은 4단계를 거쳐 이루어진다.

① 객장에서 사용하기에 가장 적절한 식자재의 등급, 질, 형태, 단위, 양, 포장방법 등을 결정한다.
② 구매될 식자재에 관한 결정된 사항을 바탕으로 구매명세서를 작성한다.
③ 명세서를 복사하여 납품업자에게 주고 검수 시 인도된 상품이 명세서와 같아야 한다는 것을 이해시킨다.
④ 명세서에 기록된 품목의 상태가 검수되는 품목과 일치되는지 면밀히 점검한다. 일반적으로 구매품목이 아닌 특별한 것을 구매하고자 할 때에는 세부적인 구매명세서를 작성하는 것이 좋다.

예를 들어 미국 플로리다가 원산지인 돌게(stone crab)와 같은 수입품 구매의 경우 게의 상태와 크기, 가격, 수량, 포장방법 등을 구매명세서에 자세하게 명시함으로서 다른 품목들에 비해 상대적으로 높은 실수의 여지를 사전에 방지할 수가 있다. 이런 종류의 수입 물품들은 구입절차가 복잡하고 까다롭기 때문에 상세한 구매명세서의 작성은 사실 필수요건이다.

구매명세서에 포함되는 내용을 정리해 보면 대략 다음과 같다.

- 품목의 이름
- 수량 및 구매단위
- 품목의 등급, 상표명 기타 품질에 관한 정보
- 포장방법 및 규격

- 가격산출 기준 : 킬로그램(kg), 상자(box), 케이스(case), 파운드(pound) 등
- 생산지, 품질검사 통과여부

우수한 구매명세서는 구매 시 발생하는 불명확한 의사소통으로 인한 실수를 줄임으로서 불필요한 비용의 지출을 방지해 계획대로 원가관리를 할 수 있을 뿐만 아니라 오해로 인해 흔히 생기는 불화의 여지를 없애 돈독한 인간관계를 유지할 수 있도록 돕는다. 이러한 구매명세서 이용의 장점을 요약해보면 다음과 같다.

① 비교적 저렴한 물품으로 구매계획을 함으로서 결과적으로 경제적인 구매가 된다.
② 품질관리의 기준으로서 음식의 질을 균일하게 유지해 표준화를 촉진한다.
③ 구매자 납품업자, 식자재의 실 사용자, 경리담당자간 오해의 여지를 개선하여 명료한 의사소통 기구 역할을 한다.
④ 구매자의 부재 시 다른 직원이 그의 직무를 대신할 수 있다.
⑤ 기존의 직원이나 신입사원의 교육 자료로 사용할 수 있다.
⑥ 원가관리의 기초자료로 유용하게 쓰일 수 있다.
⑦ 구매업무를 신속하고 효율적으로 처리할 수 있다.

음식점 원산지 표시방법 예시

글자 크기 및 위치

메뉴판 (기존)

돼지갈비 ·········· 8,000원(국내산)
삼 겹 살 ·········· 8,000원(덴마크산)
삼 계 탕 ·········· 8,000원
배추김치(배추 국내산)

◆ 삼계탕용 닭은 국내산과 중국산
◆ 쌀은 국내산만을 이용합니다.

기존

글자 크기 : 음식명 글자의 1/2
표시 위치 : 규정 없음

메뉴판 (개정)

돼지갈비 ·········· 8,000원(국내산)
삼 겹 살 ·········· 8,000원(덴마크산)
삼 계 탕 ·········· 8,000원(국내산)
삼 계 탕 ·········· 5,000원(중국산)
배추김치(배추 국내산, 고춧가루 중국산)

◆ 쌀은 "국내산"만을 이용합니다.

개정

글자 크기 : 음식명 글자 크기 이상
표시 위치 : 음식명 바로 옆 또는 하단

원산지 표시판

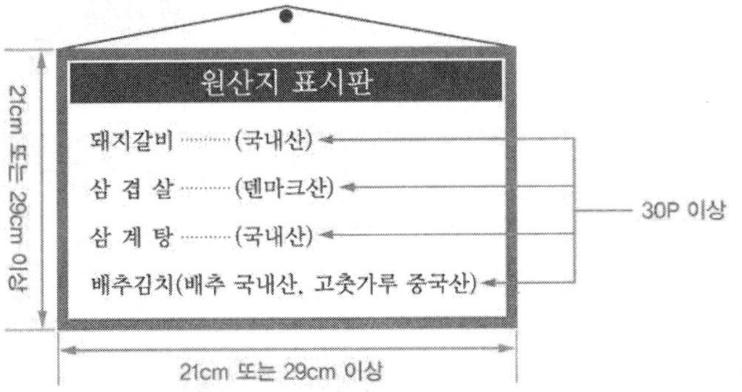

냉장고, 식자재 보관 창고 등 일괄표시 방법

품명	원산지
돼지고기	국내산
삼겹살	덴마크산
쇠고기	국내산 한우

기존

축산물만 표시

품명	원산지
돼지고기	국내산
삼겹살	덴마크산
쇠고기	국내산 한우
배추김치	배추 : 국내산
	고춧가루 : 중국산
쌀	국내산(이천쌀)
갈치	국내산

개정

음식점 표시대상 품목 농수산물

제작 : 농림수산식품부

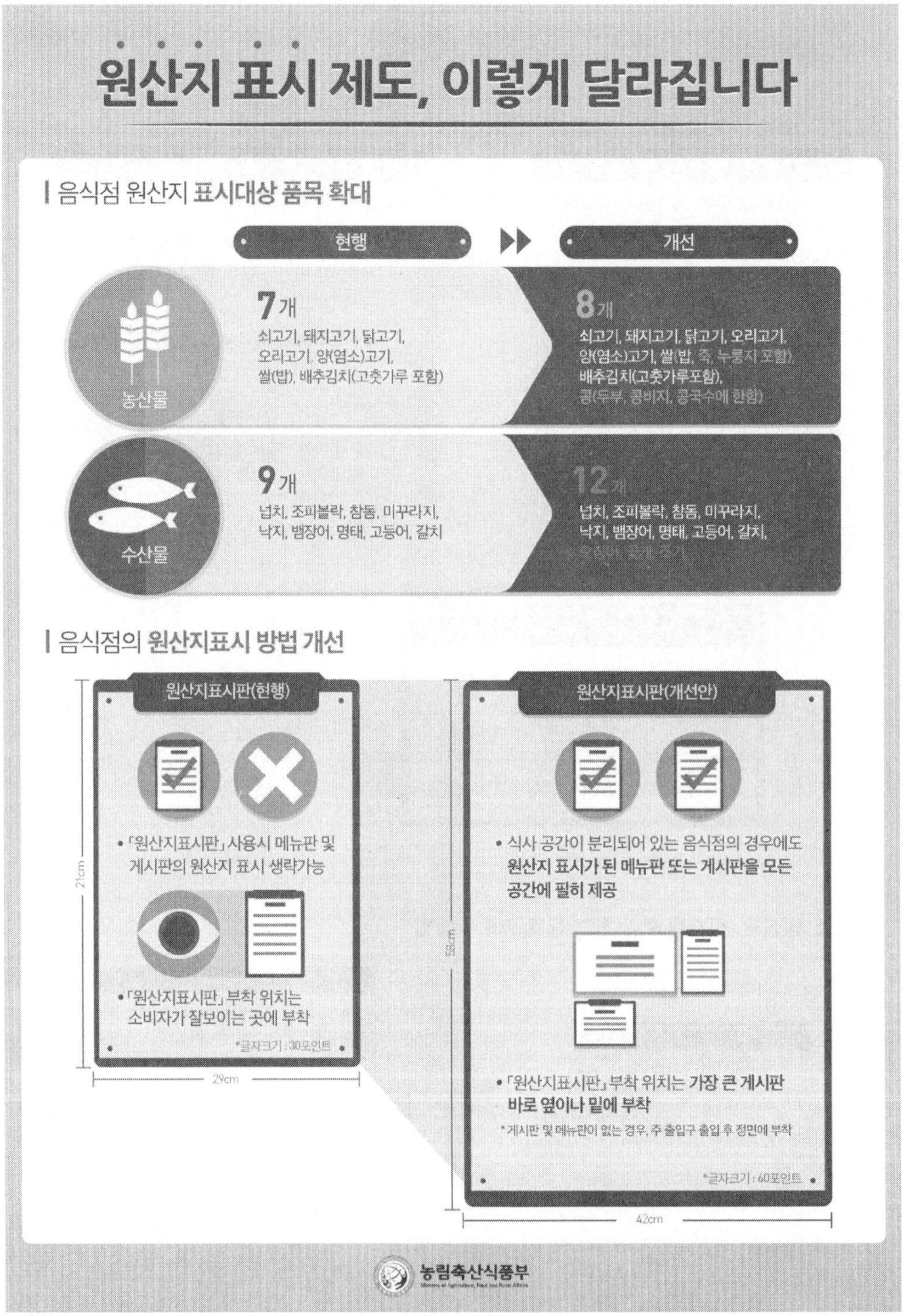

자료출처 : 농림축산식품부

사. 납품업자의 선정

식자재는 소매점, 대리점, 중앙도매시장, 산지생산자 등 여러 경로를 통해 구입할 수 있으므로 신용이 좋은 납품업체를 선정하도록 납품업자에 대한 여러 가지 정보를 수집해야 한다. 납품업자의 선정조건을 살펴보면 다음과 같다.

① 경영내용, 취급품목, 판매실적, 서비스 등
② 납품능력(품질 신뢰성, 가격 저렴성, 납기 엄수성 등)
③ 위생관리
④ 가격

아. 구매방법

외식업소의 영업규모나 저장시설의 유무에 따라 구입방법이 결정된다.

1) 산지매입

각 산지 농협과 직결방법을 통해 중간 유통경로를 생략하여 저렴하게 구입할 수 있는 방법으로 대규모 저장시설을 갖춘 외식업체의 대량구입에 적절한 방법이다.

2) 공동매입

지역적으로 인접한 여러 외식업체들이 모여 일괄 구입하는 것으로 비교적 저장하기 쉬운 조미료, 유지류 등을 구입하는데 쓰인다. 많은 구매량을 할인 받기 때문에 원가절감의 효과는 있으나 품질관리가 어려운 단점이 있다.

3) 중앙구매

대규모 외식체인업체 등이 이용할 수 있는 방식으로 체인 전개를 위한 총괄 구매를 함으로써 보다 저렴한 가격으로 공급받을 수

있다.

4) 창고구매

창고에 대량의 물건을 쌓아놓고 판매하는 곳에서 구매를 하는 것으로 저렴한 가격으로 물품을 구입할 수 있는 장점은 있으나 품질에 이상이 있는 물품을 구입할 위험이 높기 때문에 구매 시에는 항상 유의해야 한다.

자. 계약방법

1) 지명경쟁입찰방식

특정한 자격을 구비한 업자를 지명하여 경쟁 입찰하는 계약방법이다.

2) 견적서에 따른 단가계약방식

견적서를 제출한 업자와 단가를 정하여 계약하는 방법을 말한다.

3) 수의계약방법

계약내용을 이행할 자격을 가진 특정인과 경쟁 없이 계약을 체결하는 방식이다.

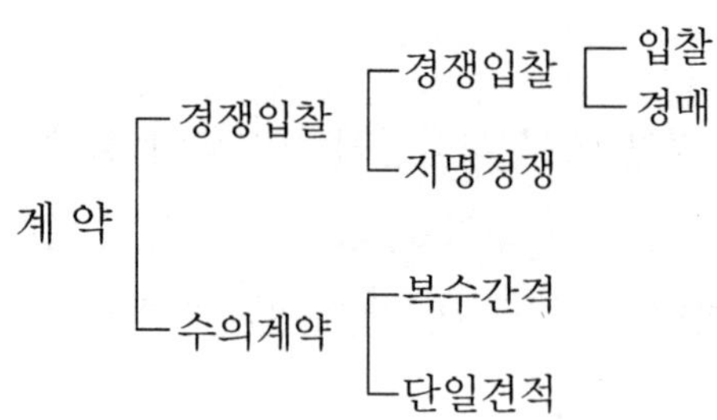

계약방법

차. 발주

발주는 예정판매량을 기준으로 결정한 구매량을 납품업자에게

공식적으로 주문하는 단계로 구매담당자가 주문비용을 최소화하는 적정 발주량을 결정하여 주문해야 한다.

1) 발주량의 산출

① 가식부분식품 : 쌀, 육류 및 가공품, 조미료
순사용량×판매수=발주량

② 폐기부분이 있는 식품 : 어패류, 채소류, 과일류
순사용량÷가식부율×100=발주량
순사용량×〔(폐기율÷가식부율)+1〕×판매수=발주량

2) 발주량 결정시 고려사항

① 식자재 가격의 변화

② 수량의 할인율 : 재고유지 비용보다 할인가격의 액수가 크면 주문수량을 늘리는 것도 좋다.

③ 재료의 특성 : 보관기간 중 품질 저하되는 식품은 가격이 낮아도 대량구입을 하지 않는다.

④ 계절 : 계절식품은 성수기에는 가격이 저렴하고, 비수기에는 값이 오르거나 구매하기 어렵다는 점을 고려해 적절한 발주량을 정한다.

3) 발주방식의 결정

① 정기발주방식 : 일정한 시점마다 정기적으로 부정량(최고재고량-현재재고량)을 발주하는 방식으로, 식자재 중에서도 가격이 비싸거나 조달이 어려워 많은 양을 한꺼번에 구입해 저장하면 무리한 재고부담을 주는 품목들을 발주할 때 사용한다. 주로 수요예측이 가능한 식품들에 적합하다.

② 정량발주방식 : 재고가 일정수준(발주점)에 이르러 일정 발주량(경제적 발주량)을 주문하는 시스템으로 이 방식은 가격이 낮은 품목으로 재고부담이 적을 뿐만 아니라 항상 일정량의

재고를 유지할 필요가 있는, 연간 소비량이 비교적 안정된 식품에 이용한다.

4) 발주방법

발주에 앞서 구매명세서에 필요로 하는 식품명, 규격, 수량, 남품기일, 남품시간, 납품장소, 예정가격, 희망사항 등을 명확히 제시함으로써 오해로 인한 실수의 여지를 철저히 배제한 후 발주해야 한다.

① 전화 발주법 : 주문표의발행을 생략하고 전화로 주문하는 편리한 방법이나 주문자와 납품자간 의사전달의 미숙으로 잘못이 발생되기 쉬운 단점이 있기 때문에 필히 납품자에게 복창하도록 해서 정확히 내용이 전달되었는지 확인한다.

② 점포구매장법 : 구매담당자가 점포에 가서 직접 주문하는 방법으로 식품의 출하기, 신선도, 가격, 위생 상태를 직접보고 구매하는 가장 안전한 구매방법으로 중소규모의 외식업체에 적합한 방식이다.

③ 발주전표법 : 각 업소에 맞는 전표 또는 구매명세서에 필요한 사항을 기재하여 업자에게 발주하는 방식으로 가장 정확하고 확실한 방법이므로 대부분의 업소에서 사용하는 방법이다.

④ 외판원 발주법 : 납품업자가 견본품을 가지고 업소를 방문해서 구매자에게 확인시킨 후 주문을 받는 방식으로, 주문한 물품이 견본품과 같은 품질인지 확인해야하는 검수원의 역할이 중요한 발주방법이다.

⑤ 팩시밀리 발주법 : 주문자와 남품업자 간에 팩시밀리를 설치하여 필요할 때마다 신속하게 발주할 수 있는 방법으로 팩시밀리를 통해 전표가 신속하고 정확하게 전달된다.

8

주방 안전관리

1. 안전관리의 의의

안전이라 함은 사업장에서 작업 중 발생할 수 있는 사고로 인한 신체상의 재해로부터의 안전을 의미한다. 또한 안전도(safety)란 사용자가 위험에 노출되지 않게 하는 정도이다. 안전에는 예방안전과 사고안전으로 구분할 수 있다.

예방안전에는 계단조명을 밝게 하고 난간에 의해서 보호되며 덤웨이터 통로의 안전문과 기계장비의 움직임을 색깔로 표시함으로 현저한 차이를 두는 것 등이 있다. 또한 사고안전은 빵과 고기절단기, 썰기, 혼합기, 교반기 또는 갈기와 같은 식품공정 기계에 안전보호 장치, 긴급중지 장치 등을 부착하는 것 등을 말한다. 우선 조리업무 수행과정에는 각종 사고를 유발할 수 있는 발생요인이 있으므로 각 개인은 작업 시 안전수칙을 철저히 지키고 좀 더 주위를 기울인다면 사고의 발생률을 현저하게 줄일 수 있을 것이다. 현대화된 각종 조리장비들은 조리업무의 능률 향상에 많은 도움을 주고 있지만 한편으로는 산업재해의 발생요인이 되고 있다. 또한 조리업무와 화기(오븐, 가스렌지 등)로부터의 안전 역시 중요하다. 주방에서 발생할 수 있는 모든 사고와 상해 및 화재 등은 안전관리대상 중 가장 위험하고 무서운 사고의 하나이다.

2. 안전관리 대상

주방에서 발생할 수 있는 모든 사고와 상해 및 화재 등은 안전관리대상 중 가장 위험하고 무서운 사고의 하나이다. 화재의 원인과 발생방법은 매우 다양하지만, 이유야 어쨌든 화재가 발생할 수 있는 요인을 사전에 예방하고 방지하는 것이 급선무이다.

주방에서 일반적인 안전사고와 재해의 원인으로는

불안전사고와 재해요인

- 주방시설 및 장비의 일상적 관리소홀
- 종사자들의 시설사용 부주의 및 안전지식 결여
- 전기 및 가스 사용부주의
- 작업자들의 정신적 및 육체적 피로감

따라서 주방의 안전관리의 대상을 철저히 규명하기 위해서는 관리자, 주방 조리 종사자 및 주방 구성원들은 정기적인 안전점검을 철저히 해야 한다. 그리고 모든 장비와 기물은 사용규정에 따라 세심한 주위를 숙지하고 정기적인 교육을 실시해야 한다.

사람의 실수로 인한 사고를 방지하기 위해서는 위험한 환경을 인식하고 이를 수정하거나 피해보려는 노력이 필요하다. 우리 주의에 흔한 외식업체 내의 인적 위험요소를 유발시키는 상황들은 다음과 같다.

불안전한 상태의 조성

- 상자를 너무 높게 쌓아두는 경우
- 사다리 대신 상자와 탁자 등을 이용하여 높은 곳을 올라가는 경우
- 바닥에 액체 상태의 물질을 엎지르고 방치해 두는 경우
- 통로를 기구 등으로 막아둔 채로 있는 경우(비상구 포함)
- 무거운 물건을 높은 선반 위에 올려놓는 경우

깨진 유리컵에 손 베임

명백한 위험요소의 간과

- 깨어진 유리 조각들을 맨손으로 집어든 경우
- 베거나 잘릴 수 있는 요리 기구 사용 시 안전장치를 이용하지 않을 경우
- 너무 무거운 물건을 직접 들어 올리려 시도하는 경우

올바른 중량물 취급방법

무거운 밥솥 들다가 부상

현재 하고 있는 작업에 집중하지 않는 경우

- 작업장 내에서 다른 사람들과 부딪치는 경우
- 자신의 발에 무거운 물건 등을 떨어뜨리는 경우
- 서랍이나 문 등에 자신의 손가락이 끼이는 경우
- 자신의 다리에 뜨거운 물을 엎지르는 경우

음식물 내려놓던 중 손 끼임

도마가 발가락위로 떨어져 부상

배식카에 발가락 끼임

튀김 중 폭발

불안전한 작업 습관

- 칼을 사용 후 싱크대 안이나 위에 그냥 방치해 두는 경우
- 조리 용기들을 스토브에 올려놓고 조리 시, 용기의 손잡이 부분이 복도 쪽을 향하게끔 올려놓고 조리하는 경우

육절기에 팔이 스치면서 베임

칼을 갈다가 손가락 베임

안전사고를 발생시키는 가장 심각한 요인이 인적 위험요소를 관리하는 것과 아울러, 작업환경 내에 존재하고 있는 환경적 위험 요소들을 미리 제거하는 것도 안전관리의 중요한 부분을 차지한다.

환경적 위험요소는 그 자체로서 위험한 요소를 안고 있는 환경 또는 상태를 의미하며, 환경적 위험요소를 빈번히 유발시키는 상황들은 다음과 같다.

건축이나 건물상의 위험요소

- 너무 가파르거나 좁은 계단

• 메인 플로어(main floor)보다 한 두 계단 높거나 낮게 위치한 다이닝룸
• 바닥에 깐 타일을 외양 중심으로만 선택한 나머지 적은 분량의 기름이나 물로 인해 쉽게 미끄러워 지는 경우

뜨거운 국물에 화상

호스에 걸려 넘어짐

기구와 기구상의 위험 요소

• 안전장치가 되어 있지 않은 육절기의 날 부분
• 기구와 기구의 부적절한 배치로 인한 업장 내의 불충분한 동선 패턴 또는 좁은 복도

분쇄기에 손가락이 끼임

부침개를 뒤집다가 기름에 화상

트럭에서 물건 내리다가 떨어짐

구멍에 빠진 식당카와 충돌하여 부상

3. 안전수칙

1) 일반적 안전수칙

① 손에 물이 묻어 있거나 물이 있는 바닥에 서 있을 때는 전기 장비를 만지지 않는다.

② 전기 장비를 다룰 때는 스위치를 끈 다음 만진다.

③ 각종 기계는 작동방법과 안전 수칙을 완전히 숙지 한 후에만 사용한다.

④ 스위치를 끈 것을 확인하고 기계를 조작하거나 닦는다. 기계가 작동을 완전히 멈출 때까지 기계에서 음식을 만지지 않는다.

⑤ 전기장비와 전기장치를 점검하고 전기 코드를 꽂을 때 기계 자체에 부착된 스위치가 꺼져 있는가를 먼저 확인한다.

⑥ 작업이 끝나면 전기 코드를 뽑기 전에 장비에 부착된 스위치를 먼저 끈다.

⑦ 육절기를 청소할 때는 절단하는 칼날에 손이 닿지 않도록 거리를 두고, 기계를 사용하지 않을 때는 칼날을 닫아 놓고 스위치는 항상 꺼져 있어야 한다.

⑧ 평소 냉동실의 문을 안에서도 열 수 있는지 확인하고 작동 상태를 점검한다.

⑨ 호스로 물을 뿌릴 때 전기 플러그, 각종 기계의 스위치에 물이 튀지 않도록 주의한다.

⑩ 주방에 설치된 스테인리스 작업대를 세척할 때에는 반듯이 장갑을 착용하여 손을 베는 일이 없도록 주의한다.

2) 개인작업 안전수칙

① 칼을 사용할 때는 정신을 집중하고 안정된 자세로 작업에 임한다.
② 주방에서 칼을 들고 다른 장소로 옮겨갈 때는 칼끝을 정면으로 두지 않으며 지면을 향하게 하고 칼날은 뒤로 가게 한다.
③ 주방에서는 아무리 바쁜 상황이라도 뛰어다니지 않는다.
④ 칼로 캔을 따거나 기타 본래 목적 외에 사용하지 않는다.
⑤ 칼을 보이지 않는 곳에 두거나 물이 든 싱크대 등에 담궈 두지 않는다.
⑥ 칼을 떨어뜨렸을 경우 잡으려 하지 않는다. 한 걸음 물러서면서 피한다.
⑦ 칼을 사용하지 않을 때는 안전함에 넣어서 보관한다.
⑧ 주방 바닥은 미끄럽지 않은 상태로 유지한다. 기름이나 물기를 제거한다.
⑨ 뜨거운 용기를 이동할 때는 마른행주를 사용한다.

⑩ 뜨거운 용기나 국물 등을 옮길 때는 주위 사람들을 환기시켜서 충돌을 방지한다.
⑪ 뜨거운 국물이나 끓는 물에 재료를 투입할 때는 미끄러지듯이 넣는다.
⑫ 청결하고 몸에 맞는 유니폼과 안전화를 착용한다.
⑬ 캔 뚜껑 열 때에는 날카로운 부분에 손이 닫지 않도록 한다.

3) 요리를 시작하면서 끝날 때까지

① 뜨거운 것을 잡을 때 : 반드시 마른 수건을 사용한다(프라이팬, 소스팬, 오븐에서 나온 조리기구, 기타).
② 기름을 다룰 때 : 가스레인지 위에서는 가능한 기름이 튀지 않

게 한다(빨리 발화되고 화재의 위험이 있다).

③ 끓는 것을 조리할 때 : 뚜껑은 멀리서 조심하여 열고 조리자의 반대쪽으로 연다.

④ 물건을 옮길 때 : 무거운 것은 함께 들고 뜨거운 것은 주의하여야 한다.

⑤ 음식을 담을 때 : 음식이 용기에 넘치지 않게 담는다.

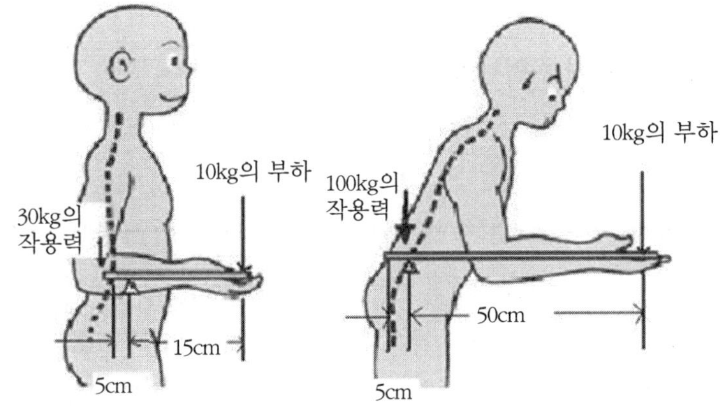

⑥ 긴 기구를 다룰 때 : 손잡이가 통로 쪽으로 향하게 걸리지 않게 한다.

⑦ 불을 사용할 때 : 점화 불을 항상 사용한다.

⑧ 튀김요리를 할 때 : 기름이 튀지 않게 옆으로 밀어 넣는다.

⑨ 위생 : 주위의 환경을 항상 청결히 한다.

⑩ 소화기의 위치 : 소화기의 위치는 항상 확인하고 사용법을 숙지하여야 한다.

⑪ 사고력 : 일에 대한 상황을 파악하고 근무에 임해야 한다.

⑫ 안전 : 안전에 대한 철저한 자세가 확립되어 있어야 한다.

4) 주방장비 및 기물의 안전수칙

① 바닥에 물이 고여 있거나 조리작업자의 손에 물기가 있을 때에는 전기장비를 만지는 일을 삼가야 한다.

② 각종 기기나 장비는 작동방법과 안전수칙을 완전하게 숙지한 다음 사용해야 한다.

③ 가스의 밸브를 사용전과 후에는 꼭 확인하여야 한다.

④ 전기 기기나 장비를 세척할 때는 플러그의 유무를 확인하고 나서야 청소를 해야 한다.

⑤ 냉장 · 냉동실 잠금 장치의 상태를 확인해야 한다.

⑥ 가스나 전기오븐의 온도를 확인하여야 한다.

5) 전기 사용 시 주의사항

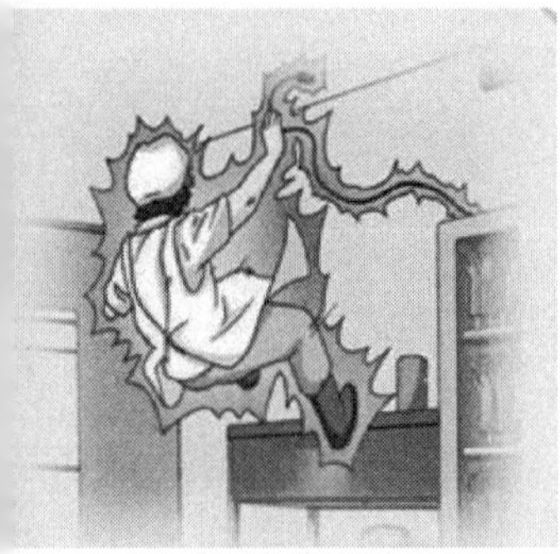

① 콘센트에 플러그를 완전히 삽입하여 접촉 부분에서 열이 발생되지 않도록 한다.

② 스위치, 콘센트 및 플러그의 고정나사가 장기 사용으로 풀려 흔들릴 경우 위험하므로 사용 중지한다.

③ 한 개의 콘센트에 여러 개의 전기 기구를 사용하지 않는다.

④ 스위치, 콘센트, 전기 기구의 부근에 가연물, 인화물질이 없도록 한다.

⑤ 전기용량을 정격치보다 초과하여 사용하지 않는다.

⑥ 스위치, 콘센트에 충격을 가하지 말고 물을 뿌리지 않는다.

⑦ 물 묻은 손으로 스위치, 콘센트, 전기 기구를 다루지 않는다.

⑧ 비닐 코드선은 사용하지 않는다.

⑨ 전기 기구 사용 중에는 자리를 비우지 말고 사용 후에는 플러그를 빼놓는다.

⑩ 커피포트 및 전기 히터 등 용량이 많은 전열기는 사용하지 않는다.

6) 가스 사용 시 주의사항

① 도시 가스는 냄새가 있어 새는 것을 쉽게 알 수 있으며 공기보다 가벼운 가스이므로 가스가 새면 높은 곳으로 몰리기 때문에 사용 전 반드시 환기를 잘 시켜야 한다.

② 연소기기 부근에는 불붙기 쉬운 가연성 물질(호스 등)을 두어서는 안 된다.

③ 콕과 연결부, 호스 등을 비눗물로 수시 검사해 보아 가스가 새는지 여부를 확인해야 한다.

④ 가스의 사용을 중단 할 경우에는 연소 기구의 콕, 밸브는 확실하게 닫아 둔다.

⑤ 가스가 새어 냄새가 날 때는 즉시 부근의 화기를 꺼버림과 동시에 콕, 주 밸브, 용기 밸브를 모두 닫고 창이나 출입구를 열어 통풍을 시키며 비상관제실에 통보한다.

⑥ 가스 사용 시 자리를 비우지 말고, 끓어 넘쳐 불이 꺼지는가를 감시하여야 한다.

⑦ 가스가 나오면서 호스, 배관 등에 화재가 났을 경우 먼저 가스 중간 밸브를 차단하고 소화기로 불을 소화한다.

※가스가 나오는 상태에서 불을 끄면 폭발 화재 위험이 있음.

가) 가스 안전관리

시설점검 : 사용자는 가스설비의 작동상황을 1회/일 이상 점검하고 이상이 있을 때에는 지체 없이 보수 등 필요한 조치를 하여야 한다.

① 사용 전

• 환기를 시켜 연소율을 높인다.

- 완전 연소하려면 많은 공기가 필요하므로 환기를 시켜야 한다.
- 가스냄새를 맡아 본다.
- 화장실 냄새(또는 마늘냄새)가 나면, 가스가 누설되고 있는 것이다.
- 가연성 물질(빨래, 행주, 고무장갑, 유류 등)을 두지 않는다.

② 사용 중

- 화구에 불이 붙어 있는지 확인한다.
- 파란 불꽃이 되도록 공기구멍을 조절한다.
- 조리 중인 음식물이 넘치지 않도록 수시 확인한다.

③ 사용 후

- 중간밸브와 최종밸브를 모두 잠그고 확인하여 일지에 기록한다.
- 사용가스가 LPG인 경우 작업종료 후에는 용기 밸브도 잠근다.

④ 가스기구 사용 시 주의사항

- 연소기는 가끔 솔로 닦아 가스구멍이 막히지 않도록 한다.
- 사용법을 완전히 알고 사용한다. 용기, 밸브 및 조정기의 사용방법을 잘 모르면서 만지거나 분해하지 않는다.

⑤ 예방 점검

- 연결부분(연소기 콕, 밸브, 조정기)은 호스 밴드로 꼭 조여져 있는지 확인한다.
- 점검액 또는 비눗물로 연결부분을 정기 점검한다(가스가 새는 곳은 거품이 난다).
- 가스밸브의 개폐가 너무 뻑뻑하든지 또는 너무 헐렁할 경우에는 가스공급업자나 엔지니어링팀에 신속히 보수를 요청한다.
- 노즐의 오물과 버너 외의 기구 각 부분에 알지 못하는 누설이 있을 수 있으므로 수시로 점검토록 한다(1회/월).

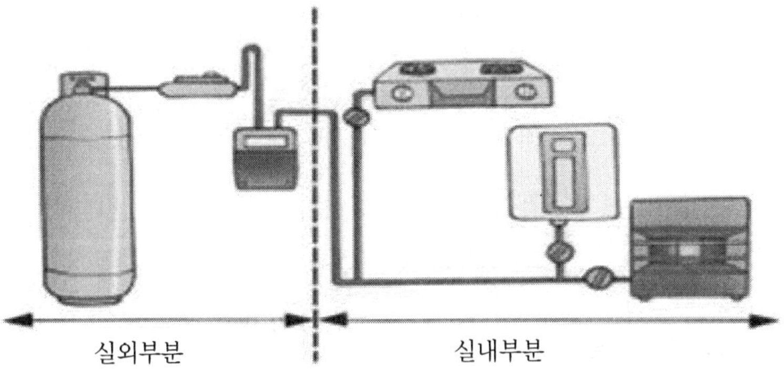

나) 가스 사고의 주요요인

① 사용자

- 점화 미확인으로 인한 가스누설
- 밀폐된 장소에서의 가스사용
- 환기불량에 의한 질식사고
- 가스불꽃확인 소홀
- 성냥불로 인한 누설가스 폭발
- 호스와 밸브의 접촉 불량
- 콕크 조작 미숙
- 연소기 주위에 인화성 물질 방치 및 화기근접 사용
- 가스사용 중 장시간 이탈

② 공급자

- 용기교체 미숙으로 가스 누설
- 잔여가스 처리방법 미숙
- 고압가스 운반기준 미 이행
- 배관 내의 공기치환작업 미숙
- 용기보관실에서 화기사용
- 공급원 안전의식 결여
- 실내의 용기보관

- 호스와 밸브 연결 불량
- 도시가스 중간밸브의 조작 미숙

화재발생시 조기진화

4. 화재 예방과 초기진압

가. 유해 · 위험요인

① 전기기계기구 합선, 과부하, 과열 등으로 인한 화재
② 전선 접속부 불량에 의한 과열로 인한 화재
③ 조리 중인 음식물의 과열로 인한 화재
④ 가스 누출로 인한 화재
⑤ 화재 발생시 초동 조치 미흡으로 인한 화재 확산

나. 화재예방 대책

첫 출근자는 가스누설 여부(콕, 중간 밸브, 메인 밸브가 잠겨져 있고, 시건장치는 되어 있는가)를 확인한 후 출입문을 개방하고 소화기의 위치를 확인한 다음 정화한다.

LPG와 LNG가스의 기본 성질을 알아둔다.

- LNG 가스는 공기보다 0.65배 가볍다.
- LPG 가스는 공기보다 1.2~1.3배 무겁다.

가스 기기를 사용할 때는 자리를 이탈하지 않는다.

가스 기기의 콕, 중간 밸브, 배관 등에 충격을 가하지 않는다.

작업 종료 시에는 콕 → 중간밸브 → 메인 밸브의 순으로 잠그고 마지막으로 메인 밸브에 시건장치를 한다.

전기 또는 가스 오븐 주위에는 인화물질을 두지 않는다.

급식실 내와 주변에 판지, 상자와 같은 가연성 물질을 적재하지 않는다.

화재 발생 시 경보를 울리거나 큰 소리로 주위에 먼저 알린다.

소화기나 소화전을 사용하여 불을 끈다. 평소 소화기 사용방법 및 비치 장소를 숙지하고 있어야 한다.

몸에 불이 붙었을 경우 제자리에서 바닥에 구른다.

기능에 이상이 있는 전기기구와 코드는 사용하지 않는다.

뜨거운 오일과 유지를 화염원 근처에 방치하지 않는다.

비상대피로, 조치방법, 비상연락처 등이 포함된 비상조치계획을 작성하여 게시한다.

1) 소화기 사용 시 주요 위험요인

① 화재의 종류별 부적합한 소화기를 사용

② 소화기 사용방법에 대한 지식부족, 비치 장소 부적합에 의한 초동대처 실패

③ 소화기 노후 및 고장 등으로 인한 화재진압 어려움

④ 고온, 고열 장소에 소화기 비치로 인한 과열

2) 화재 종류에 따른 적용 소화기

구분	A급 화재	B급화재	C급 화재	D급 화재
명 칭	일반 화재	유류 가스화재	전기 화재	금속 화재
가 연	목재, 종이, 섬유, 석탄 등	각종 유류 및 가스 전선 등	전기기기, 기계	Mg분말, Al분말

구분	A급 화재	B급화재	C급 화재	D급 화재
유효소화효과	냉각 효과	질식 효과	질식, 냉각 효과	질식 효과
적용 소화재	물 산 · 알칼리 소화기 강화액 소화기	포말 소화기 CO_2 소화기 분말 소화기 증발성 액체 소화기 할론 1211 할론 1301	유기성 소화기 CO_2 소화기 분말 소화기 할론 1211 할론 1301	건조사 팽창 진주암

3) 소화기의 설치 및 관리요령

설치요령

- 각 층별, 각 실별, 대상물별 방호능력단위 이상으로 설치
- 소형 소화기는 보행거리 20m마다 설치
- 대형 소화기는 보행거리 30m 이내
- 바닥에서 1.5m 이하의 높이에 유효적절하게 사용하기 위해 "소화기"위치 표지 게시

관리요령

- 한 달에 한 번 정도 거꾸로 뒤집거나 흔들어 준다(분말소화기)
- 압력 게이지가 적색 부분일 때는 재충전을 한다.
- 매월 1회 이상 청소/부식상태/안전핀탈락/봉인손상여부/노즐의 막힘/연결상태/압력계의 정상 여부 점검
- 약제교환(최초 생산 일부터 5년 경과되면 교환)
- 2년을 주기로 정밀점검

다. 화재진압 요령(화재 발생 초기)

① 침착하게 행동한다.

② 주위 근무자에게 통보한다.

③ 소화기구(방화사, 소화탄, 소화기)를 사용하여 초기에 소화한다.

④ 통보시설을 이용 비상관제실에 통보한다.

1) 소화기 사용법

① 소화기를 불이 난 곳으로 옮긴다.

② 손잡이 부분의 안전핀을 뽑는다.

③ 바람을 등지고 서서 호스를 불쪽으로 향하게 한다.

④ 손잡이를 힘껏 움켜쥐고 빗자루를 쓸 듯이 뿌린다.

⑤ 소화기는 잘 보이고 사용하기에 편리한 곳에 두되 햇빛이나 습기에 노출되지 않도록 한다.

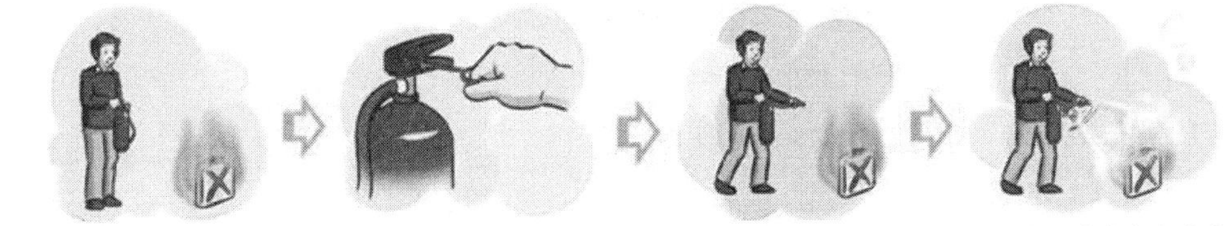

소화기 불이난 곳으로 옮김 / 안전핀 뽑기 / 화염을 향함 / 손잡이를 강하게 움켜쥠

2) 소화전 사용법

① 소화전함을 열어 관창을 잡고 작재된 호스를 밖으로 문을 연다.

② 결합된 호스와 관창을 화재지점 가까이 끌고 가서 늘어뜨린다.

③ 소화전함에 설치된 밸브를 시계 반대 방향으로 틀면 물이 나온다(단, 기동스위치로 작동하는 경우에는 ON(적색)스위치를 누른 후 밸브를 연다).

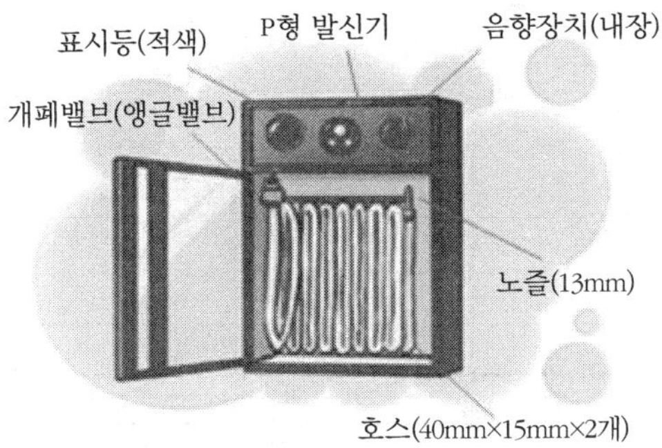

옥내소화전함

옥내소화전 방수

5. 안전관리 점검표

다음은 외식업소 내에서 발생할 수 있는 각종 사고 방지를 위해 한국산업안전보건공단에서 제시하고 있는 조리업무 현장 점검표이다. 이 리스트는 업소의 정기적인 안전 점검 실시에 효율적으로 활용될 수 있으며 이를 다루는 각각의 점검 영역은 다음과 같다.

① 산업안전보건법 관련 사항

② 작업자의 행동

③ 기계 · 설비 · 작업장

④ 운영 및 관리

⑤ 재료나 물질

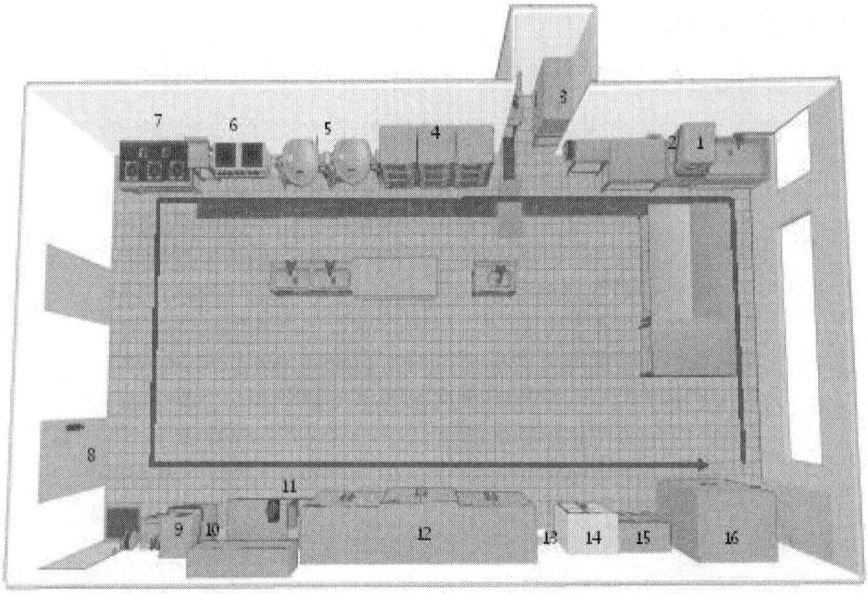

점검순서	점검위치	점검방법
세척기/순간온수기/콤비오븐	1, 2, 3	스위치상태 ON/OFF
다단식밥솥/회전국솥/낮은렌지/높은렌지	4, 5, 6, 7	가스밸브상태 ON/OFF
덤웨이터/세척기/순간온수기/믹서기/냉장고	8, 9, 10, 11, 12	스위치상태 ON/OFF
메인가스감지기	13	가스밸브/전원상태 ON/OFF
조리기구/주방장구/식기소독기	14, 15, 16	스위치상태 ON/OFF

가. 산업안전보건법 관련 사항

① 산업안전보건법을 직원들이 볼 수 있도록 비치하고 개정내용을 게시하는가?

② 산재발생기록과 재발방지계획을 작성 · 실행하고 있는가?

③ 안전보건표지를 부착하고 있는가?

④ 전 직원이 매년 건강진단(일반 및 특수)을 하고 주기적으로 건

강상담을 하는가?

⑤ 작업환경측정을 하고 문제점은 개선하였는가?

⑥ 물질안전보건자료를 게시하고 교육 하였는가?

⑦ 유해물질 사용 용기에 경고표지를 부착하는가?

⑧ 리프트, 덤웨이터, 공기압축기 등 안전검사 대상 기계가 있는가?

물질안전보건자료(MSDS)란?

물진안전보건자료(MSDS, Material Safety Data Sheet)란 물질에 관한 여러 가지 정보를 담은 자료를 말한다.

물질에 관한 정보는 그 물질의 이름, 성분, 유해성, 위험성, 보관방법, 다룰 때 주의할 점, 필요한 보호구, 몸에 묻거나 먹었을 때 등의 응급조치 등 여러 가지 정보가 포함된다.

물질안전보건자료에 포함되는 정보

구 분	정 보
화학제품과 회사에 관한 정보	제품명, 제품의 권고용도와 사용상의 제한 등
유해・위험성 정보	유해・위험성 분류, 예방조치문구를 포함한 경고표지 항목 등
구성 성분의 명칭 및 함유량	화학물질명, 관용명, CAS 번호 또는 식별번호, 함유량
응급조치 요령	눈에 들어갔을 때, 피부에 접촉했을 때, 흡입했을 때 등
폭발・화재 시 대처방법	적절한 소화제, 화재 진압 시 착용할 보호구 및 예방조치 등
누출사고 시 대처방법	인체 보호를 위한 조치사항 및 보호구, 정화 또는 제거방법 등
취급 및 저장방법	안전취급요령, 안전한 저장방법
노출방지 및 개인보호구	노출기준, 적절한 공학적 관리, 개인보호구 등
물리화학적 특성	외관, 냄새, 인화점, 인화 또는 폭발한계 상・하한, 자연발화온도 등
안정성 및 반응성	화학적 안정성, 유해반응의 가능성, 피해야 할 조건 등
독성에 관한 정보	가능성이 높은 노출경로에 대한 정보, 단기 및 장기노출에 의한 영향 등
환경에 미치는 영향	수생・육생 생태독성, 잔류성과 분해성, 생물 농축성 등
폐기 시 주의사항	폐기방법, 폐기 시 주의사항
운송에 필요한 정보	유엔번호(UN No.), 유엔 적정 운송명, 운송 시의 위험등급 등
법적 규제 현황	산업안전보건법에 의한 규제, 유해화학물질관리법에 의한 규제 등
기타 참고사항	자료의 출처, 최초 작성일자, 개정횟수 및 최종 개정일자 등

나. 작업자의 행동

① 필요한 보호구를 지급 · 착용하는가?

② 작업 중 수시로 정리정돈을 하는가?

③ 안전한 작업방법을 알고 있는가?

④ 조리도구를 용도에 맞게 사용하는가?

⑤ 뜨거운 국물이 담긴 용기 뚜껑을 천천히 여는가?

⑥ 식자재 가공기계의 청소 · 점검 시 전원을 차단하는가?

⑦ 소화전, 분전반, 가스차단밸브의 위치와 사용법을 아는가?

⑧ 식자재 운반 시 2인 1조로 작업하거나 대차를 이용하는가?

⑨ 깍두기 썰기 등 단순 반복작업은 대체 · 보조 기계기구를 사용하는가?

⑩ 높은 곳을 청소할 때 안전한 작업발판을 이용하는가?

다. 기계 · 설비 · 작업장

① 작업장은 충분히 밝은가?

② 작업장 바닥은 배수가 용이하고 미끄럼 방지시설(타일)로 되어 있는가?

③ 작업자 이동통로가 마련되어 있고 정리정돈이 잘 되어 있는가?

④ 베임, 요통, 감전, 미끄러짐, 고열화상 등 주의 · 경고 표지를 게시하는가?

⑤ 베이거나 말려들어갈 위험에 대한 예방조치를 하였는가? (예, 파절기, 민찌기, 제면지, 절단기, 연육기 등)

⑥ 화염, 뜨거운 물, 기름, 스팀, 오븐과 접촉하여 화상위험이 있는가?

⑦ 기계기구의 전선은 벗겨짐이 없고 접촉부위는 접지되는가? 또한 열, 물, 기름으로부터 보호 · 격리되는가?

⑧ 콘센트나 플러그는 물이나 세제에 젖는 위치가 아닌가?

⑨ 민찌기 등 위험기계에 안전장치가 설치되어 정상작동하는가?

⑩ 결함이 있는 시설이나 장비를 사용하지 않는가?

⑪ 두유기, 파절기, 민찌기, 반죽기, 제면기, 절단기, 믹서기, 압축기, 세척기, 냉장고, 포장기 등은 안전인증을 받았는가?

라. 운영 및 관리

① 주방책임자가 주기적으로 현장을 점검하는가?

② 현장 점검결과 문제점은 빠른 시일 내에 개선하는가?

③ 작업안전요령(사용설명서)이 정해져 있고 쉽게 열람할 수 있는가?

④ 작업안전(가스, 칼), 사용설명서, 재해예방방법 및 동업종 재해사례, 응급처치, 기계기구의 점검, 건강증진, 근골격계질환 예방 및 스트레칭, 비상대응훈련 등 교육 · 훈련을 주기적으로 하는가?

⑤ 뜨거운 물체(화염), 물(습기), 쓰레기와 접촉되지 않게 작업구역을 구분하는가?

⑥ 금연 장소를 지정하였는가?

⑦ 칼이나 날카로운 도구는 안전한 곳에 보관하는가?

마. 재료나 물질

① 가연성물질, 피부자극성물질, 소독약품은 지정된 장소에 보관하는가?

② 가연성물질 보관장소와 조리지역에는 소화기가 비치되어 있는가?

③ 불꽃을 내거나 튀기거나, 쉽게 또는 급격히 연소하는 물질의 취급 방법을 알고 있는가?

④ 쓰레기는 즉시 치우고 쓰레기통은 자주 비우는가?

⑤ 식자재나 주방 용기를 작업자의 가슴 아래 높이로 적재하는가?

⑥ 조리 중 발생하는 음식찌꺼기나 기름을 즉시 제거하는가?

9

주방 에너지 관리

1. 에너지의 정의

에너지(Energy)의 어원은 일을 의미하는 그리스어 '에르곤'에서 나온 '에네르게이아'이며, '일을 하는 능력'이라고 정의된다. 에너지란 말이 물리학적 용어로서 그 개념이 명확하게 인식된 것은 그리 오래된 것이 아니며, 오늘날 우리가 열역학이라고 부르는 에너지에 관한 기본법칙도 19세기 후반에 와서야 확립되었다. 오늘날 에너지란 용어는 비단 물리학을 비롯한 자연과학 분야에서뿐만 아니라 경제학을 포함한 인문, 사회과학 영역까지 광범위하게 사용되어, 그 개념도 원래의 물리학의 범주를 넘어서 복합적인 의미를 가지게 되었다.

2. 에너지의 역사적 고찰

에너지의 변천사는 인류문명의 발달사라고 할 수 있을 정도로 양자 간에 깊은 함수관계를 지니고 있다. 즉, 원시인류에서 필요한 1인당 에너지는 2천kcal 미만이었는데 비해 오늘날 공업화된 선진국의 1인당 하루 소비에너지는 23만kcal나 된다. 그리고 미래에는 에너지의 소비가 더욱더 증가된 환경 속에서 인간의 활동영역도 크게 넓어질 것으로 예측되고 있다.

산업혁명 이래로 인류가 소비하는 에너지는 공업문명의 발달과 더불어 지수 함수적으로 증대하였는데, 산업혁명에서 제1차 세계대전까지는 석탄, 그 이후에는 석유의 의존이 두드러졌다. 특히, 제2차 세계대전 후 중동을 중심으로 한 새로운 유전의 발견과 기술의 진보는 값싼 석유의 대량공급을 가능하게 하여, 세계적인 경제규모의 확대를 가져왔다.

이처럼 에너지에 대한 세계적인 세력균형을 살펴볼 때, 자원민족주의가 팽배하던 십 수 년 전까지만 해도 중동을 중심으로 하는 산유국들이 에너지의 부를 누려왔으나, 기술력에 의한 깨끗하고 편리한 새로운 에너지원(원자력, 태양열, 조력 등)이 개발됨에 따라 기술보유국이 차츰 에너지의 부를 누리는 강대국으로 떠오르게 되었으며 향후 세계 에너지환경은 자원의존형 체제에서 기술의존형 체제로 급속히 전환도리 전망이다. 그러므로 에너지부존자원이 빈약한 우리나라에서의 에너지 기술개발은 '제2의 생산기술'로 세계 에너지환경 변화 시 우리 경제에 미치는 충격을 최소화 할 수 있는 대응능력이며, 특히 에너지의 소비가 큰 우리나라와 같은 공업국가로서는 다가올 그린라운드에 대처하여 청정에너지원의 확보와 에너지이용 효율 제고를 위한 기술개발이 필요한 시점에 와 있는 것이다.

3. 에너지의 변천

우리의 선조는 음식물을 데우거나 익혀 먹기 위하여 장작이나 숯으로부터 열에너지를 추출하였다. 또 농경, 관개, 탈곡, 제분, 물자의 운반 등을 위하여 인력 외에 소나 말 등의 축력을 이용했을 뿐만 아니라 풍력, 수력 등 자연에너지도 이용하였으나, 사용하기 쉽고 저렴한 석유가 대량 공급되자, 각 나라의 산업구조는 물론 사회 전체에 큰 변화가 일어났다.

① 불 : 인류문명 발달의 초보단계이자 최초의 에너지 발견
② 석탄:석탄의 사용은 증기기관의 동력으로 이어져 곧 산업의 발전과 연결 '산업혁명'을 불러일으킴
③ 석유 : 1859년 미국의 드레이크가 유전을 발견으로 석유의 사용은 내연기관의 발명과 인류문명의 급속한 발전
④ 전기 : 1879년 미국의 에디슨의 전등 발명으로 실용화되면서 현재 전기 없이는 하루도 생활할 수 없는 현대사회에서 중요한 에너지원으로 가정, 산업 등에서 컴퓨터 등 정보통신기기의 에너지원으로 폭넓게 활용
⑤ 원자력 : 제3의 불이라 불릴 정도의 원자력은 기존 에너지원의 탈피하는 에너지원으로 자리 잡음
⑥ 오늘날 에너지의 고갈과 환경을 고려한 대체에너지인 태양열, 지열, 풍력 등을 개발 상용화하는 초기단계

가. 에너지 문제

외식산업에서 에너지 관리의 근본적 문제는 아래와 같이 정리된다.

① 담당책임자의 전문성 부족 : 아무리 첨단의 장비가 도입되더라도 그 설비를 효율적으로 운영할 수 있는 인력이 없다면 그 의미가 없다.
② 적절치 못한 인력관리 : 인력관리는 그 레스토랑의 규모와 특성에 맞게 적정 인원으로 조직되어야 한다.
③ 비효율적인 건축설계 : 건축설계는 입안단계부터 에너지 관리

적 측면도 충분히 고려되어야 한다.

④ 관리자의 무관심 등으로 요약될 수 있다.

나. 에너지관리 계획의 필요성

레스토랑의 에너지관리를 효율적으로 할 수 있는 종합 프로그램상의 유효성은 다음과 같이 요약 정리할 수 있다.

① 교육 : 수자원관리공단, 환경처는 에너지와 물의 보존을 위한 방법에 대해 고객과 직원에게 정보와 지식을 제공할 수 있다.

② 소비 절약 : 효율적인 관리, 훌륭한 에너지 관리사업의 필요조건은 약 20%의 에너지 소비를 줄일 수 있다.

③ 개선된 장비운전 : 장비와 체계는 더 오랫동안 기계수명을 유지하고 더 효율적으로 기능을 수행한다.

④ 고객 만족도의 고양 : 전문 인력으로 적절한 관리의 에너지 소비 절약은 고객의 만족과 레스토랑의 수지개선에 기여한다.

예를 들면, 비효율적인 에어컨 관리시스템은 고객의 불편함과 레스토랑의 불필요한 전력을 소비하게 된다.

다. 에너지관리 계획과정

외식업체의 에너지관리 프로그램의 개발을 감독하고 조화시키기 위해서는 다음과 같은 기본단계가 필요하다.

① 최고경영자의 관리위임

② 에너지조정위원회의 발족

③ 현재의 에너지 소비실태 점검

④ 모든 에너지관련 시설의 조사

⑤ 가장 적정한 에너지 소비량의 예측

⑥ 에너지관리 개선비용의 최소화 방안의 수립

⑦ 건물구조와 설비의 효율성 제고

⑧ 필요시 목표를 재수정하고 조정

⑨ 에너지관리 프로그램을 계속적으로 감독, 개선

⑩ 적절한 에너지 관리 시스템(EMS)을 설치 평가

에너지관리 시스템

EMS(Energy Management System)라고 불리는 이 시스템은 컴퓨터와 다른 전자장치를 이용하여 수많은 양의 전력수요를 관리하기 위해 개발되었다. 이는 건물의 난방과 환기 그리고 냉방을 조절하고 또한 조명강도를 조절하기 위한 광전자 검출장치가 되어 있으며, 필요시 각각의 업장에 대한 에너지 사용을 통제하게 된다. 이러한 시스템을 효율적으로 관리 운용하기 위해서는 그 분야의 전문기능과 지식을 갖춘 인력이 필요하다.

라. 가스시설의 안전관리

우리생활 주변에서 밀접하게 접하고 있는 취사용이나 난방용 연료인 LPG와 도시가스는 사용하기 편리하고 공해가 없는 청정연료임이 틀림없지만 시설이 미비하거나 사소한 실수에 의해 취급부주의로 가스가 누설되어 인명 및 재산에 막대한 피해를 주는 대형 사고를 유발시킬 수도 있다.

이러한 사고를 예방하기 위해서 시설을 완벽하게 하고 가스 사용에 각별히 주의하는 것은 물론이고 만일의 사고에 대비하여 가스누설 시 이를 감지하여 경보, 차단하는 기계적인 장치가 개발 보급되고 있다.

이 장치를 "가스누설 경보차단장치"라 하며, 감지부, 제어부로 구성되어 있고, 가스가 누설되었을 경우 이를 검지하여 주변의 사람들에게 경보를 통해 알려줌과 동시에 가스 배관의 메인 밸브를 잠궈 가스누설을 차단하는 역할을 한다.

가스누설 경보차단장치를 설치할 경우 자격 및 장비를 갖춘 시공등록업소에 의뢰하며, 이 시공등록업소는 가스 시설기준에 적합

하게 검사품의 가스누설 경보차단장치를 설치하여야 한다. 즉, 차단부는 실내의 가스 사용시설 전체를 차단할 수 있는 밸브에 설치하고, 감지부(경보기)는 연소기의 중심으로부터 수평거리 4m(공기보다 가벼운 가스는 8m) 이내에 바닥으로부터 높이 30cm(공기보다 가벼운 가스는 천장으로부터 30cm) 이내에 출입구 등 외부의 기류가 통하는 곳을 피하여 설치하여야 한다. 또한 감지부는 전자제품으로서 습기에 의해 고장이 나기 쉬우므로 물청소를 하거나 김이 서리는 곳을 피하여 설치, 관리하여야 한다.

가스누설 경보차단 장치의 전기배선 등의 이상 유무 및 작동상태를 항상 점검하여 만일의 사고에 대비하여 설치한 안전장치의 기능을 100% 유지함으로써 가스로 인한 사고로부터 우리의 귀중한 생명과 재산을 보호할 수 있다.

4. LPG와 LNG

가. LPG의 명칭

LPG(Liquefied Petroleum Gas)는 액화석유가스 속칭 프로판 가스라고도 한다. LPG는 주로 천연가스에서 분리되는 것이며 석유 정제 및 석유화학공장에서 제조되는 것 등이 있고, 그 성분은 프로판, 프로필렌, 부탄 및 부틸렌 등의 석유계 저급 탄화수소이다.

나. 화학적 성질

LPG는 상온 상압에서는 기체이므로 일반적으로 가압 또는 냉각에 의해 액화하여, 액체 상태로 취급된다. 증기의 비중은 공기보다 무거우므로(약 1.5~2배) 낮은 장소에 고이기 쉬워 인화폭발의 위험성이 크다. LPG는 무색투명으로 미약한 가스냄새가 나며, 물에 녹지 않으나 알코올 및 에틸에 용해되며, 석유류나 동 · 식물유, 천연고무 등을 잘 용해시킨다. LPG는 가연성이고 발화점은 휘발유보다 약간 높으며 발열량도 약간 크다.

LPG 유통체계

다. LNG의 명칭

LNG(Liquified Natural Gas)는 액화천연가스 또는 천연가스라고도 한다. LNG는 주로 도시가스 연료로 사용되며 메탄이 주성분으로 공기보다 가볍기 때문에 가스가 새면 위쪽으로 올라가게 된다.

라. 화학적 성질

LNG는 비중은 공기의 0.65배이며, 연소시는 소비하는 가스량의 12배가 넘는 공기를 필요로 한다. LNG는 LPG와 같이 공해물질이 거의 없고 열량이 높은 우수한 연료이며, 원래는 무색무취이나, 가

LNG의 유통체계

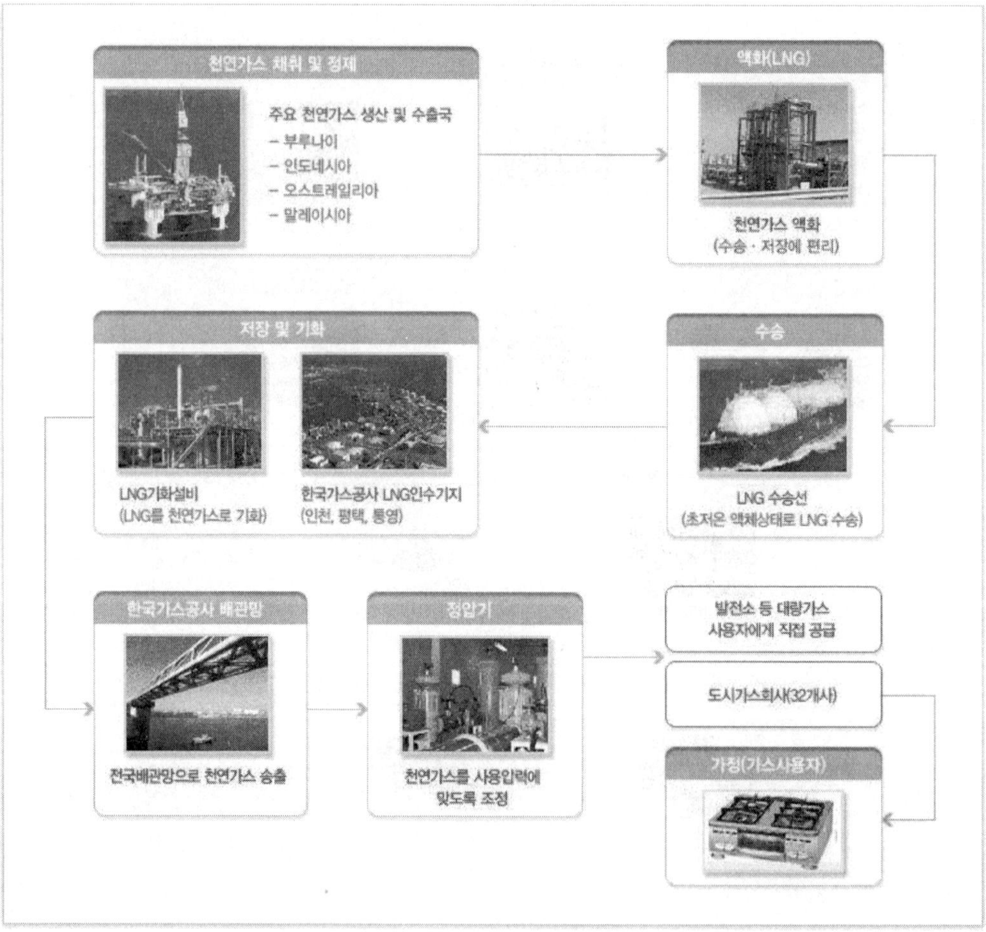

정용이나 영업소용은 화학물질을 혼합하여 공급하므로 마늘썩는 냄새가 난다. 주로 도시가스 연료로 사용되고 발전용, 일반 공업용 연료로도 널리 사용된다.

마. 저장 시 주의

1) 용기에 의한 저장

① LPG를 용기에 저장할 때는 통풍이 잘되는 곳에, 직사광선을 피하여 전도, 전락되지 않도록 세워둔다.

② 충전 용기는 항상 40℃ 이하를 유지한다.

③ 용기저장소 부근에서는 담배를 피우지 말고, 화기사용을 금하며 가까운 곳에 발화성 물질을 놓지 않는다.

④ 용기를 배나 차량에 놓은 채로 저장해서는 안 된다.

⑤ 저장창고는 불연 재료로 한다.

⑥ 저장창고에는 "용기보관소", "화기엄금"등의 표시를 하고, 소화기를 비치해 둔다.

⑦ 저장창고 면적의 20% 정도는 통로를 남겨둔다.

⑧ 용기는 원칙적으로 겹쳐 놓지 않는다. 단, 10kg 이하의 용기는 가능하다. 이때는 전도, 전락방지 조치를 한다.

⑨ 검지기 또는 냄새에 의해 가스누설을 발견하면 불량용기를 안전한 장소에 옮겨 적절한 조치를 취한다.

2) 저장탱크에 의한 저장시의 주의

① 저조는 통풍이 좋은 장소에 설치하며, 2m 이내에서는 담배를 피우지 않고, 화기사용을 금한다.

② 저조 내 용적의 90%를 초과한 양을 저장하지 않는다.

③ 저조에는 "액화석유가스", "화기엄금"등을 붉은 글자로 표시한다.

④ 저조간격은 최대지름 합의 1/4(최저 1m) 이상으로 하고, 유지가 불가능할 때는 물 분무장치로 보호한다.

⑤ 저조의 안전밸브에 부착되는 방출관은 2m 이상이어야 하며, 꼭대기부분의 높이는 지상에서 5m 이상으로 하여, 방출가스에 인화되어도 저조 기타 인접설비에 피해를 주지 않도록 한다.

⑥ 액의 출입구관에는 긴급차단 장치를 설치한다.

⑦ 저조에는 냉각용 살수장치를 만들고, 그 지주는 콘크리트나 단열 재료로 피복하여, 화재 시 저조의 전복, 파열을 방지한다.

바. 액화석유가스의 안전 및 사업관리법

업소는 가스시설을 수시로 점검하고 가스 안전사용에 세심한 주의를 기울여야 한다. 특히, 가스를 다량으로 사용한 업소에서는 가스사고가 자주 발생하는 사용기간 중 다음의 사항들을 꼭 준수하도록 한다.

① 매일 1회 가스설비에 대한 이상 유무를 반드시 점검한다.

② 가스가 새는 것이 확인되었을 때는 당황하지 말고 신속하게 코크와 밸브를 잠근 뒤 화기를 없애고 자연 환기를 시킨다.

③ 충전 용기는 안전하게 고정하여 옥외에 설치한다.

④ 용기 보관실과 가스 연소기 주변에는 반드시 가스경보기와 환기시설을 하여야 한다.

⑤ 가스용기의 교체와 분해는 반드시 자격증을 소지한 기능사만이 취급해야 한다.

⑥ 가스 사용 중에는 바람이나 음식 국물이 불꽃을 꺼지지 않게 하였는지 계속 살펴보도록 한다.

⑦ 가스 사용이 끝나면 반드시 코크와 중간 밸브를 잠그도록 한다.

⑧ 가스가 새는 사고가 우려될 때에는 즉시 인근 공급업소에 연락하여야 한다.

사. 가스 기구의 선택

① 가스 연소기는 반드시 LPG용, LNG용을 구별해서 사용해야

한다.

② 가스 종류에 맞지 않는 연소 기구를 사용하면 열효율도 떨어지고 위험하다.

③ 가스 기구에는 그 기구에 맞는 가스의 종류가 표시되어 있으므로 기구를 구입할 때에 확인하도록 한다.

아. 환기시설의 설치

① 가스 연소 시에는 다량의 공기가 필요하므로, 주방이나 가스 사용 장소에 환풍이나 배기구를 설치하여야 한다.

② 가스가 새었을 때, 외부로 가스가 나갈 수 있도록 적합한 장소에 배기구를 설치하여야 한다.

- LPG 사용 시 : 연소기보다 낮은 곳에 설치
- LNG 사용 시 : 연소기보다 높은 곳에 설치
- 환기 : 창문과 출입문을 열고 환기를 충분히 시켜야 한다. 이때 선풍기나 환풍기를 틀면 전기스파크가 점화의 원인이 될 수 있으므로 조심해야 한다.

자. 가스용기의 설치

① 가스용기는 반드시 화기가 없는 옥외에 설치하되, 통풍이 잘 되고 습기가 차지 않도록 한다.

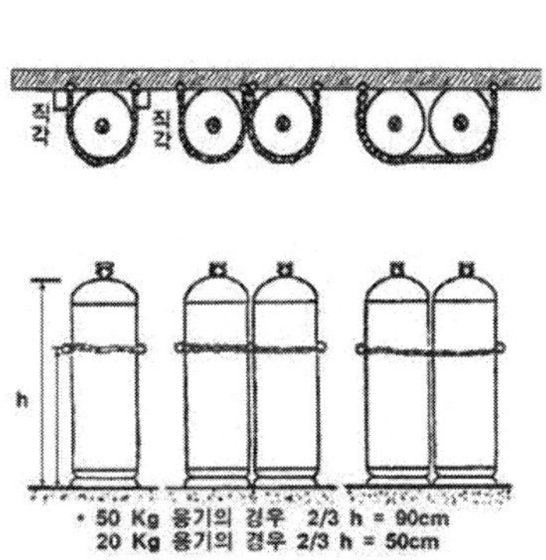

[용기동체에 고정한 예]

그림출처 : http://amorcalla.egloos.com/tb/10528654

② 가스 용기는 받침대를 만들어 용기가 넘어지지 않도록 로프나 철사로 벽면에 고정시켜야 한다.

③ 가스 용기는 비나 눈을 맞으면 녹이 슬기 쉽고, 눈이 쌓이면 가스와 압력 조정이 잘 안되어 불이 갑자기 꺼지는 경우가 있으므로 지붕을 씌운다.

차. 고무호스의 연결

① 고무호스는 되도록 짧게 설치하는 것이 좋다.

② 호스는 연결부(밸브)의 적색선 표시가 있는 데까지 끼워져야 하며, 호스 밴드로 잘 죄어져 있는지 확인하여야 한다.

③ 호스가 오래 되면 금이 가거나 손상되어 가스가 샐 염려가 있으므로, 새것으로 교체해야 한다.

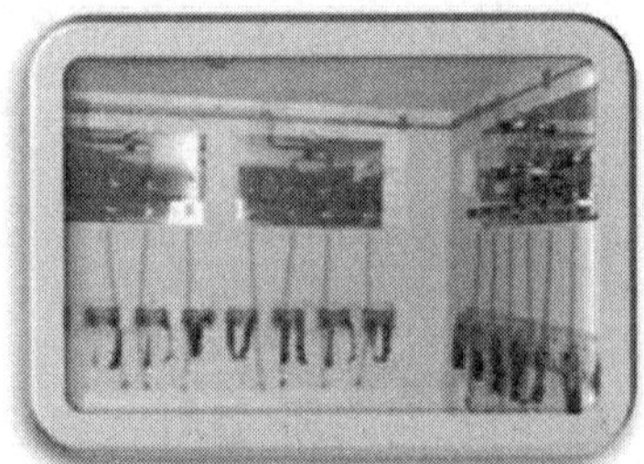

가스보관장소

자료출처 : http://ds9874.blog.me/70083676208

카. 가스 경보기의 설치

① 가스가 새는 것은 쉽게 탐지할 수 있는 경보기를 주방이나 가스를 사용하는 장소에 설치하여야 한다.

② 가스 경보기는 가스의 종류에 따라 적합한 위치에 설치하여야 한다.

③ 가스 경보기는 월 1회 이상 점검 확인하여야 하며, 전원 상태도 매일 확인하여야 한다.

가스누출경보기 설치위치 : 물이나 기름, 먼지 등이 닿지 않는 곳

타. 가스 사용의 안전 요령

1) 가스를 쓰기 전에

① 아침에 일어나면 반드시 주방이나 가스 사용 장소의 창문을 열어 환기를 시키도록 한다.

② 가스를 사용하기 전에는 먼저 가스냄새가 나지 않는가 확인하여야 한다. 가스가 새면 마늘 썩는 냄새가 난다.

③ 가스가 새고 있는 것이 확인되면, 당황하지 말고 신속하게 가스 샐 때의 응급조치요령에 따라 조치하도록 한다.

④ 연소기 점화 시에는 코크를 부드럽게 천천히 돌려야 한다.

2) 가스를 쓰는 동안

① 점화 코크를 돌린 후 불이 붙었는지 꼭 확인하도록 한다.

② 불이 항상 완전 연소되도록 공기구멍을 잘 조절해야 한다.

③ 불완전 연소 시(빨간 불꽃)에는 유독성 일산화탄소가 발생하며, 가스 소비도 그만큼 많아진다.

④ 바람이나 음식 국물로 인하여 불이 꺼질 수도 있으므로, 가스를 사용할 때에는 항상 자리를 비우지 않도록 한다.

3) 가스를 쓰고 나서

① 점화 코크와 중간 밸브를 꼭 잠가야 한다.

② 장시간 집을 비울 때에는 가스 용기의 밸브까지도 꼭 잠가야 한다.

③ LNG 사용업소에서는 계량기 옆 밸브를 잠가야 한다.

④ 연소기를 자주 이용시키면 연결 부분이 빠져 가스가 샐 위험이 있다.

4) 가스 기구의 관리

① 연소 기구는 자주 솔로 닦아 가스 구멍이 막히지 않도록 해야 한다.

② 가스 용기에 부착된 밸브나 조정기는 사용방법을 잘 보고 조작해야 한다. 또한 분해하면 위험하다.

③ 가스 용기를 다른 곳으로 옮길 때에는 밸브의 핸들을 잡지 말고, 용기 밸브를 잡고 이동시켜야 한다.

5) 자체 점검 요령

① 우선 연결 부분(연소기, 코크, 조정기 등) 이 안전 밴드로 잘 죄어져 있는지 확인하여야 한다.

② 점검액 또는 비눗물로 자주 호스 연결 부분을 점검하여 가스가 새는지 살펴보도록 한다. 가스가 새면 거품이 난다.

③ 가스 경보기가 전원과 연결되어 있고, 작동이 잘되고 있는지 점검해야 된다.

6) 가스 순간온수기와 가스난로 사용

① 가스 순간온수기를 난방용 보일러로 개조하여 사용하면 위험하다.

② 가스 온수기와 가스난로를 사용할 때에는 많은 공기가 필요하며, 목욕탕이나 밀폐된 장소에서 장시간 사용하면 산소의 부족으로 말미암아 질식될 위험이 있으므로, 자주 환기를 시켜야 한다.

③ 잠잘 때에는 가스난로를 사용하지 않는 것이 좋다.

④ 조작법을 잘 모르는 사람이나 어린이에게 함부로 가스 온수기나 난로를 조작케 하면 안 된다.

5. 가스 사고의 주요 요인

가. 사용자

① 점화 미확인으로 인한 가스누설

② 밀폐된 장소에서의 가스사용

③ 환기불량에 의한 질식사고

④ 가스불꽃확인 소홀

⑤ 성냥불로 인한 누설가스 폭발

⑥ 호스와 밸브의 접촉 불량

⑦ 코크 조작 미숙

⑧ 연소기 주위에 인화성 물질 방치 및 화기근접 사용

⑨ 가스 사용 중 장시간 이탈

나. 공급자

① 용기교체 미숙으로 가스누설

② 잔여가스 처리방법 미숙

③ 고압가스 운반기준 미 이행

④ 배관 내의 공기치환작업 미숙

⑤ 용기보관실에서 화기사용

⑥ 공급원 안전의식 결여

⑦ 실내의 용기보관

⑧ 호스와 밸브 연결 불량

⑨ 도시가스 중간밸브의 조작 미숙

다. 가스기구별 사용 시 주의사항

1) 가스취반기

가스취반기

① 취반기 외부 면에 있는 조작반과 취반기 내 착화장치, 하부의 감지 장치에 물이 들어가지 않도록 한다.

② 밥솥 하단 중앙부는 감열부분이므로 절대 물이 들어가지 않도록 한다.

③ 연소 취반이 끝나고 밥솥을 꺼낼 때는 서두르지 말고 천천히 꺼내야 한다. 밥솥과 취반기 내부가 가열된 상태이고 특히 밥솥은 무거우므로 화상의 위험이 있다.

④ 취반기 주변 및 상단에 물건이나 인화성물질이 없도록 한다.

⑤ 절대 수동취반은 하지 않는 것이 원칙이며, 부득이 수동취반

시 반드시 본사 위생 안전 팀에 연락하고 지시에 따른다.

2) 가스오븐렌지

① 상부화구는 음식물 조리용이며, 하부오븐은 찜이나 구이용으로 사용한다.

② 본체는 스테인리스 스틸로 제작하고, 상판은 주물이나 철판으로 제작하며 버너 및 화덕은 주철로 되어 있다.

③ 오븐 클리너를 이용하여 음식물 찌거기나 그을음 및 녹이 없도록 청소하여야 한다.

④ 음식물이 넘치게 되면 버너의 구멍이 막히게 되어 열효율이 떨어지게 되므로 쓰고나면 곧바로 청소하여야 한다.

⑤ 위 아래로 불을 사용하게 되므로 화상에 주의하여야 한다.

가스오븐렌지

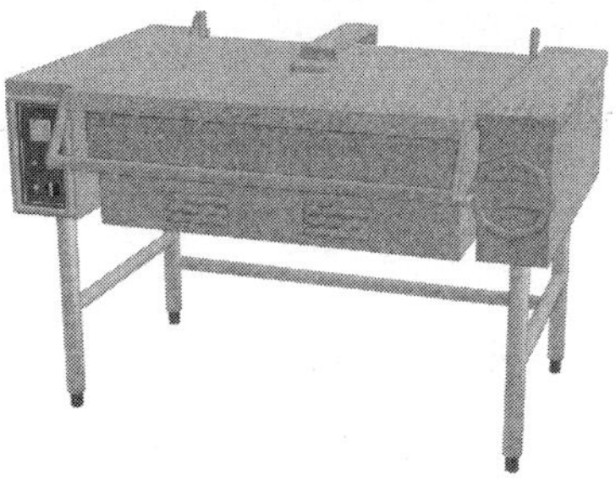

틸딩팬

3) 틸딩팬

① 식품을 쏟을 수 있는 팬이며, 음식을 굽고, 삶고, 끓이는 등 용도가 아주 다양하다.

② 우측 손잡이를 돌려서 팬을 기울어지게 한다.

③ 오븐 크리너를 분사기를 사용해서 골고루 뿌려 준 다음 10~15분 정도 기다린다.

④ 뜨거운 물로 깨끗이 씻어낸 다음, 세척제를 사용해서 닦아낸다.

⑤ 마른걸레질을 해서 물기를 제거한다.

4) 튀김기

① 기름 탱크 내 감열부는 미세한 선으로 되어 있으므로 주의한다.

② 사용 후에는 일정 시간이 지난 후에 기름을 빼고 이동시 주의한다.

③ 튀김기 주변에 붙은 기름때는 깨끗이 청소하고 방치된 기름때가 조리작업 시의 열기에 의해 착화하여 불이 붙는 사고가 없도록 한다(월 1회 청소).

④ 사용 후에는 반드시 기름을 빼고 불이 꺼졌는지 확인한다.

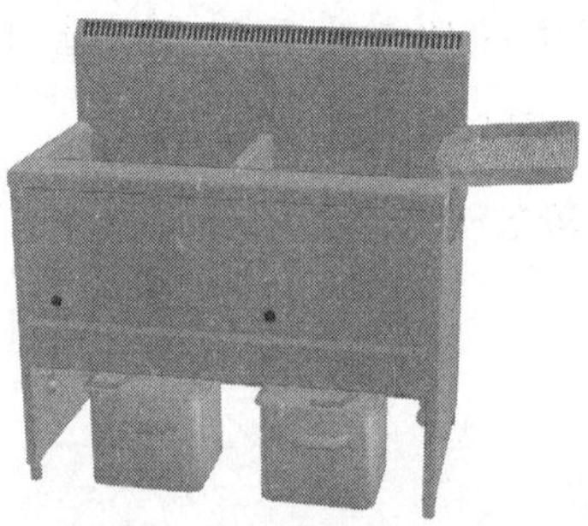

튀김기

회전식 국솥

5) 회전식 국솥

① 국솥을 사용하기 전에는 반드시 국솥이 바닥에 고정되어 있는지 확인한다.

② 국솥의 버너는 갑자기 밸브를 많이 열면 순간적으로 가스가 많이 나와 위험하므로 점화 시는 서서히 연다.

③ 국솥을 닦거나 바닥 청소 시 버너 속에 물이 들어가지 않도록 한다.

④ 버너가 불완전 연소하는 경우가 있으므로 하루에 한번 정도 불꽃을 확인하고 이상 시에는 공기 조절 부분을 조절하고, 버너에 가끔 물이 들어 있는 경우가 있으므로 수시로 점검 하도록 한다.

⑤ 회전솥은 핸들의 축 부분과 솥 고정대에 부착된 회전축부분에

회전되는 것을 고정시키는 나사가 녹슬지 않도록 관리하고 이상이 있으면 즉시 교체한다.

6) 가스브로일러

① 공기가 잘 통하는 곳에 설치하고 주변에 가연성 물질이 없도록 한다. 특히, 장갑, 토시, 조리원복 건조 등은 화재의 요인이 된다.

② 사용 중 또는 직후에는 만지지 않는다(화상위험).

③ 사용 중 덮개는 비스듬히 세우고 막지 않는다(과열, 불완전연소 위험).

가스보로일러

7) 가스그리들

① 고기를 대량으로 구울 때 주로 사용하며, 영업이 끝난 후 닦는다.

② 그리들은 항상 과열해 있기 때문에 화상에 주의해야 한다. 그러나 차가우면 기름때가 제거되지 않기 때문에 80℃ 정도에서 닦는 것이 가장 적합하며, 기름때도 잘 벗겨진다.

③ 그리들 판에다가 오븐 크리너를 분사기를 사용해서 전체적으로 골고루 뿌려 준 다음 약 15~20분 정도 기다린다.

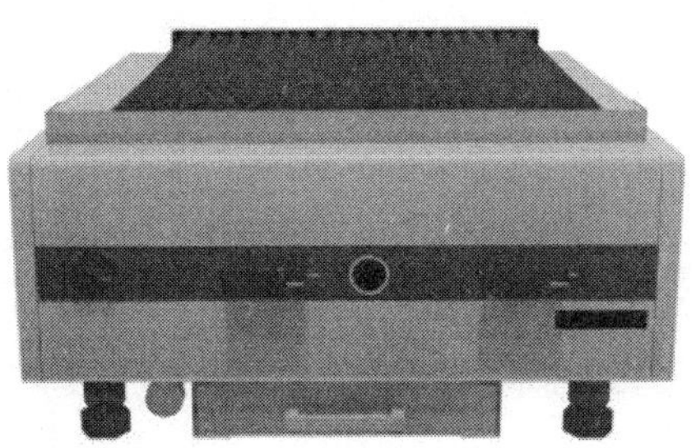

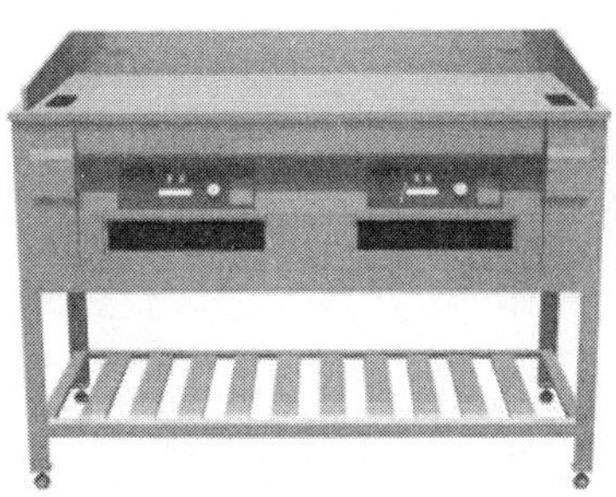

④ 자루가 달린 솔을 사용해서 골고루 문지른다.

⑤ 뜨거운 물을 사용해서 깨끗이 씻어낸 다음, 아직 제대로 지워

지지 않은 부분은 긁어내어 완전히 제거한다.

⑥ 뜨거운 물로 씻어낸 다음, 비눗물을 사용해서 닦아낸 다음 물기를 제거하고 기름칠을 해 둔다.

⑦ 재사용 시에는 칠해진 기름을 그리들이 타기 전에 닦은 후 사용한다.

8) 구이기(어소기)

구이기(어소기)

① 기기를 다루는 사람은 안전장구를 착용하여 화상에 주의해야 한다.

② 사용 후에는 내부표면이나 석쇠에 눌러 붙은 이물질을 깨끗이 제거한다.

③ 조리작업 중 높낮이를 적당히 조절하여 음식물이 타지 않도록 해야 한다.

④ 세척 후에는 내부의 물기를 완전히 제거한다.

9) 높은/낮은렌지

① 화력 조정은 밸브의 개폐 정도로 조절한다.

② 점화 시 밸브는 많이 열지 않는다.

③ 조리작업 중 음식물이 넘지 않도록 주의한다.

④ 접속구 및 밸브는 정기적으로 누설 점검을 실시한다.

높은렌지

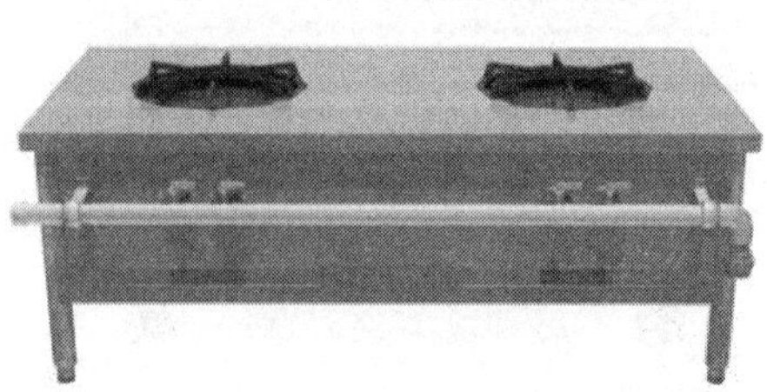

낮은렌지

10) 제빙기

제빙기는 주방에서 사용되는 필요한 얼음과 바에서 칵테일에 사용되는 얼음과 쥬스류와 아이스크림 등을 냉각시키기 위하여 사용된다. 1주일에 1회 정도 청소한다.

① 플러그를 뽑고 전원을 차단시켜 기계를 정지시킨 다음, 얼음을 빈 그릇에 옮겨 담는다.
② 뜨거운 물을 붓고 구석구석을 녹인다.
③ 수세미로 비눗물을 풀어서 골고루 물질러 준 다음 맑은 물로 두 번 정도 깨끗하게 세척한다.
④ 마른걸레로 깨끗하게 닦아준다.
⑤ 옮겨 담은 얼음을 다시 집어넣고 플러그를 꽂는다.

11) 기타 주방기기류

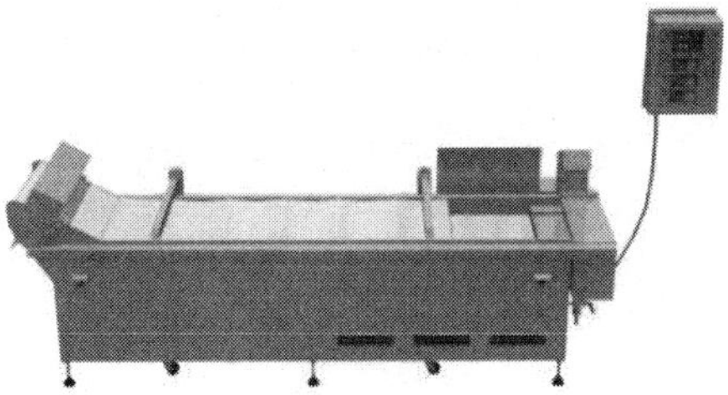

자동 컨베이어 튀김기

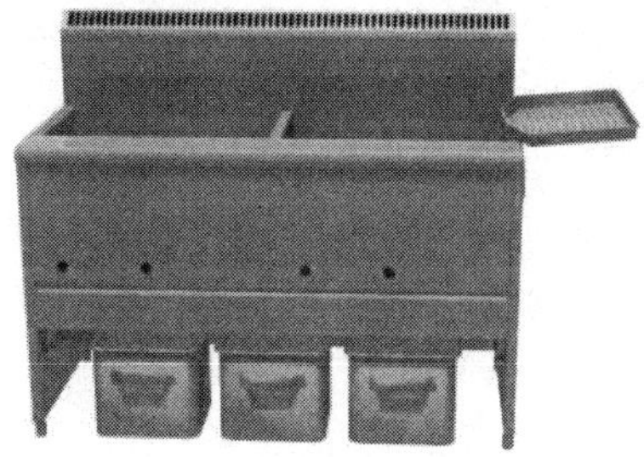

전기 튀김기/정제기

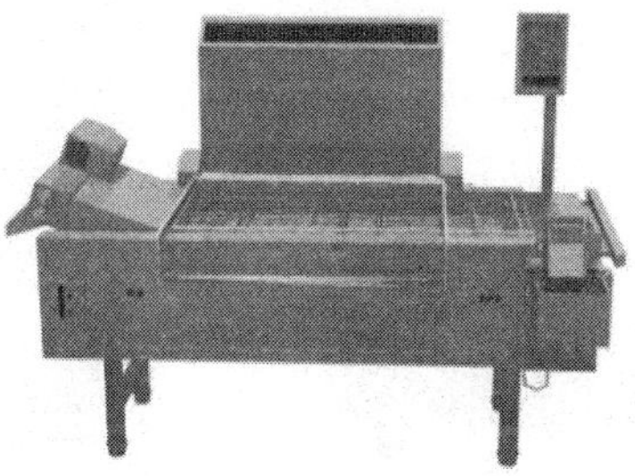

자동튀김기

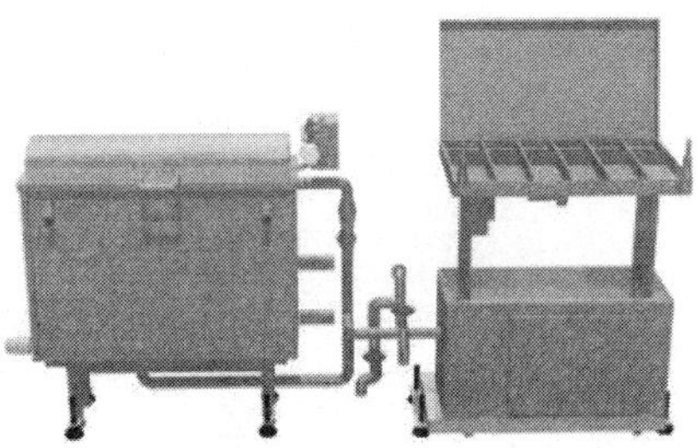

식용유 정제기

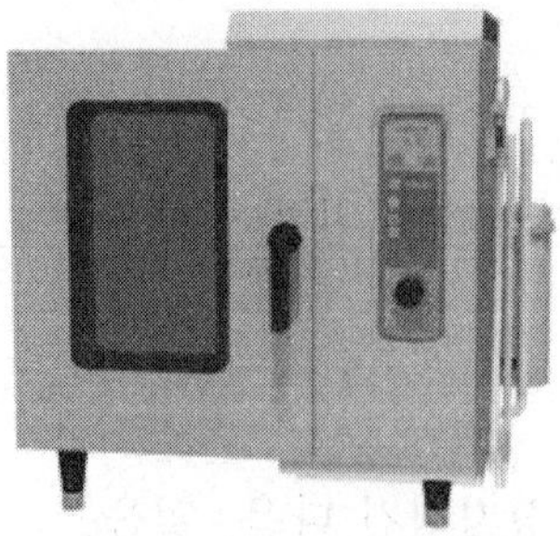

콤비 스팀오븐

피자오븐/컨베어식

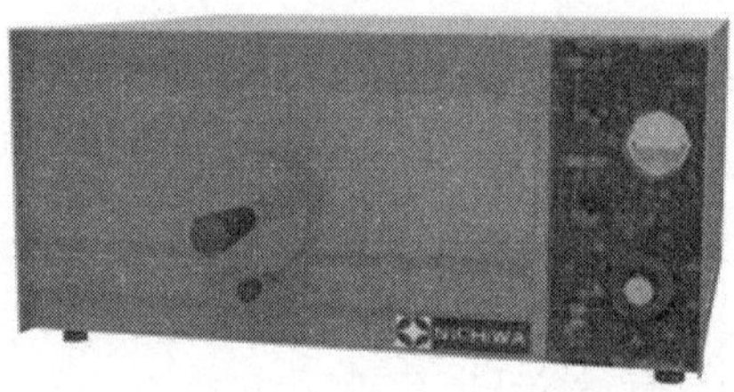

피자오븐 전기식

2구 중화렌지/국물렌지

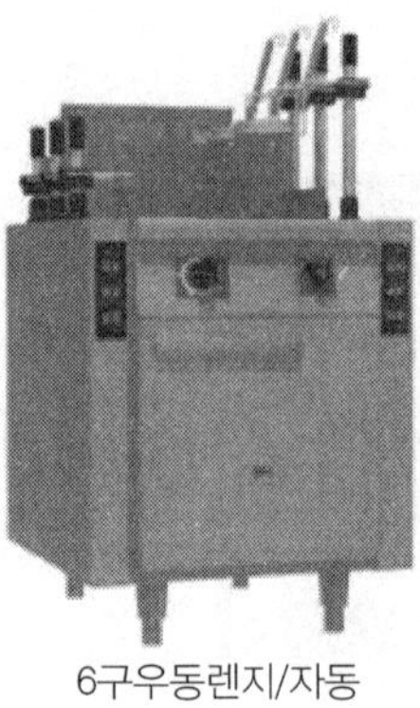

6구우동렌지/자동

파스타 렌지 교자

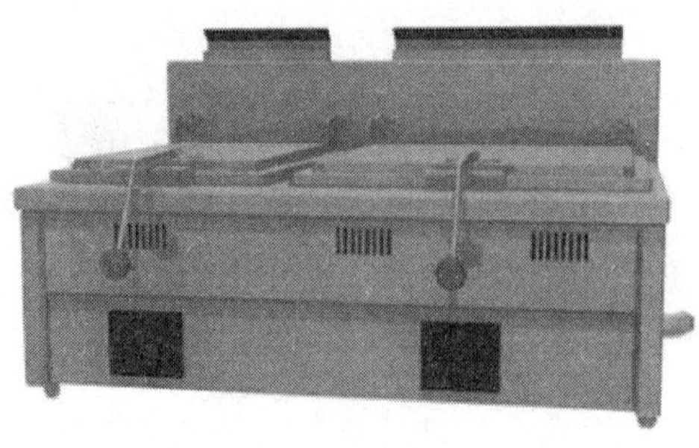

그릴러

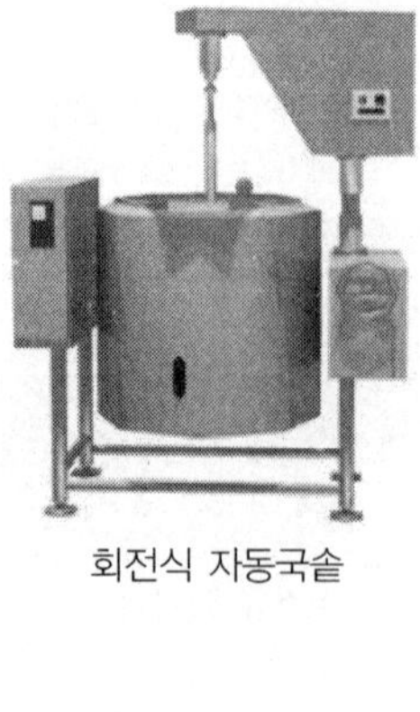

회전식 자동국솥

가스 자동밥솥

자동 세미기

12) 제빵기기류

가) 스파이럴 믹서(spiral mixer)

일명 나선형믹서라 하며 많은 양의 재료를 반죽할 때 사용하는 기계로 주로 식빵, 유럽빵용 반죽에 많이 사용한다. 글루텐 발전이 빨리 되며 수분이 적은 반죽에도 적당하다.

스파이럴 믹서

나) 생크림 기계(fresh cream machine)

생크림을 기계에 넣고 작동하면 공기를 포집하여 크림을 만든다. 사용하기는 편리하나 크림상태가 매끈하지 못해 생크림 케이크용으로 사용하는 것은 부적절하다.

생크림 기계

다) 다용도데크오븐

선반형태의 서랍식 오븐으로 가장 보편적으로 사용되는 오븐이며, 연료의 종류에 따라 가스, 전기 오븐으로 분류하여 쓰기도 한다. 스팀공급장치 부착이 가능하고 일반적인 빵류와 케익류, 페스트리류까지 광범위하게 이용되고 있으며, 생산량 및 종류에 따라서 모양과 크기를 다르게 만들 수 있다.

다용도데크오븐

라) 도우디바이더(dough divider)

반죽을 분할하고 둥글리기 하는 기계. 주로 소프트 롤, 하드 롤 등 롤 종류에 많이 사용된다. 많은 양을 처리할 수 있는 장점은 있으나 반죽이 찢어져서 파손될 염려가 있다. 대량생산 공장에서 사용한다.

도우디바이더

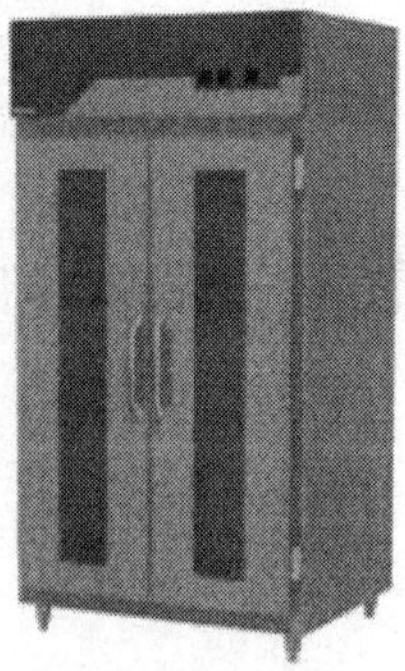

도우 프루퍼

마) 도우 프루퍼(dough proofer)

중 소규모에서 제과 및 제빵용 반죽을 발효시키는데 주로 사용되며 가스발효기와 전기식 발효기가 있으며 가격과 사용방법이 저렴하고 간단하다. 또한 발효기에는 건조 발효기, 습윤발효기, 건조 습윤 혼합 발효등이 있으며, 온도, 습도 조절이 가능하다.

도우콘디셔너

바) 도우콘디셔너(dough conditioner)

냉동 · 해동 · 발효의 공정 전자식 프로그램에 의하여 자동으로 온도 · 습도 · 시간을 제어하여 오븐에 굽기 전 단계인 2차 발효에 이르기까지 한 대의 기계로 자동으로 조절이 가능하다.

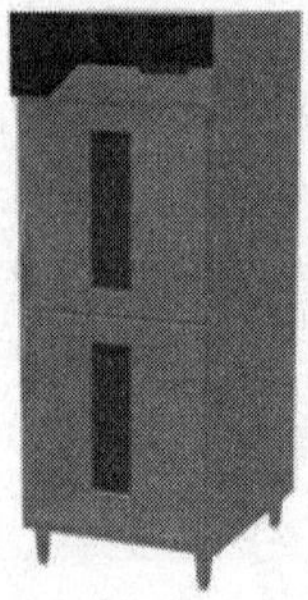

리타더 프루퍼

사) 리타더 프루퍼(retarder proofer)

도우컨디셔너의 기본적인 기능은 있으나 발효 지연용으로 설계되었기 때문에 도우컨디셔너처럼 장시간 사용 시에는 도우가 건조해질 수 있으며, 표피가 두꺼운 건강빵 종류에 주로 이용한다.

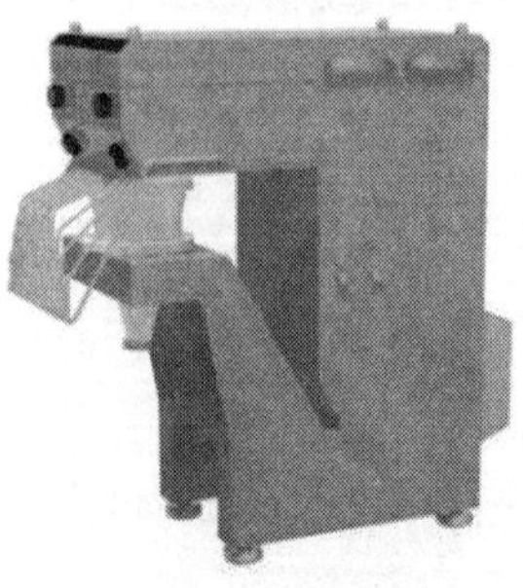

아이스크림 긱

아) 아이스크림 기계(ice cream machine)

살균탱크에 아이스크림 재료를 넣어 살균시킨 다음 냉각 동결기에 넣어 아이스크림을 제조하는 설비이다. 현대기계는 살균과 냉각이 같은 탱크에서 동시에 이루어져 짧은 시간 안에 작업을 끝낼 수 있다.

자) 컨벡션 오븐(convection oven)

주로 하드롤이나 바게트 빵 용으로 내부에 팬이 부착되어 있어 공기의 대류로 전체적으로 고른 열을 받으므로 제품의 모든 면에 고른색을 낼 수 있다. 스팀 장치가 설치되어 있으므로 스팀 분사가 가능하다.

컨벡션 오븐

자동 빵 성형기

차) 자동 빵 성형기

믹서기에 반죽이 완료된 후 숙성된 반죽을 기계에 넣으면 원하는 형태로 자동으로 분할해서 정형까지 해주는 설비를 말하며 대량생산업체에서 많이 사용한다.

카) 버티칼 믹서(vertical mixer)

제과 제빵용 반죽을 제조하는 기계로 볼 안에 후크나 비터, 휘퍼 등이 수직으로 연결되어 회전하며 반죽을 만든다.

버티칼 믹서

타) 파이 롤러

반죽을 접거나 밀어펴기 할 때 사용되며, 주로 페이스트 등을 만들 때 사용된다.

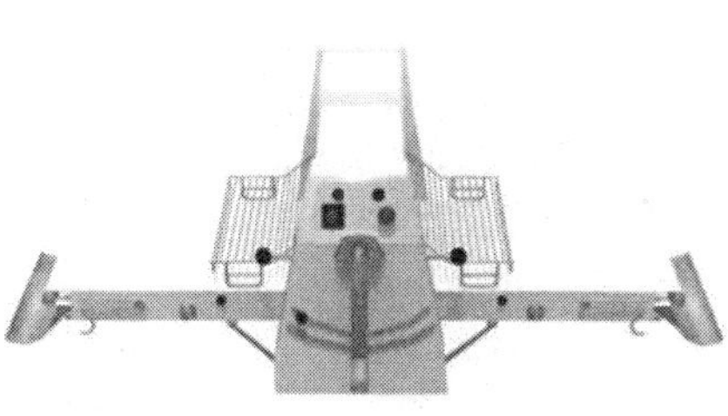
파이 롤러

13) 식품기계류

가) 골절기(Bone saw)

냉동상태의 고기, 갈비, 사골같이 단단한 물건을 썰기 위하여 밴드형 톱날로 되어 있으며, 기계를 작동하는데 매우 위험하므로 작업이 용이한 곳에 설치하여야 한다.

골절기

제면기

나) 제면기

제면기는 밀가루 반죽을 알맞은 두께로 펼쳐서 칼로 자르는 작업을 하는 기계로써 시간과 힘을 절약하고 빠르고 손쉽게 여러 종류의 면을 대량으로 만들 수 있다. 작동원리는 면을 홍두께로 여러 번 반죽을 미는 형식과 동일하다.

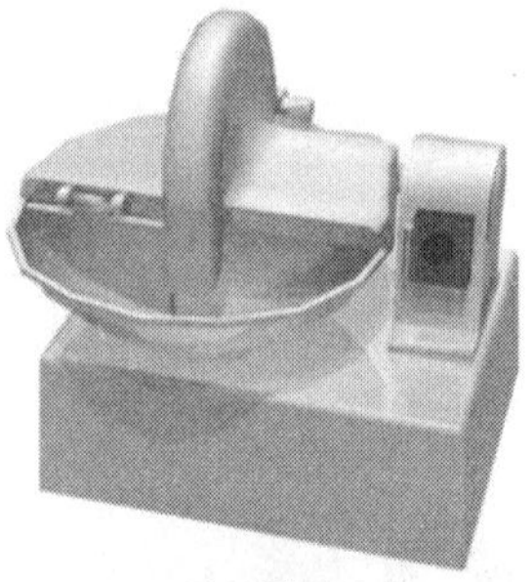

푸드컷터

다) 푸드컷터(food cutter)

원반형 안에 칼날이 돌아가면서 식재료를 잘게 썰어주는 기계로 만두, 순대, 소세지 등의 재료를 만들 때 사용된다.

햄슬라이서

라) 햄슬라이서(meat slicer)

식육점이나 외식주방에서 고기, 햄, 소시지, 치즈 등을 자르는데 사용되는 것으로 원하는 두께를 조정할 수 있도록 되어있다. 자를 물건을 가볍게 눌러서 절단기로 밀고 칼날과 평행으로 움직인다. 절단 두께는 칼날 조절기로 층이 지지않게 맞추어 놓는다.

마) 육류 다지기(Food chopper)

고기와 야채 다지는 기계로 모든 구성 부품들이 완벽하게 조합되어 있어야 마찰열을 방지하고 자르는 물건들을 깨끗하게 자르며 뭉그러뜨리지 않는다. 마개의 링은 완전히 잠겨져 있어야 디스크 사이에 마찰음이 없이 작동할 수 있다. 자를 재료를 적당한 속도로 넣어준다.

육류 다지기

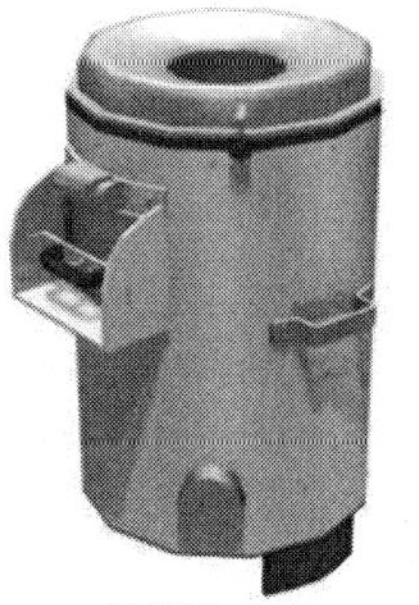

구근탈피기

바) 구근탈피기(vegetable peeler)

대대분의 감자, 무, 당근 등의 껍질을 깎는 기계로 내부는 실린더와 플레이트로 구성되어 있으며, 내부에서 서로의 마찰에 의하여 껍질이 제거된다. 이때 내부의 식재료가 튀어나오지 않도록 뚜껑을 덮고 작동하면서 물을 계속적으로 공급해 주어야 깎인 껍질이 밖으로 나와 깨끗하게 껍질을 제거할 수 있다.

사) 야채절단기(vegetable cutter)

많은 양의 야채를 자르는데 사용되며, 30여 가지의 다양한 칼날을 가진 절단기로 빠르고 균일한 모양으로 자를 수 있다.

아) 진공포장기(vacuum packing machine)

식재료를 봉투에 넣어 포장기 안에서 진공상태로 만들어 줌으로써 식품의 신선도와 위생관리를 함으로써 식품조직의 질을 보존하여 식품의 보존기간을 연장시켜주고 원래의 맛을 유지하는데 사용한다.

야채절단기

진공포장기

6. 전 기

오늘날의 외식업체에서 사용되는 에너지의 가장 중요한 원천은 전기이다. 그것의 주요한 사용은 열, 빛 및 동력으로 나타난다. 전기는 건물 전체의 온도를 높이기 위해 쓰일 수 있는데, 이것은 전기요금이 매우 낮거나 기후가 계속하여 온화한 지역에 적용 가능하며, 모터, 냉방시설 및 기타 다른 시설에 단지 동력을 제공하기 위하여 쓰일 수 있다. 전력은 일반적으로 그 지역에 전기를 공급하는 전력 회사에서 구입된다. 섬과 같은 아주 멀리 떨어져 있는 지역에 있는 외식업체에서는 자체 생산을 할 수가 있다. 에너지 위기의 결과로 전기 사용료는 급격히 증가해 왔으며, 따라서 기술부서의 중요한 임무는 실제 전력 소비를 감시하는 것이다.

- 전력 회사가 설치한 계량기를 정기적으로 점검함으로써 가능하다.
- 전기 요금이 하루 중의 시간대와 특히 특별한 시간에 사용되는 전력 최대총량에 따라 변화할 수 있으므로 계량기를 읽는 일정표는 매우 중요하다.

가. 전기 안전

외식업체 기술부서의 모든 분야에서, 안전 요구는 매우 중요하고 특히 전기분야에서 그렇다. 기술부서는 안전장치의 적재적소 배치 및 적절한 운영을 확실하게 하여야 한다. 이것은 전기 기구의 접지, 통제 스위치의 적절한 배치 및 퓨즈와 차단기의 절연화 및 유지를 포함한다. 전선과 케이블의 절연화도 지속적이고 적절한 안전 예방에서 매우 중요한 요소이다.

누전된 고압세척기로 작업 중 감전

감전사고 시 응급조치

나. 전기의 사용

많은 외식업체에서 전력은 열을 제공하여 건물 전체를 적정 온도로 유지하는데 주로 사용된다. 전기를 이용한 난방의 장점은 낮은 설치비용, 간단한 운용 조작법, 손쉬운 제어 기능, 청결함 등이다. 그러나 특히 최근 전력에 대해 전력회사가 부과하는 높은 비용은 사람들이 신설 빌딩에 이러한 형태의 난방 장치를 설치하는데 장애물로 작용하고 있다. 모든 외식업체에서 전력은 조명에 사용된다. 조명은 세 가지 형태의 전등으로 제공되는데, 백열등, 형광등, 기화가스 램프 등이다. 백열등의 가장 단순한 형태가 많이 쓰이는 백열전구인데, 이것은 진공 상태거나 혹은 가스 등으로 가득 찬 유리 전구와 그 속의 필라멘트로 구성되어 있다.

전기는 전선을 타고 필라멘트로 흐른다. 필라멘트는 전기에 저항적이라서 뜨거워져서 열과 빛을 동시에 발한다. 유리전구 자체는 다양한 모양과 형태가 있으며, 그것은 투명, 반투명, 혹은 에나멜로 표면이 칠해진 것 등이 있다. 백열등의 대체는 외식업체 기술부서의 중요한 과제 사항이다. 전구의 수명은 일정하지 못하므로 교체해야 할 시각이 서로 상이하다. 어느 특정 구역의 모든 전구를 동시에 교환할 것인지 아니면 각각의 전구가 수명이 다할 때가지 기다렸다가 각각 교체하는지에 관한 의사결정이 반드시 외식업체에 의하여 이루어져야 한다. 전등이 대체로 천정에 붙어 있기 때문에 이것들을 교체하는데 투여되는 노동력은 비용이 많이 들고 시간도 많이 걸린다. 그 결과 많은 외식업체에서는 어느 고정된 기간에 집단별로 교체하는 방법이 가장 적절하다고 판단하고 있다. 물론, 교체시기 이전에 전구의 수명이 다한 경우 대체되어야 한다.

외식업체는 최소한 전등상의 필요, 엘리베이터의 운영, 기타 영역을 충당할 수 있는 비상 전력 시스템을 유지하도록 요구되어진다. 전등과 전화에 사용되는 전력은 배터리시스템(battery system)을 통하여 제공된다. 그러나 규모가 큰 외식업체에서 조차 이 비용은 막대하기 때문에 부담이 크다. 좀 더 보편적인 방편으로 비상 전력은 전력이 다한 경우나 비상사태 시 자동적으로 에너지 전환을 일으킬 수 있는 디젤 엔진이나 가솔린 엔진 등에 의해 작동되는 엔진

통전경로에 따른 심장 전류 계수

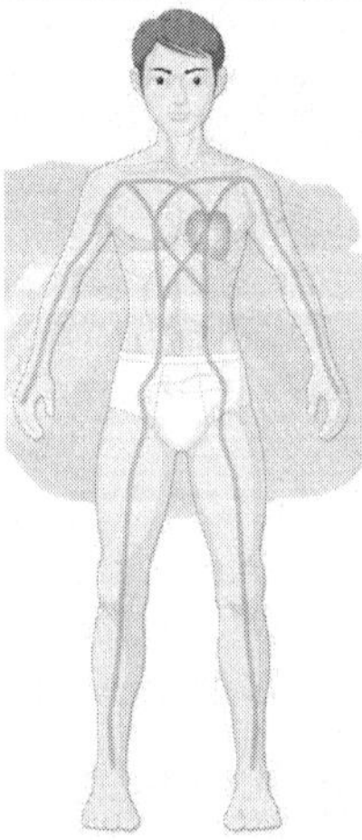

■ 인체에 흐르는 전류의 경로에 따라 감전시 위험성 변화
■ 전류가 심장 또는 그 주위를 통과하면 위험성 증가

통전경로	심장 전류 계수(Kh)
왼손 → 가슴	1.5
오른손 → 가슴	1.3
왼손 → 한발(양발)	1.0
오른손 → 한발(양발)	0.8

(심장 전류 계수가 클수록 위험도 증가)

자료출처 : http://blog.naver.com/may507501/80064108545

동력 시스템에 의해 제공된다.

다. 전기와 생활

전기는 물이나 공기처럼 우리생활에 없어서는 안 될 귀중한 것이다. 전기는 깨끗하고 편리한 에너지로 가정과 공장 등에서 다양하게 이용되고 있다. 그러나 전기 에너지를 잘못 사용할 경우에는 매우 위험하다.

우리가 사용하는 전기 제품에 이상이 생겼을 때에는 겁부터 먹는 경우가 많은데 이때에는 회로 검사기를 이용하여 전기가 통하고 있는지를 먼저 확인한 뒤에 대처 방안을 찾는 것이 좋다.

전기는 감각 기관으로는 확인하기 어려우므로, 전기 기구나 전기 제품을 점검하고 수리할 때에는 검전 드라이버나 회로 검사기가 사용된다.

안의 전기 시설에 누전이 되거나 사람이 감전될 경우에 자동적으로 전기를 끊어주는 안전장치로 누전 차단기가 있다. 이 누전 차단기는 시험용 단추를 눌러 작동이 잘되는지 확인해야 하며 작동이 되지 않을 때에는 교체해야 한다. 만약, 누전 차단기가 자동으로 작동하였다면 집 안의 전기 시설에 이상이 있다는 신호이므로, 고장 원인을 찾아 조치를 한 후에 전기를 다시 사용해야 한다.

'감전' 이란 몸이 전기에 접촉되었을 때 전기를 느끼는 현상(전기가 통하고 있는 물체에 몸이 닿아 쇼크를 받는 것)을 말한다. 그 상태는 약간의 짜릿함을 느끼는 정도에서 사망에 이르는 것까지 여러 가지가 있다. 이러한 감전을 예방하기 위해서는 접지를 함으로써 인체에 가해지는 전압을 감소시킴으로써 감전을 방지하고 전류의 흐름을 원활히 함으로써 차단기를 확실히 동작시켜 화재 · 폭발의 위험을 방지하기 위해 시행하는 것이다. 특히 주방은 물기에 접하기 쉬운 곳이기 때문에 반드시 전기설비 기술기준에 적합하도록 기기접지를 시행해야만 감전으로 인한 재해를 예방할 수 있다.

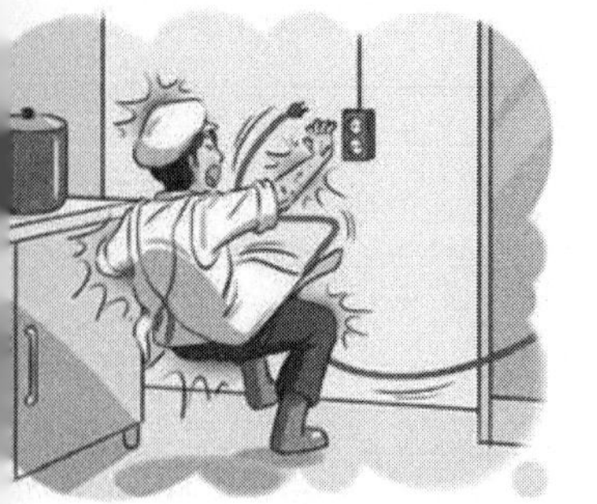

감전의 위험이 있는 사례

- 젖은 손으로 전기 기구를 만졌을 때
- 한 콘센트에 여러 전기 제품을 동시에 사용했을 때
- 줄을 잡고 플러그를 뽑을 때
- 전신주에 올라갔을 때
- 늘어진 전선이나 끊어진 전선을 함부로 만졌을 때

7. 화재예방

화제예방을 위하여 경영주 또는 관리자, 종업원 모두 확인 점검을 철저히 하여야 하며. 다음과 같은 점에 유의하여야 한다.

① 화재 위험성이 있는 곳을 근본적으로 파악하고 정기적으로 점검하여야 한다.
② 화재 예방에 관한 교육을 정기적으로 시켜 지식을 갖추도록 한다.
③ 소화기를 지정된 위치에 두고 소화기 있는 곳을 누구든지 알 수 있도록 하며, 사용 방법을 교육하여 유사시 대비할 수 있도록 한다.
④ 안전 수칙을 준수하고 기계의 수리 등은 전문적인 사람에게 의뢰한다.
⑤ 전선 플러그 등에 물이 들어가지 않도록 세심한 주의를 기울인다.

8. 에너지 절약방안

주방은 에너지를 사용하는 부서이므로 운영하기에 따라서 막대한 에너지를 줄일 수 있다. 주방 기구의 운영 시간을 줄이고 실제로 필요할 때만 사용함으로써 에너지 경비를 절감할 수 있으며 주기적인 청소와 보수, 유지만이 기구의 수명을 효율적으로 운전이 가능하며, 에너지도 절약할 수 있다.

가. 일반사항

① 주방기구의 사전예열 시간을 계획하고 이를 철저히 시행한다.

② 가스 기구를 조리 시작 전 적당한 시간에 켜고 필요 없을 시를 제외하고는 꺼야 한다. 가스 기구의 예열 시간은 기구에 따라 다소 차이가 있으나 7~15분 정도면 충분하다.

③ 가능하면 한꺼번에 다량을 조리한다.

④ 온도 조절기를 만족스러운 조리가 가능하도록 최저 온도로 조정한다.

⑤ 모든 주방 기구에 대한 예방 정비 계획을 수립, 시행하고, 그 점검 수리결과를 기록 유지한다.

나. 철판 조리 기구(Surface cooking units)

① 호일을 레인지 및 Griddle 버너 밑에 놓는다. 효율이 좋아지고 장비 청소가 용이하게 된다. 단, 가스버너의 흡입이 방해되면 안 된다.

② 조리 시 가능하면 Pot와 뚜껑을 덮어야 한다.

③ 음식이 끓기 시작하면 불을 낮추어야 한다. 왜냐하면 비등점 온도 이상으로 열을 가한다고 조리가 더 빨리 되는 것이 아니며 에너지만 더 소비된다.

④ 조리판이나 팬을 깨끗이 해야 한다. 기름이 낀 것과 찌꺼기는 조리 기능을 감소시킨다.

⑤ 불꽃이 균등하지 않거나 노란 불꽃이 나는지 가스 기구를 정기적으로 점검해야 한다. 딱딱한 칫솔로 버너 파이롯트 라이트 분출구를 청소한다. 그런데도 불구하고 불꽃이 계속 황색

또는 고르지 않을 때는 에어셔터를 조정하여 가스와 공기 혼합비를 정확하게 고친다.

다. 레인지 톱(Range Top)

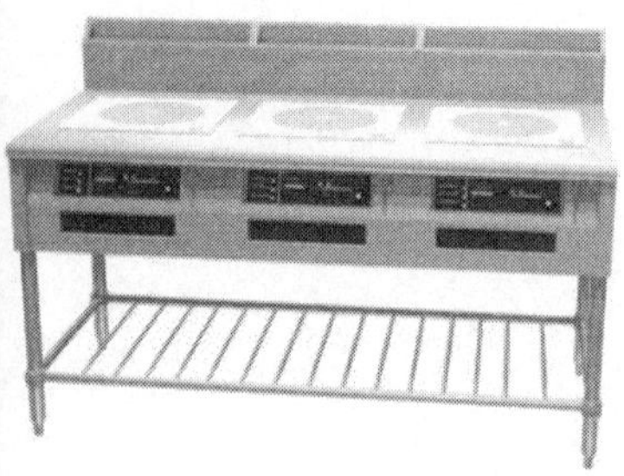

레인지 톱

① Closed-Top 레인지에는 Kettle과 Pot를 가능한 많이 놓고 사용한다.

② 재료의 준비 등 조리 준비가 완료될 때까지 버너를 켜지 말아야 한다.

③ 가스렌지를 사용 후에는 반드시 불을 꺼야 한다(P llot Lamp를 제외한다).

④ 전기버너나 인덕션 렌지는 조리를 안 할 때는 꺼 놓는다.

⑤ 열전도를 극대화하기 위해 밑바닥이 평평한 포트나 팬을 사용한다.

⑥ 흘린 음식물을 잘 닦아 낸다.

라. 그릴드(Gridlled)

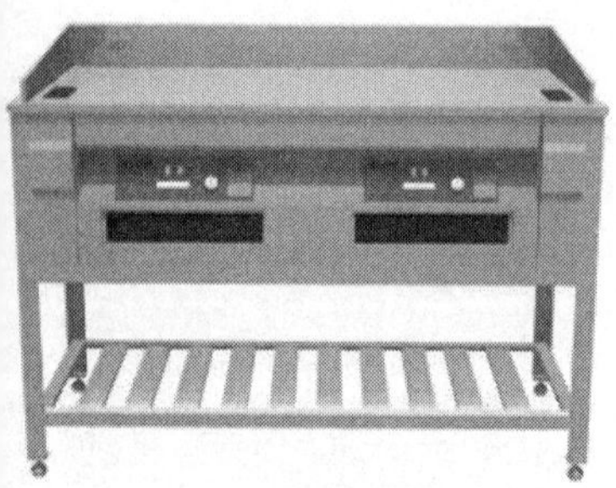

그릴드

① 그릴드의 불꽃은 낮게, 또는 중간쯤으로 사용한다.

② 한가한 시간에는 버너 불을 낮춘다.

③ 조리 중인 음식은 서로 가깝게 배치하고 가능하면 그 부분만 가열시킨다.

④ 조리가 끝나면 떨어진 음식물, 기름덩이를 긁어낸다.

마. 브로일러(Broiler)

① 열판을 깨끗이 유지한다.

② 열판이 완전히 달아오른 후에는 차 브로일러의 열을 중간으로 낮춘다.

③ 가열된 브로일러의 용량 한도까지 고기나 음식물을 올려놓는다.

④ 버너의 동작 상태를 점검, 최상의 조건으로 조정한다.

바. 오븐(Oven)

① 조리를 하기 전 예열 시간을 이용한다. 그날의 굽기 작업 중 낮은 온도로 조리할 수 있는 음식부터 warm-up 시간에 시작한다.

② 오븐을 최대 능력까지 이용하기 위하여 베이킹, 로스팅을 사전 계획한다. 그래서 오븐 사용 횟수를 줄인다.

③ 팬 주위에 공기 순환을 위하여 최소 2인치 간격을 둔다.

④ 불필요한 열 손실을 피하기 위하여 빨리 넣고 빨리 꺼낸다. 오븐을 열면 매초에 내부 온도가 화씨 10도(섭씨 5.5도)나 떨어질 수 있다.

⑤ 기구의 효율을 저하시키는 카본덩어리의 형성을 방지하기 위하여 넘치거나 흘린 것을 즉시 제거한다.

⑥ 파손된 문 또는 경첩을 수리한다. 문틀 둘레에 있는 빵가루나 이물질을 닦아낸다. 문을 세게 닫지 말 것이며 오븐 위에 올

라서지 말아야 한다.

⑦ Convection Oven(대류식 Oven) : Fan Blade를 제조자의 권장 사항에 따라 깨끗이 유지해야 한다.

⑧ 조리 중 흘리거나 넘친 것을 닦아내고 내부를 깨끗이 유지해야 한다.

사. 프라이어(Fryer)

① 프라이어 적정 온도(154~182℃) 한도까지만 온도 조절기를 조정한다. 실내 온도에서 177℃까지 올리는데 5분밖에 안 걸린다.

② 기구의 정격용량 이상으로 조리할 음식을 채우지 말아야 한다.

③ 조리 기름의 양을 적정선으로 유지해야 한다. 음식물을 기름이 덮어야 하며 표시선 보다 기름이 적으면 새 기름을 넣어 채워야 한다.

④ 매일 프라이어의 기름을 빼고 걸러 준다.

⑤ 조리 중 기름 온도를 가끔 확인하여 히팅 엘레멘트와 온도 조절기의 정확성을 확인해야 한다.

⑥ 매주 1회 이상 히팅 엘레멘트를 청소해야 한다. 후라이 조리가 많다면 매일 청소해야 하며 탄 음식, 기름 등을 제거해야 한다.

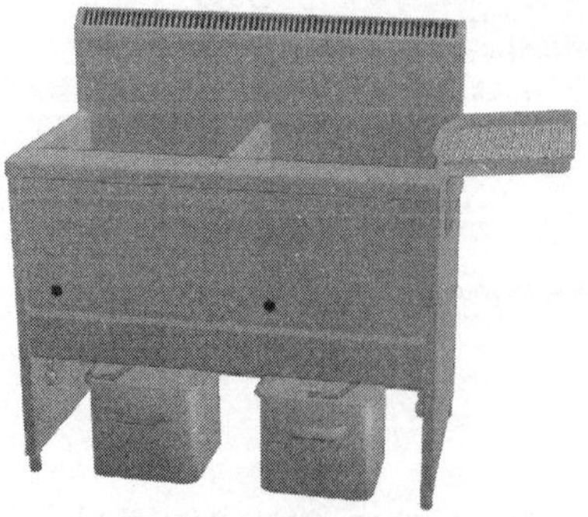

프라이어

토스터

아. 토스터(Toaster Machen)

① 사용 안하는 로터리 토스터는 반드시 꺼야 한다.

② 정기적으로 청소해야 한다.

자. 음식 워머 및 핫 플레이트(Warmer, Hot plata)

① 필요할 때만 스위치를 켜고, 사용치 않을 때는 스위치를 반드시 꺼야 한다.

② 안전하게 음식을 취급할 수 있도록 가능한 최저 온도로 운전해야 한다.

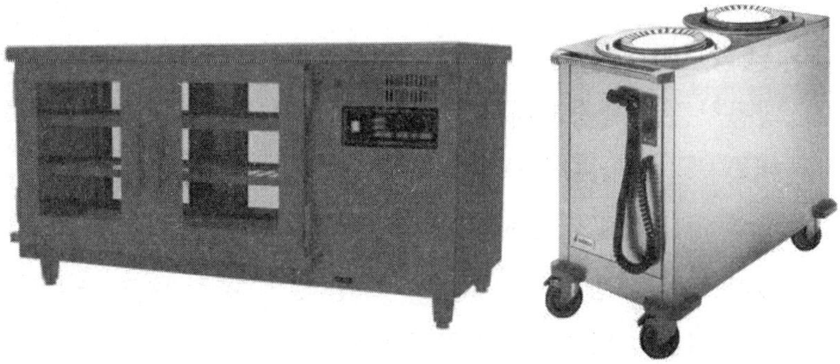

차. 스팀 쿠커와 테이블(Steam Cooker and Table)

① 온도 조절기의 작동을 확인해야 한다.

② 용기의 최대 용량까지 사용해야 하나, 조리한 음식량의 다소에 관계없이 같은 양의 증기가 소요된다.

③ 조리 시간의 단축을 위하여 야채, 파스타 등에는 가급적 스팀 쿠커를 사용한다.

④ 스팀 트랜의 누출 여부를 확인하여 고장 시 즉시 고치도록 한다.

카. 냉장고와 냉동실

① 냉동식품은 냉장고에서 녹인다. 식료가 녹을 때 주위 공기를 냉각시켜 냉장고에 사용할 에너지가 절감된다.

② 더운 음식은 냉장고에 넣기 전에 충분히 식힌다.

③ 공기 순환을 방해하는 물품을 코일 앞에 놓지 말며 음식물을 덮은 커버가 날리지 않도록 한다.

④ 냉장 · 냉동실 문을 여는 횟수를 줄이도록 한다.

⑤ 가급적 냉장 · 냉동실은 일부만 들어 있는 것이 에너지 효율이 좋다.

⑥ 문을 닫을 때 저장물이 닿지 않도록 한다.

⑦ 콤프레셔에서 4피트 이내에 일체 저장하지 말아야 한다.

⑧ Blower코일에 성애와 먼지가 끼지 않도록 한다.

⑨ 냉장실, 냉동실 온도를 적정선으로 유지해야 한다.

⑩ 성애제거 장치를 자주 점검한다.

⑪ 도어의 고무 밴드는 양호한 상태로 유지해야 한다.

⑫ 제빙기와 얼음 보관통은 항상 닫아 놓아야 한다.

⑬ 제빙기의 절수변을 적당하게 조절해야 한다.

⑭ 제빙기의 제빙 시간을 적당하게 조절해야 한다.

타. 온수 및 냉수(Hot water and cold water)

① 온 · 냉수 꼭지에서 물이 흘러내리지 않게 하여 낭비를 줄여야 한다.
② 누수되는 수도꼭지는 반드시 보수해야 한다.
③ 더운 음식을 만들시 온수를 사용해야 한다.
④ 온수 배관의 보온 상태를 점검하여 필요시 보수해야 한다.
⑤ 스팀트랩에 스팀이 통과하는가 점검하여 필요시 교체토록 한다.

파. 접시 세척기(Dish washer)

① 부스터 히터는 꼭 필요한 때만 켜야 한다.
② 그릇 세척 과정이 모두 끝났을 때 전기가 자동 절단되는가 확인한다.
③ 1회의 용량에 충분한 접시의 수가되기 전에는 세척하지 말고 Flite-type 또는 Rack conveyor type의 세척기를 최대용량까지 사용한다.
④ 전기 건조기(Power dryer)를 사용할 때는 접시를 건조시키는데 필요한 만큼의 가열공기만 보내도록 조정한다.
⑤ 사용 후 접시 세척기의 메인 스위치를 껐는가 확인한다.
⑥ 린스 시 사용하는 물을 적절하게 유지하도록 정기적으로 유량 컨트롤을 점검한다.

도어형 세척기

세척기/플라이트

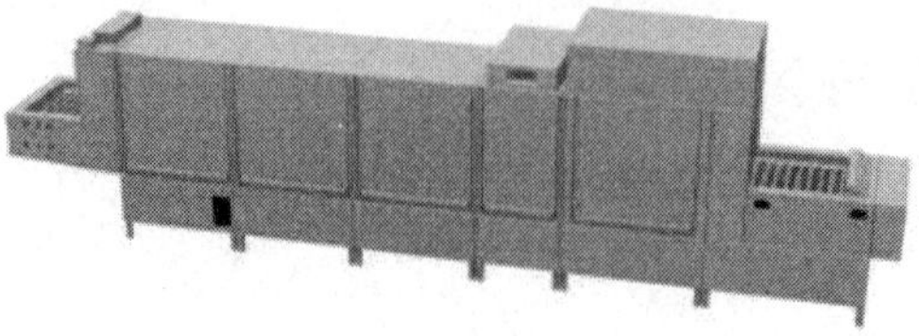

3랭크플라이트컨베이어 세척기

⑦ 헹구는 물 온도를 정기적으로 검사한다(적정 온도는 82.2℃).

⑧ 스프레이 노즐과 탱크로부터 경수석회 침전물을 정기적으로 점검한다.

⑨ 콘베이어형 세척기의 속도 조정기의 윤활(삭제)상태를 점검한다.

⑩ 린스에 필요한 물 압력을 유지하도록 압력조절기를 사용해야 한다.

⑪ 물의 공급 및 배수 밸브를 1회 이상 누수 검사를 한다.

10 주방 저장관리

1. 저장관리의 의의

저장관리란 식재료의 사용량과 일시가 결정되어 구매행위를 통해 구입한 식재료를 철저한 검수 과정을 거쳐 식재료를 출고할 때까지 손실 없이 합리적인 방법으로 보관하는 과정을 말한다. 이렇게 식재료를 본래의 의도대로 사용할 수 있도록 보존하는 상태를 저장이라고 한다.

2. 저장관리의 목적

① 식음료를 안전하게 위생적으로 보관함으로써 고객의 건강에 기여하며, 나아가서 국민의 건강을 증진시킨다는 기업의 사회적 책임을 수행하는 것이다.
② 도난을 방지하기 위함이다.
③ 출고량을 조절하여 조리 시 재료낭비를 방지하고 재료낭비로

인한 식음료 원가를 통제하며, 먼저 입고된 자재부터 출고하는 선입선출을 품질관리 측면에서 실행하기 위한 것이다.

④ 일일 출고량은 일일 식음료 원가 계산의 자료 근거가 되므로 정확한 출고량을 파악, 관리하여 정확한 회계자료를 제공하고자 하는 목적이 있다.

그러므로 저장관리의 업무내용은 식음재료의 인수, 도난방지, 저장식자재의 질적 수준유지, 재고 보유량에 대한 정확한 정보를 구매 부서에 제공 그 외 재고관리에 필요한 조사 및 기록업무 등이다.

저장시설에 있어 가장 중요한 것은 보온 및 충분한 저장 공간이다. 저장 공간은 저장물자의 양과 부피에 따라 결정되며, 물자 자체가 점유하는 점유 공간 이외에도 물자 운반 장비의 기동공간이 고려되어야 한다. 즉 물자의 점유공간을 어떻게 효율적으로 활용하는가 하는 문제는 물자관리의 저장에 있어 대단히 중요한 비중을 차지하는 것이다.

3. 저장방법

가. 식품창고에 저장

식품창고에 저장할 수 있는 식재료는 곡물, 건물류, 조미료류, 근채류 등 상온에 보존이 가능한 식품을 저장하는 방법이다.

저장방법의 유의사항은 직사광선을 피하고 실온을 유지해 주어야 하며, 방습, 통풍, 환기 등의 조건을 제공해 주어야 하며, 방서, 방충 등의 대책을 세워야 한다.

나. 냉장고에 저장

냉장고에 저장하는 식재료는 식품을 넣거나, 출입문의 개폐에 따른 온도의 하강과 상승을 가져 올 수 있으므로 계측온도계 등을 이용하여 냉장고의 보존온도가 보통 5~10℃ 이하의 식품들을 저장할 수 있도록 유지되어야 한다.

주로 생선류, 어류, 육가공품, 버터, 마가린 등의 공형 유지류, 우유, 유제품, 마요네즈와 같은 것 등은 상온에서 품질의 저하를 초래하기 쉬우며, 냉동에도 적합하지 않은 식품류이다.

① 짧은 시간 동안 보관할 식품일 경우에만 4℃에서 보관
② 조리된 식품은 생식품의 상부에 보관할 것
③ 선반을 일직선으로 하지 말 것
④ 과일과 야채는 분리된 칸에 보관

다. 냉동고에 보관

냉동고 보존에는 대부분의 식재료는 저온 상태에서 장기간의 저장을 요하는 식품이 많이 이용된다. 그러기 위해서는 세균의 번식을 방지해서 품질의 저하를 억제해야 하므로 냉동고의 온도관리는 특히 중요하다.

냉동고의 적정온도는 -18℃ 이하를 유지할 수 있도록 철저한 시설관리를 해야 함과 동시에 냉동식품 저장 공간 또한 충분히 확보해야 한다. 냉동고에 저장할 수 있는 식품은 주로 냉동어류, 냉동육류, 캔류 등이다.

① -18℃에서 장기간 보관용
② 냉동식품은 입고검사 후 신속히 냉동 보관
③ 결빙되지 않아야 할 것
④ 해동 식품은 재 냉동하지 말 것

라. 저온보관의 일반적 방법

① 저장 용기는 저장용으로만 사용할 것
② 온도를 모니터하고 기록할 것

③ 너무 많이 저장하지 말 것－냉장고에 부하가 걸리고 공기 순환을 저하함
④ 문을 가능하면 꼭 닫을 것－필요할 경우 가능하면 최단 시간 안에 열 것
⑤ 식품용기에 정확히 라벨을 붙일 것

마. 특정 식품의 보관

① 육류 : 4℃ 이하 유지, 랩으로 꽉 조여서 포장, 색깔이 변하거나 끈적거리거나 냄새가 나면 버릴 것
② 가금류 : 맨 밑의 선반, 4℃ 이하 보관, 랩으로 꽉 조여서 포장, 색깔이 변하거나 끈적끈적하거나 냄새가 날 경우 버릴 것
③ 계란 : 원래 용기에 보관, 4℃ 보관, 즉시 사용할 것만 꺼낼 것, 금이 간 것은 버릴 것
④ 생선/패류 : 4℃ 이하에서 최대 3일간 보관, 횟감 등은 먼저 냉동할 것, 살아 있는 패류는 원래 용기에서 7.2℃ 유지
⑤ 유제품 : 4℃ 이하, 덮개를 단단히 하고 냄새 강한 식품과 떨어질 것, 유효 일자까지 보관, 아이스크림 : −15℃～−12℃
⑥ 신선한 과일과 채소 : 생과일과 야채는 4～8℃에 보관, 수령할 때 얼음에 포장된 생 과일 및 야채와 다듬은 야채는 그 얼음에 보관할 수 있음, 얼음주머니는 자체 드레인 되는 것, 주기적으로 얼음을 교체해 주어야 함
⑦ 통조림 : 보관 장소 온도 10～21℃
- 냉동되지 않은 햄, 런천미트는 냉동 보관하지 않음
- 얼음에 포장된 가금류는 얼음 속에 보관, 얼음은 자체 배수가 되어야 하고 주기적으로 확인할 것
- 계란은 공급업체에서 포장 전에 세척해야 하며 보관 전에는 씻지 말 것

4. 냉장 · 냉동고의 올바른 사용방법

가. 냉장고 사용 점검표

① 냉장고에서 식품이 교차 오염되지 않도록 주의한다.

② 날고기를 조리된 음식과 낙농제품의 밑에 분리하여 놓아 고기즙이 다른 음식으로 떨어지는 것을 막는다.

③ 음식은 항상 뚜껑이 있는 용기에 보관한다.

④ 음식은 냉장고에 넣기 전에 식힌다.

⑤ 냉장고를 가득 채우지 말고 적절한 공기 순환을 점검한다.

⑥ 문이 잘 닫히는지 점검하고 냉장고 문은 가능하면 짧게 열고 닫는다.

⑦ 냉장고 문은 가능한 자주 열지 않는다. 10초간 열었을 때 원래 온도로 회복되는 시간은 10분이 소요된다.

⑧ 해동된 식품을 냉장고에 넣을 때는 다른 음식에 즙이 흐르지 않도록 적합한 장소에 넣는다.

⑨ 음식을 너무 오래 보존하지 않도록 한다.

⑩ 식품 구입 즉시 집으로 돌아온다.

⑪ 수분이 많거나 식지 않은 식품은 성애의 원인이 되므로 비닐봉지 또는 용기에 넣고 식지 않은 식품은 식혀서 넣는다.

⑫ 냉장고가 잘 작동되는가를 점검하고 성애를 정기적으로 제거한다.

⑬ 냉장실은 얼지 않는 최저 온도로 맞춘다.

⑭ 식품을 취급할 때는 손이 깨끗해야 한다.

⑮ 냉장고는 항상 깨끗하게 해야 한다.

5. 냉동고의 이해

가. 냉동의 정의

냉동(refrigeration)은 물질의 온도를 그 주위온도보다 낮은 온도로 냉각하는 것을 말한다.

예를 들면, 상온의 물을 냉각하여 냉수 또는 얼음을 만드는 것을 냉동이라 하지만 열탕을 상온까지 내리는 것은 냉동이라 하지 않고 냉각이라 한다. 이와 같이 냉동은 물질의 온도를 자연적으로 내리는 것이 아니라 인위적으로 냉각 또는 저온을 유지하는 경우이다.

나. 냉동의 원리

① 물질이 차가워지는 것은 그 물질로부터 열이 제거되기 때문이다.

② 열은 온도가 높은 부분에서 낮은 부분으로는 자연적으로 이동되지만 그 역은 성립하지 않는다.

③ 물질의 열을 제거하기 위해서는 그 물질보다 저온인 물질을 접촉할 필요가 있다.

④ 낮은 온도로 물질을 유지하기 위해서는 그것에 접촉하는 물질은 극히 낮은 온도를 필요로 하므로 천연의 냉각물질로서는 어렵다.

⑤ 쉽게 증발하는 액체(냉매)의 냉각작용(증발열)을 이용하면 필요로 하는 저온을 얻을 수 있다.

⑥ 액체가 증발하기 위해서는 주위에서 열을 흡수해야 하므로 액체를 증발시켜 냉각을 행한다.

⑦ 냉각시키는데 필요한 온도는 증발하는 액체의 압력을 낮춤으로써 저온을 얻을 수 있다.

⑧ 증발된 기체는 외부로 방출되므로 냉각효과가 있는 액체를 보충해야 한다.

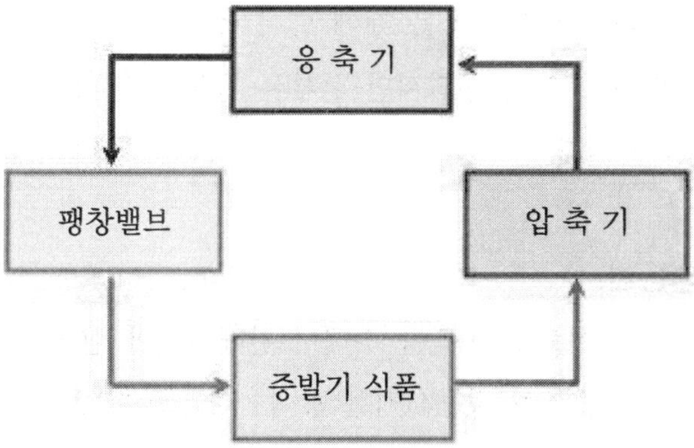

냉동기 원리 설명도

⑨ 증발된 기체는 저온이므로 흡수된 열을 그 상태로 고온의 물질(냉각수 또는 공기)에 방출하는 것이 어렵다.

⑩ 저온의 기체도 압축하면 고온 고압으로 되므로 상온의 냉각수 또는 공기로 방열이 가능하며 기체는 방열하면 응축되어 액체로 된다.

- 압축기 : 저온부에 있어서 열을 흡수하여 증발한 기체를 흡수하고 응축기의 응축온도로 액화되는 정도의 압력까지 압축해 주는 기계이다.
- 응축기 : 압축기로 압축된 고온 고압의 기체인 그 열을 흡수하여 액화시키는 기기를 말한다. 즉, 열 교환기로 끊임없이 물이나 공기 등으로 냉각해 주지 않으면 안 된다.
- 팽창밸브 : 응축기로 액화한 고압의 액체를 죄임 작용에 의해서 증발을 일으킬 수 있는 압력까지 감압해 주는 밸브이다.
- 증발기 : 팽창변을 통해서 감압되어 저온으로 된 액체가 증발 작용을 일으켜서 주위의 열을 흡수하는 기기이다.

다. 냉동 방법

1) 공기 냉동법

저온 공기 중에서 식품을 냉동시키는 방법으로 외부와 열을 차단시킨 냉동실 내에 냉동식품을 팬에 넣어 동결시킨다. 냉각관과 접하는 팬 하부는 빨리 냉동되지만 상부는 냉동이 느리고 건조가 심하고, 비연속적이다.

2) 송풍냉동법

냉동실은 터널형으로 식품을 수레나 컨베이어에 실어 −30~40℃의 찬 공기를 송풍하여 냉동시키는 방식이다. 급속냉동으로 우수한 제품을 생산할 수 있다.

3) 접촉식 냉동법

냉각 금속판을 식품에 상하로 밀착, 접촉시켜 냉동시키는 방법으로 벽돌 모양 아이스크림 등을 냉동시킬 때 많이 사용된다. 금속판의 냉각에는 냉매 또는 브레인 같은 2차 냉매를 이용한다.

4) 침지식 냉동법

식품을 브레인과 같은 저온 액체 속에 침지하여 냉각 · 냉동시키는 방법이다. 표면 전열 계수가 높고 급속냉동이 필요한 닭고기 같은 고체 식품 냉동에 이용한다.

5) 분무식 냉동법

액체 질소와 액화 이산화탄소 등을 식품에 직접 살포하는 방법이다. 액체 질소는 끓는점 −195.8℃로 매우 빠른 속도로 냉동시킬 수 있어서 새우, 양송이 등을 하나씩 분리하여 냉동시키는데 사용한다.

라. 냉각 저장 중의 식품의 변화

① 수분의 증발 : 중량감소, 채소과일의 경우 변색하고 산화작용으로 비타민C가 감소된다.

② 생리작용 : 과실이나 채소는 냉장 중에도 숙성작용이 진행해서 성분의 변화를 가져온다. 육류는 숙성작용으로 자가소화가

진행되어 연화와 풍미의 향상이 이루어지지만 작용이 지나치면 상품의 가치를 저하시킨다.

③ 미생물의 번식 : 과실이나 채소의 경우 생채가 약해지거나 상처가 있으면 곰팡이가 번식하고 저온균에 속하는 수중세균이 많이 묻어 있는 어류의 냉장은 장기간 저장이 어렵다.

④ 지질의 변화 : 유지는 가수분해, 지방의 산화, 중합 등 변화가 일어나 풍미의 저하, 변색 산패가 따른다.

⑤ 향취의 이동 : 양파와 달걀이 같이 있으면 달걀은 양파의 향취를 흡수하여 향미가 좋지 않게 된다.

⑥ 노화 : 조리된 식품 또는 가공된 식품 중의 전분은 대부분 호화되어 있는 상태로 존재한다. 그러나 장시간 경과하면 노화가 된다.

⑦ 저온장해 : 과실, 채소의 일부는 저온 상태로 두면 생리적 균형이 깨져서 장해를 일으킨다. 바나나, 호박, 오이, 토마토 등

6. 냉장식품의 저장

가. 저온 보존

식품의 저온 보존은 온도대에 의해서 cooled, chilled, frozen로 나눈다.

이 온도대는 반드시 통일되어 있지는 않다.

냉장은 10℃ 이하, 냉동은 −18∼−15℃ 이하의 보존으로 chilled은 양자 사이의 온도대를 가리킨다.

신선한 생선 등의 선도 보존유지를 위해서는 가능한 한 저온대서 보존할 필요가 있지만 동결되면 근육조직의 일부가 파괴된 품질저하를 초래하므로 가능한 한 동결점에서 가까우나 동결되지 않는 온도에서 보존하는 것이 바람직하다.

표 10-1_ 식품의 저온보존식품의 적온

	보존온도(℃)	적용식품	비고
냉장(저온저장) cooling	10~2 (10~5)	신선한 채소, 과일 등의 생물식품	
빙온저장 chilling	2~-2 (5~-5)	신선한 돈육, 어패류, 우유 등	
냉동저장 freezing	-18 이하 -15 이하	냉동식품	

( )안은 식품저온 유통협회의 제시

Chilled의 온도대는 국제적으로 chilled 우육의 표준적 풍도 −1~10℃이나 일본에서는 식품의 동결점(−2~−5℃)과 식중독의 생육저지온도와의 사이 5~−5℃로 되어 있다.

식품보존온도에 따라서 변패의 균상은 다르다. 대부분 중온세균의 생육최저온도는 10℃이다. 따라서 보존온도 10℃ 이하의 냉장에서는 중온세균의 생육은 거의 없다. 식중독세균에 대해서는 3.3℃까지 일부의 것이 더욱 완만히 생육하나 3.3℃ 이하에서 생육은 없다.

냉장식품에서 우세한 미생물은 저온세균이다. 이것의 생육최저온도는 0℃ 이하로 10℃ 이하에 냉장에서도 생육하여 변패를 일으킨다. 그러나 저온일수록 증식은 느리게 되고, 특히 0℃ 이하의 생육최저온도에 가까운 온도영역(빙점)에서는 생육속도는 현저히 저하한다.

저온세균은 호기성이므로 진공포장 또는 탄산가스(CO_2)봉입 포장한 것을 냉장하면 미생물 변패를 더 느리게 할 수 있다.

표 10-2_ 주요 식품의 동결점

식 품	온도(℃)	식 품	온도(℃)
우육, 돈육	-1.6~-2.2	두류	-1.1~-1.3
가금육	-2.8	당근	-1.3
어류	-0.6~-2.7	샐러리	-1.1
패류	-2.2~-2.7	오이	-0.8
우유	-0.5~-0.6	양상치	-0.4

치즈	-2.2	메론	-1.5~-1.7
사과	-2.0	감자	-1.7
포도	-2.5~-3.8	양배추	-1.1
레몬	-1.5	시금치	-0.9
오렌지	-2.2	고구마	-1.9
복숭아	-1.4	토마토	-0.9
배	-1.9	순무	-0.8
아스파라거스	-1.2		

나. 식물성 식품, 동물성 식품

1) 식물성 식품

채소 과일은 수확 후에도 호흡을 계속하고 이와 더불어 수분을 증산하기 때문에 "시듦"이 되고 급속히 선도가 저하한다.

일반적으로 품온을 10℃ 내리면 호흡 증산량은 1/2~1/3으로 저하한다. 단 원산지가 열대 또는 아열대 지방인 과일(바나나, 파인애플, 레몬, 올리브) 등, 채소(토마토, 오이, 피망, 고구마 등)는 원래 저온에 약하여 약 15℃ 이하의 저온에서 청과물 자체의 생리적 변조가 원인이 되어 생기는 변질을 일으키기 쉽기 때문에 이들은 보통 7~10℃ 이상에서 저장한다.

2) 동물성 식품

선어의 부패속도는 어종, 취급방법, 부착세균의 수와 종류 등에 의하여 다르나, 저장온도의 영향이 커서 13~-14℃의 부분 동결(0℃)의 저장기간을 연장 가능하게 한다.

표 10-3_ 식육의 저장 조건

	온도(℃)	상대습도(%)	저장기간
쇠고기	-2.0~-1.11	88~92	1~6주
돼지고기	-2.0~-1.11	85~90	3~12일
양고기	-2.0~-1.11	85~90	5~12일
가 금	-2~0		1주일

식육은 식중독 세균을 방지하고 변패 미생물을 억제하여 신선도를 보존하기 위하여 3℃ 이하, 가능한 한 −2℃(동결점)에 가까운 온도로 습도를 조절한 빙온 냉장이 바람직하다.

다. 냉장고의 종류

1) 대형냉장고(Walk-in refrigerators)

지난 10년 동안에 식품과 운반비용의 증가는 많은 레스토랑 소유자들뿐만 아니라 기관들에게 대형 냉장고의 사용을 부채질했다. 이러한 대규모 저장 설비들은 저렴한 가격과 운반비의 절약을 위해 대량구매를 가능하게 한다. 대형냉각기들은 주방바닥과 같은 높이로 설치되어 사용 시 많은 유동성을 주는데, 미리 준비된 샐러드나 디저트의 운반수레(cart)나 화차(rack)의 기울임, 충돌 그리고 휴대용 램프의 사용 없이 굴러 들어가고 나오게 한다. 소형냉장고(Reach-in) 제조업자들은 유사한 방식으로 준비된 음식에 사용되는 롤인냉장고(Roll-in Refrigerator)라고 불리는 바닥에 고정되지 않는 유형의 냉장고를 개발했다.

2) 직립형 냉장고(Upright freezers)

기관들에서 냉동식품의 사용이 증가함에 따라 직립형 식품보존 냉장고들이 널리 사용되고 있다. 이러한 냉장고들은 필요로 하는 곳에 설치할 수 있고 선반과 문이 크기 때문에 쉽게 접근할 수 있어 효율성을 제공한다. 대형냉장고 대신에 직립형이 쓰이는 곳의 주방 종사자들은 다양한 온도의 고저에 따른 건강의 위협으로부터 벗어날 수 있다.

3) 그 외 냉장고(Other refrigeration units)

대형냉장고 외에 그 밖의 냉장고들이 필요하다. 요리사는 남은 음식을 보존할 박스를 필요로 하며, 빵 제조인도 대형냉장고의 한 부분을 이용하지만 냉장고가 필요하다. 샐러드 제조자는 차가운 샐러드나 냉각 디저트를 보존할 장소가 필요하다. 이러한 요구들은 대개 직립형 냉장고에 의해 해결된다.

4) 패스 쓰로우(pass-through) 냉장고

패스 쓰로우 냉장고는 주방과 serving 공간 사이에서 널리 이용된다. 예를 들면 샐러드는 샐러드 준비실에서 만들어져 패스 쓰로우 냉장고의 salad실에 놓여진다. 샐러드의 재공급이 필요할 때 냉장고의 문을 열어 필요한 물품을 꺼낸다. 패스 쓰로우 냉장고는 음식물을 신속하게 냉장상태로 유지시켜 필요한 때까지 실내온도에 노출되지 않도록 한다. 동시에 요리준비와 써빙하는 사람들과의 절차를 간소화한다. 오늘날의 높은 임금 때문에 이것은 중요하다.

5) 그 밖의 냉장 설비(Other refrigeration)

그 밖의 여러 냉장고들이 음식 서빙실과 주방에 있는 카페테리아 카운터 라인에 설치된다. 우유는 냉장 분배기 또는 개별 용기에 담아진 것은 카운터 냉장고에서 꺼내 서브하며, 그와 비슷한 카운터 냉장고는 한 개씩 포장된 아이스크림을 위해 이용된다.

코올드 배인 메리(cold bain mary) 냉장고는 샐러드와 냉각디저트, 그리고 버터칩을 위해 카페테리아 카운터에 공급된다. 또한 냉각수 냉각기와 자동수평장치, 그리고 냉각음식 운반기나 컨베이어 등이 있다.

7. 냉동식품의 저장

가. 냉동의 목적

냉동은 세 단계의 과정을 거치는데 냉각(chilling)과 급속 동결, 냉동온도에서의 유지과정이다. 식품이 완전히 차게 되자마자 −23℃나 그 이하의 온도에서 냉동시킨 후에 장기간 −18℃~20℃에서 저장시킨다.

1) 품질과 영양가

냉동은 식품의 맛, 색, 영양을 보존시키기 위한 과정이다. 부패를 일으키는 미생물과 부패를 더욱 진행시키는 효소는 냉동에 의해 파괴되지 않고 활동이 중지되는 효과가 있지만 식품이 해동되면 활동이 활발해진다. 냉동할 식품은 완전히 성숙하고, 단단하고, 가능한 한 신선해야 한다.

2) 자연저장방법

냉동식품에는 보존료, 맛 첨가제, 인공색소를 사용하지 않는다.

3) 원가, 노임절약

대부분의 조리단계(세척, 껍질제거)가 간단하여 직접 판매 단계로 이어지므로 원가절감이 가능하고 감독자나 종업원의 수를 줄일 수 있다.

4) 가격

생산원가와 단위당 원가는 조리원가가 계산되지 않기 때문에 간단하고 정확하다. 각 단위당 원가는 쉽게 계산되어지고 가격은 정확한 원가를 근거로 하여 결정된다.

5) 분량관리

냉동식품은 각 포장단위나 전체를 규격화된 컨테이너에 포장한다. 필요한 각 포장단위는 쉽게 결정되어 생산량의 조절문제를 조절할 수 있다.

6) 요리시간 단축

신선한 식품과 비교해서 냉동식품의 요리시간은 30~50% 단축된다. 냉동 조리된 음식은 요리시간을 줄여준다.

7) 간단한 메뉴작성

냉동식품의 종류가 다양하기 때문에 메뉴 품목의 선택범위가 넓다. 계절음식은 냉동상태에서 일년내내 사용할 수 있으며 종업원을 늘리거나 근무시간을 연장하지 않고도 다양한 품목의 메뉴를 제공할 수 있다.

8) 구매

냉동식품 품목은 구매나 배달의 횟수를 줄여준다.

9) 냉동절차와 그 효과

물은 쉽게 부패하는 식품의 주요 구성원인데 이 물은 순수하지 않지만 소금, 설탕, 산 그리고 다른 용해물질을 잘 녹이고 세포나 세포간의 공간에 자유롭게 활동한다. 물은 작은 얼음 결정체가 형성되기 때문에 가능한 빠르게 냉동시켜야 한다. 식품의 수분이 얼음으로 언 후 세균과 효소의 해로운 활동이 멈추고 비타민과 영양분의 점진적인 퇴화가 중지된다.

10) 생 재료의 보관

식품의 질을 최선으로 유지하기 위해서는 냉동시키는 것이 유일한 방법이다. 냉동은 냉동하기 전의 품질 그대로 유지시켜 주고 만일 처음 품질상태가 좋지 않으면 냉동 후에도 질이 좋지 않다.

11) 올바른 조리

식품을 올바르게 취급하는 것은 식품의 안전과 위생 상태를 지키는데 필요하다. 식품 취급자는 깨끗한 유니폼, 플라스틱 장갑, 조리용 모자를 착용하고 모든 장비는 청결해야 한다.

나. 냉동장비

−18℃에서 가능하면 빠르게 냉동시켜야 하는데 낮은 온도와 좋은 냉동성능의 장비가 필요하다. 냉동과정이 느리면 커다란 얼음 결정체가 형성이 되어 세포조직을 파괴하게 된다. 냉동실의 넓이가 35m³에서는 4.4~6.6kg의 식품을 보통 한 번에 냉동시킬 수 있는데, 이와 같이 한 번에 냉동시킬 수 있는 식품의 양을 제조자는 지시하여 명기한다. 장비의 고장이나 전기 이상이 생겼을 경우 냉동 상태를 유지하도록 드라이아이스를 냉동실에 넣어야 하는데 전기가 끊어지면 가능한 빨리 공급해 주어야 한다.

다. 원재료 식품의 냉동

1) 원재료 식품과 그 상태

대부분의 야채와 과일은 냉동시킬 수 있는데, 일부의 종류는 빨리 냉동이 된다. 신선한 육류, 가금류, 엽수류, 엽조류, 물 좋은 생선 등도 냉동시킬 수 있다.

가) 예방조치

식품은 처음에 데치거나 삶거나, 튀기거나 혹은 요리하여 냉동시킨다.

① 야채 : 씻고 끓는 물에 빨리 데치고 차게 하여 물기를 빼고 포장한다. 다음의 종류는 데치지 않는다(오이, 호박, 후추, 토마토, 허브).

② 과일과 열매 : 상품의 사용용도에 따라서 첨가제 없이 냉동하거나 설탕이나 시럽을 첨가한다. 핵과는 데쳐준다.

③ 육류 : 어리고 신선한 살코기를 사용해야 한다. USDA 검사도은 품질과 USDA가 품질을 등급으로 나눈 표시를 보증해 준다. 고기는 바로 사용될 수 있는 분량으로 나누어져야 한다.

④ 생선 : 통째건, 저민 살이건, 신선한 생선은 잡은 후에 차게 보

관하여 냉동시키고 얼음으로 채워놓는다. 냉동이 시작되면 차가운 물에 생선을 넣고 완전히 냉동시킨다.

나) 올바른 냉동

냉동할 때 가능한 -30℃ 이하의 온도를 사용한다.

올바른 냉동방법

- 냉동기는 최저의 온도에 맞춘다.
- 냉동기의 용량을 고려해서 24시간 안에 냉동할 수 있는 양만 냉동한다.
- 식품은 가능한 납작하게 포장한다.
- 차가운 벽에 포장한 냉동식품을 놓거나 냉동 금속판 옆에 놓아둔다.
- 차가운 공기가 자유롭게 순환할 수 있도록 포장 꾸러미 사이의 공간을 띄워준다.
- 식품이 완전히 냉동된 후에 포장 꾸러미를 쌓아 올린다.

다) 저장

저장기간은 식품의 종류와 지방 함량에 따라 좌우된다. 모든 냉동식품은 -18℃ 이하의 온도에 저장한다.

① 과일과 야채 : 6~12개월
② 살코기 : 6~10개월
③ 지방육 : 2~4개월
④ 가금류 : 8~10개월
⑤ 물 좋은 생선 : 2~3개월
⑥ 제빵류 : 2~4개월

라) 냉동 원재료식품의 조리

다음의 점들은 판매용과 집에서 만든 냉동식품에 모두 적용된다.

① 야채 : 삶고 찌는 시간을 1/3~1/2쯤 줄일 수 있고 액체는 최소한의 양을 사용한다.

② 과일 : 냉동된 상태에서 굽거나 익히는 목적으로 사용할 수 있고 샐러드나 디저트용으로는 부분적으로 해동되었을 때 제일 좋다.

③ 육류, 가금류, 엽수류 : 냉장온도에서 큰 조각으로 해동시킨다. 냉장온도에서 작은 조각으로 해동시키거나 냉동시킨 채로, 혹은 부분적으로 해동시킨 채로 사용한다.

④ 생선 : 생선이나 저민 생선은 해동시켜서 얇게 썰거나 자른다. 빵가루를 입힌 생선제품은 냉동된 상태로 요리한다.

라. 냉동 조리식품

식품과 장비연구의 결과로 개발된 기술은 최근 식품 서비스 업체에 더 많은 조리식품의 사용을 하게 해 주었다. 숙련된 종업원의 부족, 노임의 증가, 그리고 외식하는 사람의 수가 증가하여 제한된 인원수로 쉽게 서비스 할 수 있는 음식의 형태와 유형에 대한 수요가 증가하였다.

시장에서 요리된 음식의 수가 증가해서 메뉴를 보강하거나 종류를 다양하게 제공할 수가 있다. 일부 식품 서비스 시스템은 음식을 미리 요리하여 냉동시키고 저장해두었다가 나중에 하게끔 짜여 있다.

요리된 식품을 일부나 전체로 사용이 넓어지게 되어 가공, 저장, 완성 그리고 음식을 써빙 하는 새로운 유형의 장비들의 수요가 증가하고 있다. 음식을 미리 요리해 두려는 경향이 커지고 있지만 생산기술에 관계된 많은 문제들이 있다. 생산에 필요한 조리방법을 발전시키기 위해 넣는 산화방지제, 유화제, 연화제, 기타 생소한 제품이 요구되고 가공, 포장, 저장의 차이가 필요하다. 이러한 시스템을 운영하는데 필요한 기술적인 지식, 고가의 장비 때문에 일반적으로 이러한 필요를 충족시키기 위해서 판매용으로 나온 요리된 식품을 구매한다. 요리된 음식의 사용으로 다음과 같은 사항에 이점이 있다.

① 식품원가와 노임의 관리를 할 수 있다.
② 메뉴품목의 양, 질, 분량크기를 관리 할 수 있다.
③ 메뉴 선택의 다양성을 가질 수 있다.
④ 숙련된 종업원의 인원수를 적게 함으로써 노임을 절약 할 수 있다.
⑤ 판매가 부진한 주말에 덜 숙련된 종업원을 사용하여 주방요원의 필요성을 감소시킬 수 있다.
⑥ 어떤 필요한 식품을 계속 사용할 수 있다.
⑦ 특별한 때, 즉, 사업이 번창하거나, 주방요원의 공석, 긴급사태 시를 대처할 수 있다.
⑧ 매일 인기 있는 특별요리를 간단한 방법으로 차릴 수 있다.

마. 급속 냉동기

1) 급속 냉동기(−18~−40℃의 온도)

소형이나 대형 냉장고의 보통 온도는 전통적으로 −18~−23℃인데, 이것은 일반적으로 아이스크림과 같은 이미 냉동된 식품의 보관에 적합하다. 그러나 일단의 중앙주방과 큰 기관들은 현재 대중화된 메뉴 품목의 둘 혹은 세배를 만들기 원하며, 그것의 저장을 위한 냉장고를 원한다. 이것은 일반용량의 냉장고보다 더 큰 냉동용량과 설비와 기술에서 상당한 정교성을 요구한다. 유능한 냉장고 기술자들은 이러한 목적을 위해서 대형냉장고나 저온 냉동설비를 디자인하도록 권고되어진다. 보다 작은 롤인냉장고는 −40℃까지 냉동되는데 현재 냉동용량이 40에서 52입방피트로 제한되어 있는 그러한 주방에 유용하다.

영구적인 대형냉장고가 설치된 곳에서는 다른 박스 내에 급속 냉동박스를 만드는 것이 관례이다. 온도는 대개 바깥 또는 입구부분에서 -40~-46℃까지 유지된다.

냉동식품의 사용증가와 더불어 직립형 냉동식품저장 캐비닛을 사용하는 것이 종종 바람직한 것으로 알려지는데, 효율적이고 접근 가능한 위치에 있어 유동적이기 때문이다.

2) 육류박스(-2~2℃의 온도)

여기에 요구되는 용량은 구매된 고기의 형태에 좌우된다. 고기가 매달아져 공기가 자유롭게 순환할 수 있도록 충분한 공간이 허용되어져야 하며 분리 가능한 목재나 금속의 선반이 세척을 쉽게 할 수 있으므로 바람직하다. 환풍기가 공기순환을 위해 제공되어야 하고 벽, 바닥 그리고 천장에 해충방지 절연체 설치가 중요하다. 내부에는 광택이 나는 타일 또는 스테인리스 강철이 좋다.

3) 낙농제품 박스(2~4℃의 온도)

이것은 우유, 크림 그리고 그 밖의 낙농제품의 저장에 사용된다. 요구되는 용량은 전체 냉장 공간의 20~25% 정도이다.

4) 과일과 야채 박스(2~4℃의 온도)

여기에는 적당한 온도를 필요로 하는 신선한 과일 그리고 야채와 여러 가지 식료품들이 저장될 것이다. 어떤 음식 서비스에서는 급속냉동기의 외부공간을 과일과 야채의 저장을 위해 사용한다. 이러한 박스는 전체 냉장의 20~25%를 필요로 한다.

5) 생선 박스(-1~4℃의 온도)

신선한 생선과 여러 종류의 해산물의 부패를 막기 위해 작게 부서진 얼음 조각에 저장되어야 한다. 해산물로부터 발산하는 냄새 때문에 이 박스는 다른 식품의 오염을 막을 수 있는 장소에 놓여 져야 한다. 신선한 것과 소금에 절여진 생선이 저장될 때는 염분에 쉽게 반응하는 물질의 사용에 주의를 기울여야 한다. 팬 코일, 환풍기

그리고 천장설비들의 부식을 방지하기 위해서 덧칠이 칠해져야 한다. 벽, 천장, 바닥은 타일이나 스테인리스 강철 또는 다른 비 부식 재료로 구성되어야 한다.

8. 해 동

가. 식품의 해동

해동과정은 냉동 과정의 역 과정이 아니다. 융해된 식품에 존재하는 비유동성 수분은 얼음보다 단열 효과가 커서 식품과 같이 열이 주로 전도에 의하여 전달되는 경우 해동은 동결보다 느리게 진행된다. 즉, 식품의 해동과정은 온도가 빙점 부근으로 상승한 후 빙점 부근(−5～−1℃)에서 장시간이 경과한 후에 완료된다.

나. 해동방법의 종류

① 열전도도를 이용한 해동 : 공기 해동, 증기 해동, 물 해동 등

② 전기적 에너지를 이용한 해동 : 전자렌지를 이용한 해동 등

다. 해동절차

일반적으로 냉동실에서 꺼낸 식품은 완전히 녹인 후 즉시 요리하여야 하며, 재료를 완전히 녹이지 않으면 요리할 때 발생한 열기가 식재료에 완전히 침투하지 못하기 때문에 요리가 끝날 때에도 세균이 중심부에 살아 있을 수 있다.

따라서 해동 시에는 오염이 안 되도록 덮어놓고, 찬 곳에서 해동해야 안전하다. 혹은 전자레인지를 이용하게 되면 권장 해동시간을 지키고 식품을 주기적으로 점검하여 해동이 완전하게 이루어질 때까지 요리하지 말아야 한다.

표 10-4_ 식재료에 따른 권고 해동시간

종류	크 기	냉장고 해동	실온 해동	전자렌지 해동
육류	1.5kg 이상	450g당 6~7시간	450g당 2~3시간	450g당 9~12분
	1.5kg 이하	450g당 3~4시간	450g당 1~2시간	450g당 9~12분
	2.5cm 두께의 스테이크	5~6시간	2~4시간	6~10분
생선	생선 통째 또는 두꺼운 부위	450g당 4~5시간	450g당 1~2시간	450g당 5분
	작은 생선이나 가자미류	450g당 3~4시간	450g당 1~2시간	450g당 5분
		또는 냉동에서 요리	또는 냉동에서	
야채	냉동상태에서 직접 요리			
제조식품	제조업체의 지시에 따름			

9. 요리와 온도

가. 요리 온도의 중요성

신선하고 뜨거운 상태로 요리한 식품을 바로 먹으면 식중독을 일으키는 경우가 거의 없으며 간혹 식품이 세균에 오염되었더라도 요리를 철저히 하면 세균이 사멸하게 된다. 한편 어떤 세균은 요리 과정의 온도에서도 살아 남을 수 있는 아포를 형성하기 때문에 냉각이나 상온 저장 시 세균으로 되어 증식할 가능성을 가지고 있다. 따라서 식품에 따라 요리할 때 특별한 주의가 필요하다.

나. 요리방법

높은 온도로 빠르게 요리하는 것이 중요하다.

1) 열 대류식 오븐(Convection oven)

열을 대류시키는 오븐은 선풍기를 설치하여 열전도를 촉진하고 보통 오븐보다 요리를 신속하고도 효과적으로 할 수 있도록 고안한 것이다.

2) 전자오븐(Microwave oven)

이미 요리한 음식을 빠르게 데우는 역할을 하는데, 특히 냉동시킨 음식에 열을 가하여 신속하게 먹을 수 있도록 하는 곳에서 많이 사용한다.

3) 압력증기 솥(Pressure steamers)

압력 증기 솥의 압력과 열을 이용하여 세균과 아포를 사멸시키는 환경을 만들어낸다.

다. 요리 시 주의사항

① 음식을 준비하는 과정 중 마지막 단계인 요리과정에서 열을 충분히 가하면 조리 전에 생긴 오염상태를 제거할 수 있다.

② 음식이 살모넬라균에 오염되는 경로는 다양하나, 70℃로 요리하면 식중독을 예방할 수 있다.

③ 식육 요리를 다시 데울 때는 온도가 최소한 2분간 70℃ 이상이 되도록 하여야 한다.

라. 안전한 음식 제공

아무리 음식물을 구입, 요리, 보관할 때까지 적절하게 다룬다 하더라도 음식물 공급 시 또 다른 요소로 음식물이 오염될 수 있다.

따라서 음식을 제공하는 방법도 중요하며 관리자는 다음과 같은 사항에 유의하여야 한다.

① 음식물을 보관하는 장비의 온도는 60℃를 유지해야 한다. 장비에 설치된 온도 측정기에 의존해서는 안 되며 반드시 음식물의 온도를 검사한다.

② 음식물을 적당히 저어야 하며, 만약 그릇의 깊이가 깊을 경우 밑 부분은 충분히 뜨거워지지만 위의 부분은 주위의 공기 때문에 식어버리게 된다.

③ 그릇을 덮어 오염물이 음식에 떨어지는 것을 방지하고 열을 보존하도록 한다.

④ 필요하지 않은 음식물은 미리 준비해 놓지 않는다. 아무리 좋은 조건이 주어진다 해도 뜨거운 음식물을 보관하면 맛이나 품질은 향상되지 않기 때문이다.

⑤ 음식물을 뜨겁게 보관하는 장비에 보관하며 다시 데우지 않도록 한다. 이 장비들은 미리 뜨거운 음식물을 받아 온도를 적절한 온도로 유지하는 역할을 하고 대개 차거나 냉장된 음식물을 데울 미생물이 급속도로 성장하는 것을 방지할 수 있다.

⑥ 음식물을 서브하거나 준비, 보관할 때의 온도는 7.2℃ 이하나 60℃ 이상의 온도를 유지하도록 한다.

⑦ 음식물을 식히는 단계에서 잘 처리해야 오염발생을 방지할 수 있으므로, 상하기 쉬운 음식물을 공급하고 남았을 때는 버리고 오염되기 쉬운 요리된 음식물들은 내부온도 7.2℃ 이하로 4시간 안에 식히는 것이 좋다.

⑧ 뜨겁게 보관하는 장비에 옮기기 전에 냉장된 음식물이나 식힌 음식물은 73.9℃의 온도로 2시간 안에 다시 데운다.

10. 냉장온도 계측 및 작업장 권장온도

가. 온도계 구비조건

온도 측정용 계측기는 다음과 같은 조건을 구비하여야 한다.

첫째, 어떤 조건에 노출될 때 온도계 눈금은 2분 이내에 안정된 값을 도달해야 한다.

둘째, 측정 온도의 편차가 ±0.5℃ 이하이어야 한다.

셋째, 측정온도의 정확도는 −30℃～+30℃ 범위 안에서 외기 온도의 영향을 받지 않아야 한다.

벽면에 붙어 있거나 단독으로 떨어져 있는 냉장 쇼우케이스에서는 온도계가 문을 여는 쪽 양 사이드에 있는 것이 좋다. 온도계는 통기구 내부나 선반 바로 위에 붙여 설치해서는 안 된다. 또 전등이 있는 경우 온도계는 전등 가까이 두지 않는 것이 좋다.

또한 냉장고 설치가 제조업체의 사용설명서에 따라 제품의 특성에 맞게 설치되어 운전되는 것이 중요하며 특히 증발기 유입구와 중간 통로에 과도한 적재로 인하여 공기의 흐름을 막는 지의 여부를 점검하는 것이 중요하다.

냉장 보관실에 설치되어 있는 온도계는 보통 문 쪽에 설치하여 높은 온도 부분이 측정되도록 한다. 이와 아울러 냉기 순환부 및 저장고 바닥과 천장 가운데의 공기 온도를 측정하도록 한다. 바닥과 천장의 사이와 문과 증발기의 사이에서의 온도 차이는 5℃를 넘지 말아야 한다.

나. 작업장 권장온도

작업장은 일반적인 온도는 겨울철 18.3~21.1℃ 사이, 여름엔 20.6~22.8℃ 사이가 권장되는 온도이다.

이 권장온도는 종업원들의 나이와 성에 의해 항상 변화될 수 있다. 특히 나이 많은 여성들은 좀 더 높은 온도를 선호한다. 그러나 주방의 조리종사자들 대부분은 권장온도 보다 높거나 낮은 상태에서도 별 어려움 없이 이 범위 밖의 온도에도 잘 적응한다.

조리작업에 의한 방열 영향은 종업원들이 매우 뜨겁거나 또는 매우 차가운 표면에 노출되었을 때 몸 주위 온도가 적당한 수중이어도 민감하게 반응을 보인다.

오븐(Oven) 근처의 냄비, 후라이어 그리고 다른 높은 온도의 기계 근처에서 일하면 이러한 현상은 더욱 더 심하다.

뜨거운 표면에 계속적으로 노출되면 몸과 피부의 온도 증가로 심신이 나른해지면서 작업과정에 불편을 느끼게 된다.

또한 차가운 표면에 지속적으로 노출될 경우 몸의 열을 빼앗아 신체가 위축되어 추위와 함께 심한 긴장감을 느끼게 한다. 주방조리 작업장 내의 적정한 상대습도는 40~60% 정도가 매우 적당하다.

높은 습도는 정신 이상을 일으키고 낮은 습도는 피부와 코의 건조를 일으켜 피부병이나 감기를 앓을 수 있다.

주방조리작업 종사자들의 온도 환경조절은 기본적으로 외식업체 전체내부의 온 냉방 및 환기시스템과 일치한다.

특히 조리작업장 내부와 같이 뜨겁고 습기를 많이 내는 기계들이 있는 공간은 특별한 고려가 있어야 한다.

주방 조리장비나 기계에서 발생한 열과 습도는 주방 전체 매부에 직접적으로 영향을 줄 수 있는 요소이기 때문에 적절하게 배출될 수 있고 환풍될 수 있는 장치와 설비가 중요하다.

다. 온도계 사용의 중요성

음식물이나 식재료를 취급할 때는 온도계 사용이 매우 중요하다. 제대로 운영되고 있는 외식업소에서는 여러 가지 단계마다 적절히 온도계를 사용하고 있다. 그 중 몇 종류는 조리장비와 저장장소의 온도를 측정하는데 사용하고 또 몇 종류는 음식물의 온도를 측정하는데 사용되기도 한다.

냉장고나 냉동기 안에 달아놓은 온도계도 매우 중요하다.

뜨거운 음식을 저장하는 장비나 시설에도 역시 온도계가 필수적이다. 이와 같이 온도조절은 음식물 위생에 필요한 요소이므로 온도계를 적절히 사용하는 것은 매우 중요한 일이 아닐 수 없다.

가장 다목적으로 사용할 수 있는 종류는 음식물을 측정하는 온도계의 줄기 꽂이가 두 가지 금속으로 된 것이다. 온도계는 필히 숫자로 등급이 되어 있어야 하고 쉽게 읽을 수 있어야 하며 정확도가 ±1℃ 내외이어야 한다. 온도계에 부착된 금속은 적어도 길이가 12cm 정도는 되어야 하고 끝부분 5cm는 음식물에 들어가 온도를 측정하는 부분이다.

그리고 눈금을 조절할 수 있는 온도계가 최대한 확실하고, 정확하게 측정할 수 있다. 디지털 온도계는 쉽고 빠르게 읽을 수 있으며 여러 종류의 크기와 모양이 있다. 이러한 온도계는 부수 장치가 잘 갖춰져 음식물 표면에 꽂거나 액체에 담글 때 또는 공기를 측정할 때 사용하기도 한다.

특수한 용도에만 사용하는 온도계도 있다. 기름 등을 넣고 튀기거나 다른 재료 등을 넣고 조리할 때 온도를 측정하기 위하여 다음과 같이 사용기준을 준수해야 한다.

① 모든 온도계와 케이스는 청결해야만 한다. 온도계를 사용하기 전에 잘 씻고 헹구어 소독하며 공기로 건조시키는 이유는 사용할 때마다 온도계가 오염되는 것을 방지하기 위해서이다.

② 음식물의 온도를 기하학적으로 측정한다. 이것은 대개 중간에 제일 두꺼운 부분을 말한다. 이러한 음식물을 검사하는 과정에서는 온도가 부위에 따라 변화할 수 있다. 따라서 온도계 센서를 음식에 꽂은 다음 비늘이 움직이지 않을 때까지 또는 디지털 숫자가 천천히 나타날 때까지 기다려야만 한다. 바늘이 고정된 후 약 15초 후에도 실온으로 하여야 한다.

③ 눈금을 표시하는 온도계의 정확성을 장기적으로 검사하고 교정한다. 특히 온도의 변화가 심할 경우에는 사용할 때 유의하여야 한다. 빙점(Ice Point)은 찬 음식에, 비등점(Boiling Point)은 더운 음식에 사용한다. 빙점을 사용하는 방법은 온도계의 센서를 얼음과 물이 50/50인 곳에 담가 온도표시가 고정될 때까지 기다린 후 눈금을 0℃로 설정하여 사용한다. 비등점을 사용하는 경우는 온도계 센서를 끓는 물에 넣고 눈금이 고정될 때까지 기다렸다가 눈금을 100℃로 설정하여 사용한다. 이러한 비등점은 매일매일 기압이나 고도에 따라 변화할 수 있기 때문에 사용 장소에 따라 알맞게 교정하여 사용하여야 한다.

④ 걸거나 놓는 온도계는 냉장고 안에서 파손되기 쉽다. 그러므로 바이메탈 온도계를 사용하는 것이 좋다. 또한 수시로 정확

한 다른 온도계를 서로 비교하여 온도를 교정하여야 한다.

⑤ 디지털 온도계는 역시 눈금을 조정할 수 있다. 특히 디지털 온도계는 건전지 사용 상태와 정확도 사이에 밀접한 관련이 있기 때문에 사용한 지 오래된 건전지는 필히 새로운 건전지로 바꾼 후 사용하여야만 한다. 최근 새로 나온 신제품은 건전지를 교환할 때가 되면 불이 켜지므로 편리하다.

라. 냉동 후 조리기준

표 10-5_ 음식물의 안전한 내부온도

뜨거운 음식물의 최소한의 안전한 내부온도	
음 식 물	온 도
돼지고기, 햄, 소시지, 베이컨 : 전자오븐 사용시	76.6℃
공급하고 남은 음식물을 다시 데우는 온도	73.9℃ 두 시간 안에
모든 가금류와 사슴고기	73.9℃
속을 넣은 고기	73.9℃ 안에
스터핑	73.9℃
돼지고기, 햄, 베이컨을 일반적으로 요리할 때	65.6℃
위험성이 많음 음식물	62.8℃
비프스테이크 레어	54.4℃ 두 시간 안에

11

주방 작업 관리

1. 작업관리의 개념

가. 작업이란

작업(Work)은 사회활동 중에서 가치(價値)를 갖는 활동을 말한다. 하루의 일과 중 어느 정도 기업의 이익에 동참했는가가 개인의 가치를 의미한다.

나. 작업관리란

작업관리(作業管理)란 생산현장에서 실시되는 작업을 개선 · 표준화하여 원가절감을 꾀하기 위해 행해지는 각종 관리의 총칭을 말한다.

2. 작업관리의 의의

어떠한 작업에서도 작업량이 있는 대로 또는 제품이 완성되는 대로라고 하는 생각으로는 예정을 세울 수 없으며, 또한 이 작업이 얼마나 소요될 것인가도 알지 못할 것이다. 여기의 일에서 소요될 시간이나 재료를 견적하여 예정표를 작성하고 그 예정표에 따라서 일을 진행해 가는 방법이 일반적으로 수행되고 있다. 이러한 방법이라면 지금 하는 일이 며칠 이내에 완료되고 몇 사람이 종사할 것인가 그리고 누구누구와 어떠한 일을 하고 있는 것인가, 또는 작업도중에 발생하는 다른 일을 할 능력이 있는 것인가도 알 수 있을 것이다.

작업관리의 주된 것은 공정관리, 원가관리, 품질관리 등으로 그 중에서도 사무, 설계, 시작, 생산기술 등의 것이 있으며 이러한 관리가 틀림없이 수행된다면 그 공장은 완전하다고 말할 수 있다.

그러나 관리를 한다고 하여도 실제로는 형식만으로 되는 경우가 많으므로 가급적 실제에 부합된 무리 없는 관리를 하여야 한다.

3. 작업관리의 목적

일반적으로 작업의 목적은 작업시스템이 효과적이고 효율적으로 수행될 수 있도록 하는 것이며 이를 달성하기 위해 명확한 작업내용과 작업방법을 결정하여야 한다.

① 조직의 목적을 수행하기 위해 무엇을 할 것인가를 기능별로 분류하여 정의하고 기능을 수행하기 위한 업무나 작업을 발견하여 작업내용을 결정하는 방법

② 필요한 활동이나 행위를 먼저 정의하고 이를 묶어서 작업을 결정하는 방법

③ 필요한 기능을 정의하고 그 기능을 수행하는 활동을 정의한 후 이를 다시 조정하여 작업이나 직무를 결정하는 혼합방법이 있다.

작업은 조직에서 수행할 일을 결정하는 것으로 다양한 대안을 조직측면에서 뿐만 아니라 작업자 측면에서 최대한의 만족을 줄 수 있는 최선의 방법을 강구해야 한다.

4. 작업연구의 역할

기업에서 작업연구는 다음과 같은 역할을 담당하며, 작업관리를 잘하는 기업은 발전하고, 그렇지 못한 기업은 존폐의 기로에 서게 되는 이유로 중요하다.

가. 생산성 향상의 효과

우리가 사용하는 자원은 시간의 흐름에 따라 제약을 받는 인적 자원과 사용함에 따라 감소하는 물적 자원으로 나눌 수 있다. 인적 물적 자원은 유한하다. 자원은 우리만 이용하는 것이 아니고 우리의 자손과 후손이 이용해야 되므로 자원을 잘 절약하여 남겨줘야 한다. 인적인 자원은 시간의 함수를 갖는다. 그리고 시간은 재고가 없다. 시간 속에서 개인의 능력은 성장과 감소의 곡선을 갖는다. 따라서 시간을 잘 활용하는 기업과 개인만이 발전한다. 기업들도 최근에 생산 속도를 기업의 생산전략으로 이용하고 있다. 과거보다 신속하게 만든다는 것은 생산능력이 증가함을 의미한다. 한정된 자원을 가지고 생산을 증가시키기 위해서는 생산의 속도를 정체시키는 요인을 제거하여 생산성을 높여야 한다.

나. 일하는 자세

하루의 일과 중 작업자는 깨어있는 시간의 반 이상을 회사에서 보낸다. 일하는 시간이 즐거우면 인생의 절반은 성공한 것이다. 성실하고 지혜 있게 일할 때, 그 일을 통해서 보람을 느낄 수 있다.

표 11-1_ 에너지 소비량에 따른 작업 등급

작업등급	에너지 소비량(kcal/분)	심박수/분
휴식(앉은 자세)	1.5	60~70
아주 가벼운 작업	1.6~2.5	65~75
가벼운 작업	2.5~5.0	75~100
보통 작업	5.0~7.5	100~125
힘든 작업	7.5~10.0	125~150
아주 힘든 작업	10.0~12.5	150~180
견디기 힘든 작업	>12.5	>180

다. 과학적인 업무평가

기업에서 이러한 양질의 전문가를 육성하기 위해서는 개인의 노력과 성의, 정성 그리고 실력을 나타내는 기술 등을 공정하게 평가할 수 있어야 한다. 작업연구는 과학적 근거에 의하여 개인의 능력을 공정하게 평가할 수 있게 한다. 이러한 평가를 토대로 개인의 능력에 따라 성과를 배분함으로써 열심히 노력하는 작업자가 대우를 받는 기업풍토가 조성된다.

라. 인간을 고려한 작업장 설계

작업연구를 통하여 생산에 앞서 인간을 고려한 작업장을 설계해야 한다. 마음속에서 회사와 일체감을 느끼면서 일할 수 있도록 하기 위해서는 작업장을 인간 중심적으로 설계하여, 인간의 신체기능을 충분히 사용하면서 무리 없게 해야 한다.

마. 기업의 관리수준 향상

"시간은 돈이다"라는 명언은 IE(Industrial Engineer)를 연구하는 입장에서 보면 가장 적합한 표현이다. 인간관리가 잘되는 회사는 기업의 관리능력이 높은 회사이다.

신속하게 만든다는 것은 원가를 줄일 수 있다는 것을 의미한다. 그래서 정성을 들여 열심히 물건을 만들면 회사의 이익도 증가하고 개인의 월급도 늘어난다.

바. 일의 가치관

일이란 가치 있는 활동이다. 사람은 일을 통하여 자신의 존재적 가치(價値)를 타인에게 확대한다.

긍정적이고 적극적인 자세로 가슴속의 성취에 대한 열망을 가지고 주도적으로 일을 대할 때 현재의 일은 귀중한 경험이 되고 새로운 기술 및 노하우(know how)를 깨우칠 중요한 도약의 기회가 된다.

사. 플러스 사고를 통한 발전

사람은 안주하고자 하는 갈등과 좀 더 발전하고자 하는 매순간 끊임 없는 갈등 속에서 일을 대하게 되고, 각 개인의 가치관에 근거한 선택에 따라 결과는 매우 다르게 나타날 것이다.

아. 작업가치관의 전환

나의 작업 다음 공정은 나의 고객이라는 자세로 일에 임해야 한다. 그래서 다음 공정 작업자를 고려하여 운반하기 쉽도록 배려해 주는 자세가 바람직하다. 가치를 고려치 않는 비 부가가치 작업이 많은 회사는 보통 적자에 허덕이는 경우가 많다. 운반 작업, 대기 작업 등은 비 부가가치 작업, 즉 가치를 증진시키는 작업이 아니다. 낭비 작업으로 간주하고 줄여 나가야 한다. 고객에게 많은 가치를 제공하는 기업, 개인은 모두가 발전한다. 그리고 거기에 해당하는 기쁨과 보상을 누릴 수 있다.

5. 인체계측과 작업 공간연구

가. 인체계측의 정의

신체역학(Biomechanics)과 밀접한 연관성이 있는 인체계측학(Anthropometry)은 신체 각 부위의 길이와 무게 및 부피, 운동범위

(작업범위) 등을 포함하여 신체의 모양이나 기능을 측정하는 것을 다루는 학문으로 볼 수 있다.

인체를 형태학적 측정으로 접근하는 인체계측은 인체측정이라고 하며, 또는 생체측정이라는 의미로 사용되는데, 처음에는 신체인류학의 한 부분으로 각 민족을 구별하는 수단으로 개발되었던 것이다. 그러나 결과적으로 인체 치수를 먼저 알아야만 경제적 활동 가치기준의 판단에 따른 문제의 해결이 된다는 것을 발견하여 점차 진보적인 분야에까지 연구하여 최근에는 인체계측의 확대범위로 항공우주복 및 우주비행을 뒷받침하는 시스템의 설계 등 다양한 분야에까지 공헌도가 확산되어가고 있는 현실이다.

나. 구조적인 인체치수 측정 방법

구조적인 인체치수 측정 방법(structural body dimension)은 측정하고자 하는 사람의 표준자세에서 움직이지 않도록 고정한 다음 인간의 구조적인 신체의 각 부위의 활동범위를 인체 측정기 등으로 측정하는 것을 말한다. 구조적인 인체치수 측정은 설계 및 장비의 배치 등 특수사용의 목적을 위해 측정하는 경우가 있고 반대로 일반적인 용도를 갖고 측정하는 두 가지 목적이 있다.

또한 여기의 수치들은 연령이 다른 여러 피 측정자들에 대한 것이고, 계측 대상자에 따라 계측치들은 약간의 차이가 있으며, 특히 신장과 체중은 연령에 따라 상당한 차이가 있음을 전제로 자료를 참고해야 한다.

다. 기능적 인체치수 측정방법

기능적인 인체치수(Functional body dimension)는 "인간이 일상생활 중에서 쉴 새 없이 기능적으로 움직이는 몸의 자세로부터 측정하는 것"을 말한다. 일반적으로 기능적 치수를 이용하고 사용하는 것이 무엇보다 중요한 것은 신체적 기능을 수행할 때, 각 신체의 부위는 독립적으로 움직이는 것이 아니라 조화를 이루며 움직이기 때문이다.

예를 들어 손을 내밀어 잡을 수 있는 한계(arm reach)는 팔 길이만의 함수가 아니라 실은 어깨의 움직임과 몸의 회전 등 구부려서 손으로 행하는 모든 기능 등에 의해서도 영향을 받는다. 이러한 여러 변수들 때문에 구조적인 인체치수만을 가지고 모든 공간이나 치수(dimension) 문제를 해결하려는 것은 매우 어려운 일이다. 물론 경우에 따라서는 구조적인 인체치수도 사용되고 있지만, 작업과정의 특수성을 고려하여 본다면 대부분은 기능적 치수를 더 널리 사용하며 적용하고 있다.

라. 작업 공간연구

사람이 일상적인 활동공간과 생산 활동의 작업 공간(Work-space)에서 심각한 문제로 제기되는 것은 작업공간 내의 장비, 기계 등 관련 시설물을 사용할 실무자를 고려하여 인체계측학적인 방법으로 배치 결정되어야 한다. 특히 외식업체 주방에서 제한된 공간에서의 작업과정은 매우 복잡한 변수들을 내포하고 있기 때문에 작업공간의 시설물들은 인간공학적인 측면에서 설계되고 배치되어야 하는 구조적인 특징을 갖고 있다. 그럼으로써 장시간 서서 근무하는 조리사들이 근무과정에서 발생할 수 있는 과중한 신체적 피로와 내외적 환경에 의한 정신적 스트레스를 감소시킬 수가 있는 계기가 된다.

이런 원리를 기본으로 정상적인 작업영역과 최대작업영역에 대한 기초자료를 살펴보면 다음과 같이 역학적인 내용을 자세하게 설명할 수 있다.

1) 정상 및 최대작업영역

보편적으로 작업자가 정상적인 작업을 할 수 있는 영역을 규정지어 본다면 다음과 같은 방법으로 실증적인 규명이 가능하다. 즉 사람이 평면 위에서 여러 가지의 작업을 하고자 할 때, 한쪽 팔을 자

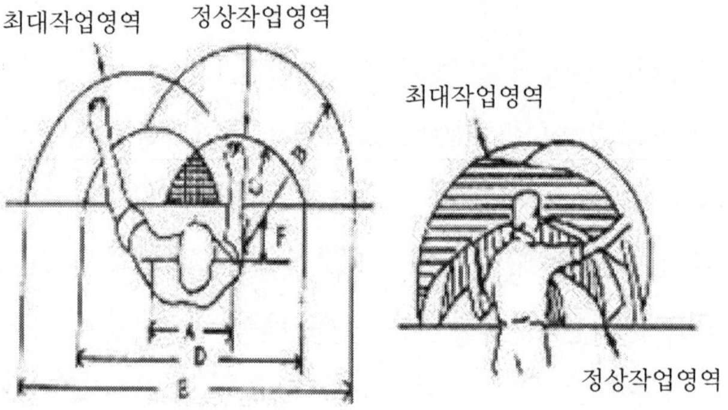

(a) 수평면 (b) 3차원 공간

정상 작업영역과 최대 작업영역

연스럽게 수직으로 내리고 한 쪽 팔로 편하게 뻗어 작업을 파악할 수 있는 구역을 정상적인 작업영역으로 판단할 수 있다. 또한 양팔을 곧게 펴서 업무 파악을 할 수 있는 구역을 최대 작업영역이라 한다.

표 11-2_ 작업대 치수

치수	미국인		한국인	
A	40.64	35.56	37.70	34.92
B	67.31	59.69	62.10	57.91
C	39.37	35.56	34.73	32.14
D = 2C + A, E = 2B + A, F = 19cm				

2) 작업대 높이 결정

레스토랑주방의 작업과정에서 조리작업의 다양성과 조리사들의 개인적인 신체적 특성을 고려하여 일정하게 적용시킬 수 있는 어떤 하나의 절대적인 최적 높이를 설정한다는 것은 매우 어려운 일이 아닐 수 없다.

조리사들의 평균적인 체격이나 신체의 역학적 특성을 먼저 고려하여 볼 때, 되도록 종일 서서 작업하는 작업공간의 절대적인 장비인 작업대(Work-table)의 높이를 결정하는 것이 최우선 과제이다.

그러나 먼저 작업대 밑받침의 높이 조절 범위를 설정해야 한다.

대부분의 레스토랑에서 사용하고 있는 기존의 작업대 밑받침의 조절 범위가 대부분 5cm인데, 이는 기존의 높이의 규격에 작업자의 신체적 기능을 맞추려는 경향으로 생각된다. 현재 많은 조리사들이 허리 통증을 호소하고 있다는 것이다. 이러한 현실을 감안하여 새롭게 제작하는 작업대의 밑받침 조절범위를 실용적인 높이인 5~10cm 정도로 늘려서 제작해야 바람직하다고 생각한다. 조리사들의 작업과정에서 발생할 수 있는 관련된 많은 돌발 변수들 때문에 신체적 조건이 다른 모든 조리사들에게 일정한 기준에 알맞은 높이의 작업대를 고정적으로 배치하고자 설계한다는 것은 매우 어려운 일이다. 그러나 조리작업의 성격과 업장별로 제공되는 음식의 특성과 종류에 따라서 다음과 같은 추론을 할 수가 있을 것이다.

작업 활동에서 작업면의 높이는 위팔이 자연스럽게 수직으로 늘어뜨려지고 아래팔은 수평 또는 약간 아래로 비스듬하여 작업면과 "만족스런 관계"를 유지할 수 있는 수준으로 설계되어져야 한다. 그러나 만약 작업면이 이 보다 높아서 자연스럽게 늘어뜨리지 못하고 조금 올려야 할 때에는 작업자에 대한 작업의 신진대사(Metabolic cost)가 원할하지 못하다고 볼 수 있다.

인체계측과 무게 중심 결정 등의 방법은 일반적으로 서서 작업하는 사람들에게 알맞은 작업대의 높이를 계산할 때에는, 보통 작업자가 작업대 위에 팔을 자연스러운 자세로 서서 팔꿈치보다 5~10cm 정도 낮은 것을 기준으로 하는 것을 기본 원칙으로 한다.

대부분의 경우 작업내용별 특성과 성격에 따라서 최적 높이가 달라진다고 볼 수 있는데, 일반적으로 섬세한 작업일수록 기준보다 약간 높아야 하고, 힘든 작업에는 기준보다 약간 낮은 것이 인체 공학적으로 적합하다는 것을 인식하여 필요작업 내용별로 적용해야 한다. 그럼으로써 작업자들의 근골격계 질환을 예방할 수 있는데, 작업대의 높이가 작업자의 팔꿈치 높이 또는 약간 위나 아래 높이에서 작업할 수 있도록 해야 한다.

• 정밀한 작업은 팔꿈치 높이보다 10~20cm 높은 곳
• 가벼운 작업은 팔꿈치 높이보다 10cm 낮은 곳
• 힘든 작업은 팔꿈치 높이보다 10~30cm 낮은 곳에서 작업한다.

팔꿈치보다 5~10cm 위로
(예 : 선별 작업)

팔꿈치보다 5~10cm 낮게
(예 : 야채 작업)

팔꿈치보다 10~25cm 낮게
(예 : 혼합, 육류 가공)

작업대 높이 조절이 불가능할 경우 작업발판을 설치하거나 작업대 위에 보조받침대 등을 설치하여 적정 작업높이를 맞춘다.

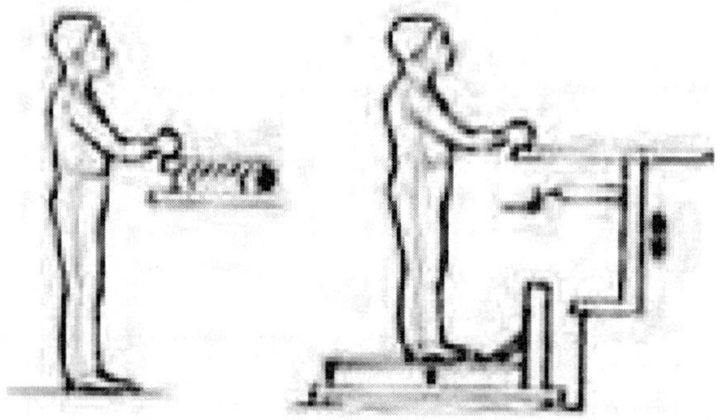

(예 : 작업발판, 보조작업대 설치, 세정대의 높이 개선)

표 11-3_ 신장별 작업센터의 규모

신장	길이	높이	면적(m^2)	보통작업 지역 범위	최대작업 범위 지역
160	174	72.6	1.26	33.87	62.90
161	175	73.1	1.28	34.08	63.29
162	176	73.5	1.29	34.30	63.68

163	177	74.0	1.31	34.51	64.08
164	178	74.4	1.33	34.72	64.47
165	179	74.9	1.34	34.93	64.86
166	180	75.4	1.36	35.14	65.25
167	181	75.8	1.37	35.35	65.65
168	183	76.3	1.39	35.56	6.040
169	184	76.7	1.41	35.78	66.43
170	185	77.2	1.43	35.99	66.82
171	186	77.6	1.44	36.20	67.22
172	187	78.1	1.46	36.41	67.61
173	188	78.5	1.48	36.62	68.01
174	189	79.0	1.49	36.84	68.40
175	190	79.5	1.51	37.05	68.79

마. 공간 소요량 결정

기능적 인체치수에 의하여 조리사가 작업하고자 하는 주방의 총 공간소요량을 결정하기 위해서는 각 작업장 및 부서의 이동통로에 대한 공간소요량을 먼저 산정해야 하는 것이 최우선이다. 이를 위해서는 시설된 설비의 생산율과 소요량비의 대수 및 주방의 인원수를 정확하게 조사하여 뒷받침하여야만 보다 정확한 실질적인 내용을 산출할 수 있을 것이다.

먼저 필요 장비의 면적에 대한 생산율을 계산하여 보면 다음과 같다.

Pij＝기계 j의 제품 i 생산율(단위/시간)

Tij＝기계 j의 제품 i 표준생산시간(시간/단위)

Cij＝기계 j의 제품 i 생산 투여시간

n＝제품의 수

Mij＝생산기간 중 기계 j의 소요대수

$$Mj = \sum_{i=1}^{n} \frac{Pij \times Tij}{Cij}$$

또한 소요작업자 수는 소요장비 대수의 계산과 같은 방법으로 다음과 같이 할 수 있다.

Aj=작업 i에 필요한 작업자 수

$$Aj = \sum_{i=1}^{n} \frac{Pij \times Tij}{Cij}$$

표 11-4_ 업종별 주방의 면적비율 산정

업 종	인/m^2	좌석회전율	주방면적(%)	식당면적(%)
스테이크식당	0.55	2~5	20~30	70~80
호프집	0.58	1.5~3	15~20	80~85
이태리식당	0.53	2~3	25~30	70~75
일반대중식당	0.8	2~3	15~20	80~85
고급레스토랑	0.50	5~6	35~45	55~65
중국식당	0.53	5~6	25~35	65~75
일본식당	0.50	4~5	25~35	65~75

각 작업장별 공간소요량을 결정하는 데는 위의 식을 기초로 다음과 같은 방법들을 적용을 할 수 있다.

1) 생산 센터법(Production Center Method)

생산 공간센터, 즉 작업공간센터는 일체의 장비와 그 부속시설 및 작업활동 공간으로 구성된다. 작업자의 작업활동 공간이나 또는 시설과 장비공간 및 저장공간은 실질적인 작업공간 속에 시설과 장비의 공간소요량에도 대부분 포함시킬 수 있다. 또한 모든 시설 및 저장장비의 정확한 위치를 생산활동 공간센터 내에 귀속시키고 또는 배열시키면 조리작업에 필요한 활동공간 전체의 바닥공간(Floor space)이 결정되는 것이다. 설비의 총 공간 소요량은 다음과 같이 합산되어 계산된다.

• 총 공간소요=(유사한 장비 대수)×(장비 공간 소요량)

• 장비 공간 소요량=장비 대 부속장비의 소요면적+작업면적+저장면적+복도면적

생산센터법의 활용방법은 일반기업의 제조공정지역이나 정밀한 상품을 생산하고자 하는 레스토랑 주방의 공간소요량 계산에도 사용되고 적용된다.

2) 전환법(Converting Method)

전환법은 현재 각 부서가 차지하고 있는 실질적인 공간소요량을 조사하여 현실적으로 작업공간이 넓은지 또는 좁은지를 판단하여 적정 공간 소요량을 산정 한 후, 증가비율을 고려하여 총 공간 소요량을 추정하는 방법이다. 이러한 방법은 지원 서비스 공간 및 식품 저장지역의 공간소요량을 결정하는 데 활용하고 있다.

3) 개략적인 배치법(Roughed-out Layout)

개략적인 배치법은 배치에 앞서 가상적인 형판(Template)이나 모형들을 이용하여 전반적인 배치 안을 만들어 놓고 그것의 배치 방법에 따라서 공간 소요량을 추정하는 방법이다.

이러한 방법은 최초의 자본투자비용이 막대한 기업경영에서 적용되는 배치법이다. 특히 레스토랑 주방과 같이 경영관리의 특수성을 갖고 있는 곳에서 매우 적합한 배치 방안으로 설비 배치에도 용이하게 사용할 수 있는 것이다.

4) 공간표준법(Space Standards Method)

전문가들에 의해서 추정된 기존의 모범적으로 배치되어진 것과 일반 산업체에 대한 작업 소요공간의 표준을 그대로 사용하거나, 또는 과거의 성공적인 적용사례에 근거한 표준을 설정하여 사용하는 방법이다.

특히 공간표준법을 적용하여 배치 안을 활용할 때에는 현재의 경

제적 효율성과 활용적 여건에 알맞도록 표준을 조정하여 적절한 면적의 산출이 되도록 주의해야 한다.

5) 배율경향 투사법(Ratio Trend and Projection Method)

보통 일반적으로 사용되는 공간소요량의 산정에만 사용하는 방법이다. 그러나 앞에서 언급했던 방법들보다는 주방시설의 공간소요량을 산출할 때, 정확도가 부족하다. 각 부서의 단위면적 당 관련 있는 요인과의 비율경향을 시계열별로 계산 후 이 비율로 매출액의 예측치를 나누어서 향후의 부서 면적을 구한다. 비율은 직접 노동시간/m^2, 생산단위/m^2, 또는 매출액/m^2이 될 수 있다.

바. 조리작업대 공간

조리작업대 공간의 필요 확보 량은 기구를 사용하고 각종 조리장비의 작동 및 작업에 필요한 손과 팔의 유형에 의존한다. 조리작업자의 손과 팔의 움직임은 가능한 한 표준 그리고 최대한의 작업 면적에 결정되어진다. 작업표면의 표준 작업면적은 팔꿈치의 평면 수준에서 팔뚝 중심에 의해서 경계로 접혀지는 공간으로써 정의되어진다.

조리작업자의 전형적인 작업범위를 설정할 때, 작업하는 작업대 표면에서 대부분 사람들은 30~40cm의 반경을 가질 것이다. 두 손에 의해서 경계되어지는 이내의 면적은 각 손의 표준 작업면적으로 묘사된다. 몸 앞에 겹치는 곳이 두 손의 직무를 위한 표준 작업면적이다. 자르고, 저미고, 갈고, 혼합하는 것 같은 직무를 위한 손익활동은 표준 직무면적 이내에서 최상으로 수행되어진다.

1) 작업대 높이

조리작업대 높이는 조리작업자의 작업방법과 능률에 지대한 영향을 미치기 때문에 매우 중요하다. 조리작업과정에서 무게가 가벼운 물질을 작업할 경우 조리작업인의 팔은 팔꿈치수평선 약 5cm

아래의 높이에서 쉽게 작업을 할 수 있어야 한다.

식재료가 조리작업과정에서 부피와 무게가 있을 때 작업 표면의 높이는 더 낮게 할 수 있다. 작업할 수 있는 가장 낮은 표면은 작업자의 측면에서 팔을 뻗을 때 손목에 위치한다. 이 높이 아래에서 작업자는 어깨와 등을 이용해 무거운 재료를 든다. 일반적인 가벼운 일을 할 때의 권장 작업표면 높이는 여자의 경우 94~99cm, 남자의 경우 99~104cm이다. 무거운 업무량에 따른 작업일 때 작업표면은 통상 86~91cm의 높이를 설정하는 것이 작업자와 업무 양쪽에 적합한 작업표면을 조정하는 것은 이상적인 디자인이다.

2) 기물의 저장 공간

조리 작업 시에 빈번하게 쓰이는 재료, 도구, 기구는 작업자가 이용하기에 편리한 장소에 저장 공간을 배치해야 한다. 기물류의 저장 공간을 용이하게 하는 현명한 위치는 허리와 어깨 높이의 사이가 가장 적당한 방법이다.

허리 밑으로 저장되어져야만 하는 품목은 수평자세로 얹거나 혹은 흔들리지 않는 선반에 얹을 수 있어야 된다. 허리 밑의 고정되어진 선반이나 캐비넷 조리작업자가 직접 사용하기에 쉽지 않다. 같은 이유로 선반이나 케비넷은 바닥 위의 1.8cm를 넘지 않는 것이 바람직하다. 이럴 경우 선반이나 자동 케비넷에 있어서 문과 창문은 반자동이거나 완전자동이 바람직하다. 움직이는 상자 혹은 짐수레의 보관창고나 위치를 조리작업자가 손쉽고, 편리하게 이용할 수 있는 주방의 인접한 곳에 배치해야 한다.

3) 장비받침대 높이

조리작업장에서 사용하는 모든 장비 및 기물은 고정하거나 이동될 수 있는 특징과 변화성을 갖고 있다. 또한 조리작업과정에서 사용되는 장비의 모든 것은 작업자 마음대로 배치장소가 결정되거나 디자인 될 수 있다. 슬라이서, 믹서, 솥, 그라인더 등 사용용도와 위치가 비슷한 장비는 작업하는 사람이 사용하기 쉽도록 높이를 조절해 테이블 또는 수레에 놓을 수 있어야 한다. 식재료를 공급하고 작업하는 높이는 안전성 면에서 매우 중요하다. 싱크대는 조리작업장에서 없어서는 안 될 매우 중요한 장비이다.

그러기 때문에 작업자가 작업하기에 편리한 높이로 조정되어야 한다. 너무 낮은 곳에 싱크대가 설치되었다면 조리작업자가 허리를 직접 구부려서 일해야 하는 불편함이 있고 너무 높은 곳에 위치한 싱크대는 사용하기가 아예 어렵다. 조리작업 준비되는 싱크대 바닥으로부터 작업자의 팔꿈치 아래로 25~30cm 이내로 디자인 되어야 한다. 왜냐하면 싱크대에서는 냄비, 팬 등을 세척해야 하는 등 무거운 일을 해야 하기 때문이다. 그래서 일반적으로 싱크대의 물이나 기물을 담아야 되는 바닥 깊이는 40~45cm가 요구되는 것이다. 작업장의 다른 구성요소들과 함께 싱크대의 높이는 작업자와 작업성격에 알맞게 디자인이 되어야 한다.

6. 주방의 작업환경

가. 주방형태

주방의 형태는 제공되어야 할 음식 판매량, 서비스 형태, 음식가격, 음식제공에 필요한 시간 등에 의하여 결정된다.

주방 내에서의 작업을 전부 하나로 일괄하여 하는 경우와 분리하여 하는 경우가 있는데 작업효율과 경영효율의 향상을 목적으로 어떤 것을 선택하느냐에 따라 시설, 설비의 내용이 달라진다.

① 전통형 주방 : 다듬기 주방과 마무리 주방이 한 공간 안에서 구분되어 있지 않은 형태(소형 외식업소에 적합).
② 혼합형 주방 : 다듬기 주방과 마무리 주방이 한 공간 안에서 분리된 형태의 주방(중대형 외식업소에 적합).

③ 분리형 주방 : 다듬기 주방과 마무리 주방이 서로 공간적으로 떨어져 운영되는 형태(외식업체와 같이 여러 다른 개념의 식당들이 모여 있는 경우로 하나의 중앙주방을 중심으로 여러 주방이 서로 유기적인 관계).

④ 편의형 주방 : 반 조리된 또는 완전한 식자재만 구입하기 때문에 마무리 주방만 있는 형태(작은 규모의 외식업소나 소형 체인업소가 적합).

나. 주방의 배치

주방설비 배치는 크게 능률, 경제, 위생에 입각하여 설치하므로 보다 좋은 요리를 생산함과 동시에 경제적인 면에서도 최대의 효과를 거두는 데 목적이 있다.

맨 처음 각 주방을 배치하는 방법이 중요한데, 이는 각 주방을 한 장소에 집중시키는 방법과 필요한 위치에 분산시키는 방법에 따라서 인원과 기기 설비의 관계가 크게 좌우되기 때문이다. 각 주방은 고도의 연관성을 지닌 복합체이어야 하므로, 기초 식재료를 조리하는 주방(Main Production)과 영업하는 각 단위의 주방과의 거리는 가까울수록 효율적이며 경제적이다.

다. 주방의 공간 설정

① 반입구역 및 검수 공간(1차적 공간) : 모든 식재료의 반입과 검수는 메인 주방의 저장창고와 근접된 거리에 반입공간을 설정. 바닥과 벽이 더러워지기 쉬우므로 청소하기 용이하며 청결을 유지하기 쉬워야 함.

② 저장창고(2차적 공간) : 식재료를 가공하거나 그대로 저장창고에 보관할 수 있는 곳으로 청결성과 식품의 신선도를 유지하여야 한다.

③ 다듬기 구역 : 모든 식재료는 반입된 이후 반드시 조리 전에 씻거나 다듬어서 사용하여야 한다. 따라서 저장 공간과 가까

운 곳에 설치하는 것이 합리적이고 능률적이다. 다듬기 공간은 물의 사용과 기구 및 기물의 사용이 많은 지역이기 때문에 환기장치나 온풍장치 및 상하수도와 배수시설이 좋아야 한다. 주방바닥은 물의 사용이 많으므로 바닥 기울기를 일정하게 유지해주어야 하며, 또한 재료의 선별, 신선도 판정 등이 요구되는 곳이므로 조명이 밝은 곳을 택하여야 한다.

④ 온 요리구역 : 메인 주방이라 불리는 구역으로 규모가 작은 업소는 냉열혼합형으로 된 레이아웃으로 사용하나 원래는 완전하게 구분되어야 한다. 주로 스토브를 사용하기 때문에 전열의 온도유지에 지장이 없고 통풍이 잘 되는 환기시설을 갖추어야 한다.

⑤ 냉 요리구역 : 차가운 음식을 모양 있게 만들어 제공되어지는 공간이므로 작업대의 배치와 높이 설정 등이 합리적이어야 하며 조명 등 기타 활동 공간이 충분하게 설정되어야 한다. 또한 음식이 신선하게 유지되어야 하므로 냉장, 냉동실이 준비되어야 한다.

⑥ 식기세척 공간 : 식기를 세척하는 공간은 물과 함께 사용되기 때문에 상하수도 시설이 훌륭하게 만들어져야 한다.

라. 작업환경

작업수행에 있어 최대의 효과를 볼 수 있도록 하는 것이 환경 설계의 기본 목적이 되며, 환경에 영향을 미치는 요소들은 실내온도, 조명, 색상, 소음, 음악, 통풍 등으로 다음과 같다.

① 실내온도 및 습도 : 주방의 작업 특성상 고열, 다습한 환경과 고열장비로부터의 장시간 노출은 작업자에게 능률저하와 부적응 등을 일으키게 하므로 작업자의 성별, 연령에 따라 조절하여야 한다. 겨울철의 경우, 18.3~21.1℃, 여름철은 20.6~22.8℃가 적합하며, 습도는 40~60%가 적정 습도이다. 쾌적한

환경 유지를 위해 건물의 난방, 냉방, 통풍 시스템을 통합하고 단열장치를 통한 통제를 해야 한다.

② 조광도 : 조광도란 작업자의 업무수행에 필요한 밝기를 제공하는 것으로써 빛의 제공원의 정확한 위치 선정을 통하여 그림자나 어두운 부분이 없도록 해야 한다. 작업이 없는 곳의 경우는 161~215럭스, 작업이 이루어지는 곳은 323~430럭스가 적당하며, 작업구역과 그 주변의 밝기 차이는 3:1이 넘지 않도록 해야 한다.

③ 색상 : 작업장의 색상은 작업자의 감각향상을 통하여 작업 수행력을 향상시키는데 도움을 준다. 난색 계열 중 특히 원색에 속하는 색상은 눈의 피로를 가중시키므로 억제하고 눈의 피로를 감소시키는 푸른색이나 녹색을 사용한다. 또한 순백색의 경우는 반사율이 크므로 억제하는 것이 바람직하다.

④ 소음 : 적정소음은 50데시벨 이하가 적당하며 높은 소음은 직원의 불만족과 상품생산의 차질을 가져오므로 최대한으로 억제하는 것이 좋다. 소음을 줄이기 위해서는 주방에서 가장 큰 소음의 근원지인 냉장 및 냉동고의 모터부분을 주방 밖으로 분리하여 소음을 차단시키는 방법과 천장에는 소음을 흡수할 수 있는 청각타일을 사용하면 좋다.

⑤ 음악 : 적절한 음악의 사용은 활기와 활력을 주고 이를 통해 생산성을 증대시킬 수 있다. 고 능률 시점인 작업시작 후 2~2시간 30분 시점에는 쾌활하고 절제된 음악을 사용하고 능률저하 시점에서는 박자와 리듬이 빠른 음악을 들으면 작업의 능률이 향상된다.

마. 조리장의 설비

1) 작업대의 설비

① 일렬형 : 조리장이 좁은 경우 어울리나 작업동선이 길어 다소 비능률적이다.

② 병렬형 : 180°의 회전을 요하며, 피로가 많이 오는 단점이 있다.

③ ㄴ자형 : 좁은 조리장에 적합하며, 동선이 짧다.

④ ㄷ자형 : 같은 면적의 경우 가장 동선이 짧고, 넓은 조리장에 적합하다.

⑤ 작업대의 높이와 나비 : 작업대는 신장의 52%(80~85cm)가량의 높이와 55~60cm 나비인 것이 효율적이고, 개수대의 깊이는 15~20cm가 적당하다.

2) 급수시설

① 급수는 수돗물 또는 공공시험기관에서 음용에 적합하다고 인정하는 것이어야 한다. 다만, 시 · 도지사가 지정하는 지역에서는 통상 음용하는 우물물을 사용할 수 있다.

② 수압은 일반적으로 $0.35kg/cm^2$ 이상이며, 급수관은 보통 아연도금 강관을 사용한다.

③ 상수도는 비교적 위생적이고 자유롭게 급수구를 설치할 수 있으며, 지하수의 경우는 위생적인 면을 고려하여 구조와 사용법이 적절해야 하고 여과장치로 정화하여 사용하는 것이 좋다.

3) 배수시설

① 트랩장치 설치 : 개수대의 배수관에 설치하여 악취나 해충 등의 침입을 막기 위해 관의 일부를 구부려 물이 채워지도록 하는 것을 트랩이라고 하며, S자형, U자형, P자형 등이 있다.

② 쓰레기가 들어가지 않게 하고, 맨홀, 침전용 수조를 설치하여 하수구가 막히지 않도록 한다.

③ 배수 파이프의 경사는 파이프의 직경이 75mm 이하이면 1/150, 또 100mm 이상이면 1/75보다 낮추지 않아야 한다. 각 기구의 배수는 수봉 장치를 통해서 흐르게 하는 방법이 좋다. 바닥 배수구의 경사는 1/50로 한다.

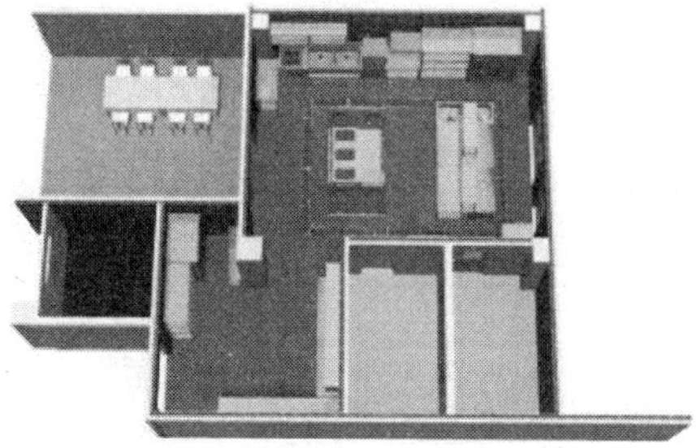

4) 환기시설

주방의 환기시설이란 주방내부에서 발생한 각종 불순공기를 주방 밖으로 보내는 시설을 말한다. 환기 시스템은 주방과 식당에 청결하고 신선한 공기를 공급하며, 적합한 실내 온도와 습도를 유지하고 효과적으로 모든 냄새와 습기, 그리고 기름의 증기를 빼내어 식당에 스며들지 않도록 되어야 한다. 환기는 조리기구에서 발생되는 열이나 증기 등의 배출이 완전하게 이루어 질 수 있도록 해야 한다. 그러므로 좋은 주방의 환기장치는 고객의 편안함과 종업원의 작업조건에 직접적으로 영향을 주며 또한 위생과 청결, 장식비용, 화재안전, 난방과 에어컨디셔닝 비용 그리고 요리설비의 효율적인 성능의 문제와도 관련이 있다. 그것의 중요성 때문에 음식 서비스 환기 시스템의 디자인은 유능한 환기 엔지니어가 맡아야 한다.

환기시스템 시설시 고려사항을 보면,

① 조리과정 중 발생하는 증기, 기름 냄새, 가스, 열, 취기 등을 주방 밖으로 안전하게 배출하고 신선한 공기를 공급하는 것
② 주방 기기 및 모터 등으로부터 발생하는 열을 실외로 배출하는 것
③ 연소를 위해 밖에서 주방 안으로 공기를 공급하는 것
④ 조리작업의 쾌적한 환경 분위기를 유지해 주는 것

5) 조명시설

조명은 효율적인 서비스 제공의 보조역할을 하며 청결함을 더욱 돋보이게 하고 작업능률을 향상시킨다. 조명은 직접(Direct), 간접(Indirect), 산광(diffused light)으로 구분한다. 직접광은 빛의 근원으로부터 작업영역으로 직접적 발산하는 것이고, 간접광은 천장이나 벽으로부터 반사되어 발산하는 것이며, 산광은 빛이 반투명막에 의해 제거된 광선을 가지고 퍼지는 것이다. 조명의 역할은 주방내부의 밝기에 따라 조리작업의 안정성과 편안함을 주는 요인이기 때문에 조명의 방향과 조명의 색깔에 주의해야 한다. 주방내부에서 조명시설을 위한 방법으로는 직접조명과 간접조명으로 나누어 조명을 설치해야 하지만, 일반적으로 전반적인 조명의 밝기는 50～100럭스가 가장 실용성 있는 형태이다. 특히 작업내용에 직접 관계될 경우엔 직접조명+간접조명+산광조명을 합쳐서 300～400럭스가 적당하다.

주방조명 반사도 : 천장 : 80～90% → 벽 : 40～60% → 바닥 : 21～39% → 가구 및 장비 : 26～44%

조명방법의 각각은 특히 주방에서 고려되어야 할 이점과 장점을 가지고 있다. 예를 들면 직접광은 최고의 밝기를 주지만 눈부심과 그림자 그리고 대비에 약한 편이다. 간접광은 편편하고 눈부심 없는 빛을 주므로 눈의 피로를 적게 해주고 편안함을 주는 반면 전기에너지 소모량이 많다. 산광은 간접광보다 효율적이나 약간의 그림자를 일으킨다. 주방의 조명은 조리사가 양념그릇과 식기의 청결상태를 구분하고 조리 레시피(recipe)를 읽고, 조리의 완성과, 검사가 이루어지는 주방의 모든 곳에 빛이 닿을 수 있어야 한다.

6) 주방바닥과 벽

주방의 바닥과 벽은 주방에서 일하는 조리사의 위생관리와 작업의 효율성을 높이고 재해를 미연에 방지할 수 있도록 적절한 구조로 되어 있어야 하며 위생적, 능률적, 경제적 순서를 고려하여 설비해야 한다. 주방의 바닥과 벽면은 항상 물과 식 재료를 직접 바닥에 놓아 사용하기 때문에 청소하기에 용이해야 하며, 기름기와 수분을 직접 흡수하지 않아야 한다. 또한 균열이나 틈새가 생겨 세균과 해충이 서식할 우려가 있는 것은 제거해야 하고 반복적인 물 세척 등으로 인해 불규칙한 바닥면이 없어야 함과 동시에 저항성이 높아야 한다.

주방의 바닥이나 벽을 시공할 때는 주방 바닥과 벽에 배수관이나 수도 및 전기 배관 등을 묻어야 하며, 가스배관은 반드시 돌출하고 부라켓(bracket)으로 고정하여 시설하여야 한다. 주방장비 및 기물을 설치해야 하기 때문에 바닥은 하중에 견딜 수 있는 안전한 재질로 시공해야 한다.

주방바닥의 배수구는 1/100의 경사 시공해야 바닥청소를 하게 되면 물의 고임이 없어 자연스럽게 빠져나갈 수 있다. 또한 바닥에 배수구를 직접 관으로 묻는 방법으로 직선설치와 곡선설치 방법이 있다. 배수구의 폭은 20cm가 바람직하다. 미끄럼을 방지하기 위해서는 식 재료의 반입구, 냉장 · 냉동고의 바닥, 주방바닥 등의 높이가 일정하게 시설되어야 한다. 반면에 벽재는 청소의 용의성과 소음을 최대로 흡수할 수 있으며, 밝은 색상의 타일을 설치해 조명의 빛을 밝게 해 주어야 한다. 주방의 내벽은 바닥에서 1.3cm까지 내수성이 있는 자재를 사용하여야 하고, 또한 벽재로서는 세라믹 타일과 스테인레스 스틸(stainless steel)재로 구분하여 벽재를 사용하는 것이 매우 바람직하다.

7) 주방천장

주방의 천장은 전기기구의 배선과 기구 등이 부착되어 있어서 화재의 위험성이 높은 관계로 주방바닥에서 천장까지의 높이는 적절하게 설정해야 한다. 또한 주방시설과 장비를 배치할 때 천장높이 제한으로 인한 어려움을 최소화해야 한다. 그러기 때문에 일반적으로 천장의 시설소재는 내열성과 내습성이 강한 소재로서 내화보드나 코팅처리 된 불연성 석면재가 좋다.

천장의 높이는 바닥으로부터 2.5m 이상의 높이가 적당하며, 이중천장구조일 경우에는 색채의 밝기에도 고려되어야 한다. 또한 천장은 청소하기 쉬운 재질로 마감하고 조명은 50Lux 이상으로 설비하는 것이 좋다.

8) 기타

① 음식물 및 원재료 보관시설 : 원재료 · 음식물 또는 식기류를 위생적으로 보관할 수 있는 시설과 냉장시설을 갖추어야 한다.

② 폐기물 용기설비 : 폐기물 용기는 내수성 자재로 된 것으로서 뚜껑이 있고 오물 · 악취 등이 누출되지 아니하도록 설비되어야 한다.

③ 방충 · 방서시설 : 조리장 내에는 방충 · 방서를 위한 금속망 기타 적당한 설비를 하여야 한다. 방충 · 방서용 금속망의 굵기는 30메쉬(mesh)가 적당하다.

④ 조리기계 및 기구 : 조리기구는 조리의 양, 조리에 요하는 시간, 배식, 뒤처리, 영양 및 맛의 효율성, 사용상의 편리성, 고장의 가능성, 손질의 편의성 등을 고려하여, 위생적이고 능률적이며 경제적인 것을 선택하여야 한다.

12

주방 재고관리

1. 재고관리의 의의

식음료 재고관리란 식재료의 제조과정에 있는 것과 판매 이전에 있는 보관중인 것을 말한다. 식재료는 필요 이상으로 과다하게 보관될 경우 자금이 묶여 유리한 투자기회를 상실하게 되고, 식재료의 손실을 초래하며, 과다한 자본이 재고에 묶이게 되어 필요 이상의 유지관리비가 요구된다. 또한 필요 이상의 공간을 차지하게 된다. 반대로 재고량이 너무 적으면 식음료 상품구성이 지연되거나 판매기회를 상실하는 손실을 입게 된다. 식음료 상품은 장기간 보존이 불가능하고 고객의 주문생산에 의존하는 특성을 갖고 있기 때문에 식음료 상품의 특성에 맞는 재고관리가 적절히 이루어지지 않으면 안 된다. 재고관리란 한 마디로 상품구성과 판매에 지장을 초래하지 않는 범위 내에서 재고수준을 결정하고 재고상의 비용이 최소가 되도록 계획하고 통제하는 경영기능을 의미한다.

2. 재고관리의 비용

재고관리 시 발생하는 비용은 크게 다음의 세 종류가 있는데 재고관리의 기능은 비용을 최소화하는데 두고 있다.

첫째, 주문비용으로 이는 식재료를 보충 · 구매하는 데 소요되는 비용으로 청구비, 수송비, 검사비 등이 포함된다. 이 비용은 고정비의 성격을 띠고 있기 때문에 주문량의 크기와는 무관하다.

둘째, 재고유지비용으로 재고보유 과정에서 발생하는 비용으로 보관비, 세금, 보험료 등이 포함된다. 주문비용이 고정비의 성격인 반면, 이는 변동비의 성격을 띠고 있다.

셋째, 재고부족비용으로 충분한 식재료를 보유하지 못함으로써 발생하는 비용을 말한다. 즉 식재료 부족으로 인한 생산 기획이나 판매상실, 생산중단 등으로 업소에서 입게 되는 비용을 가리킨다. 따라서 적정주문량은 이들 비용이 균형을 이루도록 총비용이 최저가 되는 시점에서 결정되어야 한다.

외식업체 재고관리의 특징

- 저장 기간이 비교적 짧다.
- 수입 식재료에 대한 의존도가 높다.
- 관리적인 측면에서 관련 부서에 따라 그 목적이 상이하다.
- 수요를 예측하여 원가의 부담이 적을 때 미리 생산 보관하여 수요를 창출하고 공급할 수 있는 상품이 극히 제한되어 있다.

3. 재고관리의 목적

재고관리는 다음과 같은 목적을 위하여 이루어져야 한다.

① 유동자산가치와 파악

② 재고품 양태의 파악

③ 식재료 원가비용과 미 실현 비용의 파악

④ 재고회전율의 파악

⑤ 신규주문 대비

이 밖에 재고관리는 고객을 위한 서비스가 재고비용과 균형이 이루어지도록 적정한 재고를 유지하는 것이 주요목적이라 할 수 있다.

가. 적정 재고량의 산정방법

첫째, 일반적으로 많이 사용되는 것은 최대 · 최소관리방법이다.

이 방법은 일정한 양을 정하여 두고, 재고량이 감소하면 구매를 하여 항상 일정한 최대재고와 최저재고 내에서 재고량을 상비하도록 관리하는 방법이다.

둘째, 비율법으로 최대 · 최소의 재고 대신 평균사용량의 비율을 기준으로 하여 관리하는 방법이다.

셋째, 확률적 통계방법으로서 여기에는 확률모델과 통계모델로 구분하며, 통계모델은 수요량, 납입기간 등이 알려진 그 결정요소가 확정되었을 때 주문량이나 그 시기를 경정하는 것이다.

나. 재고관리의 기능 및 중요성

1) 재고관리 기능

재고관리와 관련된 부서는 다양한 물품조달과 품질을 조달받는 기능의 생산부서, 편리성 정확성 신속성 저렴성 물품 공급성 기능의 구매부서, 정확한 재고조사 및 재고 자산의 가치평가기능의 원가관리(경영관리)부서로 구분된다. 원가 관리상 재고관리의 기능을 살펴보면 다음과 같다.

① 적절한 범위 내에서의 재고 투자의 최소화

② 물품에 대한 품질 및 안전보호

③ 재무보고서에서 필요한 재고액의 제공
④ 다양한 물품용도의 제시
⑤ 물품 사용빈도의 제시
⑥ 재고보충시가의 제시
⑦ 유통상의 문제발생 시 안전요인의 제공

2) 재고관리의 중요성

재고관리에서의 중요성은 물품의 수요가 발생하거나 필요 부서의 요구가 있을 때 가장 신속하고 경제성을 바탕으로 공급해야 한다. 재고관리의 중요성은 다음과 같이 요약할 수 있다.

① 물품부족으로 인한 생산 및 판매계획의 차질방지
② 최소의 가격으로 최상품질의 구매
③ 경제적인 재고관리로 투자 및 비용의 최소화
④ 도난, 낭비, 부패, 변질, 해충피해 등으로 인한 손실의 최소화
⑤ 원가절감 및 관리의 효율성제고

다. 재고관리의 방법

1) 입고기능

대부분의 일반 레스토랑에서는 단순하게 처리되는 경우가 많으나 규모가 큰 경우는 종류도 많고 복잡하다. 취급되는 재료의 형태 · 종류 등에 따라 입고 빈도수는 달라져야 하고, 이동체계는 단순할수록 좋다.

입고과정의 1차적 이동을 해결할 운반 장비, 저울, 쓰레기통, 간이세척공간 등의 공간을 확보하도록 한다.

2) 창고기능

건조식품, 냉장 · 냉동식품, 소모품, 각종기물 등을 1차적으로 보관할 수 있도록 계획되어져야 한다. 건조식품창고는 10~21℃에 습

도는 약 50% 정도, 냉장창고는 1.7~4.4℃ 정도가 안전하다. 특히 주의할 것은 이러한 창고기능공간에는 냉·온수배관이나 동력시설을 두지 않도록 하고, 세제나 위생관련약품은 분리하여 보관하도록 해야 한다.

라. 재고조사의 목적

재고조사는 다음과 같은 목적을 위하여 이루어져야 한다.

① 실사 조사를 통하여 장부상의 내용과 실사의 결과가 일치하는 지의 여부, 또는 원가(표준원가)와 실제원가와의 비교·분석을 통하여 실제원가가 설정한 목표에 크게 벗어나지 않는 지를 확인하고 벗어난다면 원인이 무엇인지를 밝히는데 있다.
② 월말 손익계산서를 작성하는데 사용한다.
③ 적정 재고가 유지되고 있으며 과장(over stock), 사장(dead stock)되는 재고가 있는지 알 수 있다.
④ Slow Moving Items이 있는 지 알 수 있다.
⑤ 재고회전율과 잔존일수(또는 재고보유일수)는 어느 정도인지 알 수 있다.

마. 재고 회전율

창고에 있는 식재료의 구매와 사용 빈도에 대한 측정하기 위하여 실시하는 것으로 창고에 저장되어 있는 식재료의 저장기간을 말한다.

1) 재고가 과다할 경우

① 식재료의 손실을 초래한다.
② 과다한 자본이 재고에 묶이게 된다.
③ 필요 이상의 유지관리가 요구된다.
④ 필요 이상의 공간을 차지한다.

⑤ 기회 이익의 상실 등을 초래한다.

2) 재고가 없을 경우

① 판매 기회의 상실

② 이미지 실추 등의 부정적인 측면도 있다.

바. 재고관리의 전제조건

판매 목표 달성을 위해서는 절대로 매출기회를 재고관리 미스에 의해 상실해서는 안 된다. 재고 부족에서 오는 매출 기회 상실은 단순한 일회적 손실이 아니고 고객에 대한 신뢰상실이기 때문이다.

따라서 판매 기회 상실을 방지하기 위해 다음과 같은 사항을 준수해야 한다.

① 재고관리 컨트롤 : 판매 목표 달성을 위해, 식자재 재고관리를 충분히 인식한 발주 담당자가 필요하다.

② 점포관리자의 재고관리에 대한 기본 업무 : 매출기회 손실 발생하지 않도록 한다.

③ 재고관리와 식자재의 취급 : 식자재는 냉동 · 냉장 · 상온품으로 구분되므로 각 특성을 잘 파악하여 적절하게 취급하여 메뉴의 좋은 품질을 유지시켜야 한다.

4. 재고관리방법

많은 재고비용을 지출하면서도 식재료를 보유하고 있는 이유는 필요한 시기에, 필요한 수량을, 필요로 하는 곳에 조달하기 위한 것이다. 예상판매량에 대한 예측과 올바른 구매와 저장, 그리고 정확한 재고파악을 통해 최소의 비용으로 최적의 재고량을 유지할 수 있도록 해야 한다.

즉, 재고관리는 재고 유지로 얻게 되는 이익이나 손실, 비용 간의 균형을 적절히 유지하여 전체 비용을 적게 만드는 데 있다. 따라서 업소의 규모에 맞게 재고량을 정확히 파악해 차질 없는 재고관리가 이루어져야 한다.

식자재 재고관리에 일반적으로 쓰이는 방법은 다음과 같다.

① 실지재고 조사법(physical inventory system) : 식자재비를 정확히 계산하려면 회기초의 기초재고량과 회기 말의 재고량, 그리고 당기 내 구매량을 모두 파악해 합했을 때 구할 수 있다. 단, 기초재고량과 기말재고량은 재고물품을 일일이 세어야 하는 노동집약적인 업무이다.

	기초재고량
+	당기구매량
	총구매량
−	기말재고량
	총 식자재비

따라서 실지재고 조사법을 이용한 재고조사는 물품을 일일이 세워야 하는 번거로움 때문에 재고량의 변동이 크지 않은 업소들은 고가의 물품이나 대량판매가 되고 있는 식자재만 대상으로 이 재고 조사법을 실시하고 나머지 재고 식자재는 평균재고량을 구해 더해주는 식으로 간단히 실행할 수 있다.

② 계속기록법(perpetual inventory system) : 저장실로 유입되는 식자재의 입고와 주방으로 출고되는 식자재를 지속적으로 기록함으로써 항상 정확한 재고량을 파악하기 위해 사용되는 재고관리법이다. 언제든지 현재의 재고량과 재고자산을 정확하게 파악할 수 있는 반면, 많은 시간과 노동력이 요구된다. 그러나 최근 컴퓨터의 발달로 이 방법이 많이 쓰이고 있다.

[장점]

첫째, 구매시기와 적정 구매량을 손쉽게 알 수 있어 과잉 또는 과소 구매로 인한 손실을 막을 수 있다.

둘째, 지속적으로 재고상황을 알려준다.

셋째, 실지 재고량과 유지하고 있어야 할 재고량 사이의 차이를 밝혀주므로 비정상적인 차이를 보이는 품목을 정확하게 가려낼 수 있다.

넷째, 재고장부만 봐도 오랫동안 사용되지 않고 있는 식자재를 파악할 수 있으므로 이들을 즉시 사용할 수 있도록 조치하여 묵은 재고의 관리를 쉽게 해준다.

③ 역산법 : 매출액과 매출원가와의 비율을 파악하여 이것으로 기말재고액을 추정 계산하는 방법이다.

④ 컴퓨터 이용 : 재고관리는 많은 수치를 다루어야 하는 복잡한 업무로 체계적인 방법으로 이루어져야 하며, 이것은 컴퓨터를 이용하면 쉽게 해결된다. 다만, 컴퓨터를 이용하기 위해 비용과 기술상의 문제가 발생되나, 최근 컴퓨터 기술의 발달로 회전율이 느리거나 재고량에서 큰 변동을 보이는 품목들도 철저하게 체크할 수 있게 되어 보다 정확하고 조직적인 재고관리를 할 수 있다.

5. 주방 재고관리의 특징

주방의 재고조사는 원가관리자와 주방책임자가 동행해서 이루어져야 한다. 재고조사의 원칙은 모든 물품을 파악해서 관리해야 하나 원가관리자가 혼자이거나 간단한 절차를 선호하는 경우에는 고가의 육류나 공산품을 주로 파악하고 저가의 소량의 야채는 제외할 수 있다. 매출이 많은 경우에는 야채를 제외시키더라도 별로 크게 영향을 받지 않는다. 육류부분은 고 단가이므로 정밀 실사가 요구되며 이미 반가공 상태인 식자재(소스, 빵 등)도 파악을 해야 한다.

가. 재고관리의 과정

재고관리의 과정은 식재료의 주문관리, 저장 및 보관 관리, 그리고 출고관리 순으로 실시된다.

1) 식재료의 주문관리

첫째, 경제적 주문량의 결정으로 이는 물품의 획득 과정에서 소요되는 비용과 유지비용이 일치되는 지점에서 구해지는 구매량으로서 비용을 최소화 할 수 있는 구매량을 말한다.

둘째, 식재료의 재고 표준율은 연간 매출에 대한 예측치와 재고회전율에 의해 결정된다. 즉 매출 예측치에 대비하여 총 소요량을 예측하는 재고회전율을 이용하여 발주량을 결정한다.

2) 식재료의 저장 및 보관관리

저장과 보관관리의 주요 목적은 적정 재고를 유지하고 품질을 보존하여 낭비나 부패에 의한 식재료의 손실 발생을 최소화하는 것이다.

가) 저장관리의 원칙

① 저장위치표시 : 식자재가 어디에 있는지 쉽게 위치를 파악하고 확인가능 할 수 있어야 하므로 품목별로 카드를 만들어 관리한다.

② 분류저장 : 최적의 상태로 저장하는 저장기준을 참고로 하여 식재료의 성질, 용도, 기능 등에 따라 분류기준을 설정한다.

③ 품질유지 : 각 식자재에 따른 적정 저장온도와 습도, 저장기간 등을 적용하여 품질의 변화가 생기지 않도록 최고의 품질 수준을 유지한다.

④ 선입선출(FIFO : First In First Out) : 재료의 저장기간이 짧으면 짧을수록 재고자산의 회전율이 높고, 자본의 재투자가 효율적으로 이루어질 수 있다. 특히 변질되기 쉬운 품목과 유효기간이 설정되어 있는 품목의 출고관리에 유의하여 적재할 때부터 입고순서에 따라 출고하도록 한다.

⑤ 공간 활용 : 보온 및 충분한 저장 공간의 확보가 중요하다. 저장 공간은 저장품목의 양과 부피에 따라 결정되며, 품목자체가 점유하는 공간 이외에도 이동공간도 고려한다.

나) 저장관리 요령

① 식재료는 식품잡화류(Grocery), 농식품(Perishables), 냉동식품(Frozen Foods)으로 크게 구분하여 각기 특성에 맞게 저장하여야 한다.

② 도난방지를 예방하기 위하여 전 종업원에게 '식자재는 곧 현금이다' 라는 사실을 교육시키고 관리 및 책임에 대한 똑같은 배려가 이루어져야 한다.

③ 각 식자재의 최적 저장조건에 따라 적절한 저장계획 및 저장시설을 갖추고 식자재의 부패를 예방 또는 감소시켜야 한다.

다) 식재료의 출고관리

출고란 식자재 관리의 마지막 단계로 구매나 여타의 경로를 거쳐 업소에 입고된 식자재를 조리 부서나 실 사용자에게 공급하는 일련의 과정으로 식자재에 대한 통제와 관리의 업무를 수반하며 원가관리와 재고관리에 필요한 자료를 제공한다.

출고의 목적은 상품을 방출할 수 있는 일정한 권한을 확립하고 매일 매일의 식품 출고량을 정확히 산정하기 위한 것으로, 효율적

출고관리는 적정재고량의 보유의 전제조건이다.

나. 창고관리

창고관리는 재고조사와 아주 밀접한 관계가 있다. 창고의 부족은 식자재의 저장관리에 어려움을 주고 식자재의 손실과 직결되기 때문에 효율적으로 계획 운영되어야 한다.

1) 창고 배치 결정시 유의 사항

① 식자재 소모의 주기가 빠른가?
빠르면 입구 쪽에 위치를 정해야 입 · 출고가 용이하다.

② 개별 박스 단위의 무게가 무거운가?
박스가 무거우면 입구 쪽에 위치해 있어야 한다. 특히, 육류는 1박스가 15kg 이상 무겁다.

③ 다품종 소량의 식자재가 많은가?
다품종소량의 식자재가 많으면 선반이나 기타의 비품이 필요하다.

④ 저장고의 공간은 얼마인가?
냉동고의 크기나 자금의 조성 및 재고이자, 대량구매에 따른 할인율 같은 것을 고려하여 식자재의 저장량을 결정해야 한다.

⑤ 식자재 이동 수단은 무엇이 있는가?
스텐으로 만든 L자형 카트(cart)를 많이 사용한다.

2) 냉동실 관리

식자재 관리에서 냉동실의 관리는 창고관리의 대부분을 차지하고 있다 해도 과언이 아니다. 냉동실에 식자재의 lay out을 잘 배정 않으면 업무에 애로사항이 발생한다.

냉동고는 무겁고 자주 사용하는 물품은 입구 쪽에 배치하고 가볍고 저장성 식자재는 구석으로 배치를 해야 한다. 또한 각각의 박스별로 중량과 입고날짜 규격 유통기한 등을 표시하는 Tag을 개별적으로 부착해야 재고조사나 자동 발주할 때 편리하다.

재고조사 시 특히 고가의 식자재는 자세하고 정확하게 하며 만약 악성재고가 발견될 때에는 즉시 총 주방장에 이 사실을 알려서 소진하도록 해야 한다.

6. 식재료별 재고관리

가. 보관기간에 따른 분류

1) 단기보관식품

매일 업소에서 사입하는 식자재의 대부분으로 육류, 야채, 과일 등 신선도가 큰 관건인 물품들이다. 따라서 단기보관식품은 항상 정확한 소비량을 산출하고 상황에 따라 구매 시 수량이 달라진다.

따라서 관리자는 재고 파악 양식을 만들어 냉장 혹은 냉동고에 보관 중인 기존 재고 수량을 파악한 후 수요량을 예측 판매하여 구매 관리를 하는 것이 효율적이다.

2) 장기보관식품

실온의 창고에 오래 보관할 수 있는 것으로 무조건적으로 창고에 대량 보관하여서는 안 된다. 과도한 구매는 도난, 분실, 과다 사용을 촉발하고 관리비의 증대만을 가져오기 때문이다.

장기보관식품은 다음과 같은 방법으로 관리를 하여야 한다.

① 기간별 주문방식 : 장기보관식품은 보존기간이 길기 때문에 주문 빈도수가 적고 관리가 용이하다. 따라서 기간별로 필요한 수량을 정해 식자재를 주문하게 된다. 그 기간은 관리자 편의에 따라 주, 월 단위로 할 수 있다.

② 장기재고정리방식 : 기간별 주문방식보다 재고관리에 편한 이점이 있으나 관리자의 세심한 주의와 정확한 기록이 요구되기

때문에 통상적으로 많이 쓰이지 않고 있다. 그러나 이 방법은 확실한 수량 개념이 목적이므로 잘 활용하면 업소 재고관리에 많은 도움이 된다.

일반적으로 전문 구매 담당자에 의해 장기재고카드를 만들어 재고와 수요를 예측하고, 산술적인 자료 이외에도 폐기, 도난 등 여러 가지 예외성을 예측하여 실제적인 운영에 참고한다.

나. 음료 · 주류 관리

1) 구매

대부분의 음료와 주류는 브랜드명에 의해 구매되고, 특히 주류의 경우는 법에 의해 정해진 세금과 가격선이 있기 때문에 공급자들마다 가격이 비슷하다. 따라서 공급을 안정적으로 해줄 수 있는 업체를 확보하는 것이 관건이다.

최근, 바(bar) 문화가 확산되면서 고급레스토랑이나, 바 등에서는 어떤 종류의 주류를 얼마나 구매하여 판매하는 지가 중요하다.

우선, 하우스 브랜드(house brand)가 있는데, 이는 그 업소를 대표하는 것으로 특별한 음료 브랜드를 요청하지 않는 고객에게 제공하며 일반적으로 중급상품이 사용된다.

음료의 운영은 매니저들이 모든 사람들의 입맛에 맞게 노력하는 것보다는 단골손님의 요구상황을 충족시키기 위한 브랜드를 선택하는 것이 효과적이며, 없는 브랜드를 주문 받았을 시는 대체품으로 제공할 수 있어야 한다.

음료 및 주류는 일반식재료보다 장기 보관이 가능하기 때문에 재고품회전율이 음식보다 낮다. 예를 들어 음식재고자산은 매년 약 평균 26번 회전시키면 이때 재고상품의 가치는 대략 2주간 사용했던 음식의 총량과 동등하다. 반면에 음료의 재고 품목은 1년에 단지 12번 회전하기 때문에 대략 한 달 동안 사용하기 위해 구입한 음료의 비용과 같으므로 장시간 저장고에 보관된다.

2) 저장

음료 및 주류 역시 효과적인 기록 유지와 위생적 저장이 중요하며 저장 지역은 업무가 끝나면 통제하여 도난 등을 방지한다.

또한 지속적인 재고 시스템(inventory system)으로 최소한 한달에 한번 물리적인 계산에 의해 재고 확인을 한다.

단, 바(BAR)의 경우는 병으로 관리하는 것이 아니고 OZ관리를 하기 때문에 먼저 병당 몇 OZ인가를 정해야 한다. 1OZ(지거, 한잔)는 30ml로, 700ml는 24잔 750ml는 25oz로 정하고 병당 몇 OZ가 남았는가를 확인하는 별도의 OZ 자를 만들어 관리해야 한다.

바에서는 일일 인벤토리(inventory)를 작성하는데, 표기법은 750ml는 25oz이므로 25잔(1잔은 1oz)을 기준으로 한다. 그러므로 0~25는 1~0과 같이 쓰인다. 이 말은 곧 한 병이란 뜻으로 두 병이면 2~0, 세 병이면 3~0으로 표기한다. 만약에 한 병과 15oz가 남았다면 1~15로 표기해야 한다. 한 병에서 한 잔(1oz)이 판매되었으면 1~0에서 0~24로 표기된다.

3) 출고

바(bar)의 기준량을 채우기 위해 병으로 출고되어야 하며, 다음과 같은 순서에 따라야 한다.

① 병을 중앙저장고에서 꺼낼 때 한 병의 양을 확인한다.
② 출고 날짜를 표기한다.
③ 언제 얼마만큼의 양을 가지고 있는지, 얼마만큼의 병이 출고되었는지 확인한다.

다. 판매, 재고관리 시스템

1) 판매, 재고관리 시스템의 의의

바코드를 활용한 판매관리시스템과 재고 시스템을 통합한 시스템으로 판매 분석을 통해 제품의 생산 계획 등 의사결정에 큰 기여를 하고 있다.

2) 주요 기능

판매시점관리 : 판매일자 및 시간, 판매자, 판매품목, 수량별로 판매되는 시점에 모든 관리가 이루어질 수 있다.

3) 바코드를 이용한 상품관리 기능

핸드 터미널을 활용하여 상품에 부착된 바코드를 읽어 들여 손쉽게 판매관리를 할 수 있는 기능을 제공한다.

4) 판매계획 대 실적관리

판매계획 대비 판매실적을 한눈에 파악할 수 있다.

5) 적정 재고량 파악을 통한 재고관리 시스템

적정 재고량을 기준으로 재고량에 못 미치는 수량을 그래프화 하여 재고현황을 파악하도록 하고 있다.

라. 판매, 재고분석 및 유통 흐름 분석

본사의 판매/재고 분석뿐만 아니라 유통의 흐름까지 한눈에 파악할 수 있도록 철저한 분석이 이루어진다.

1) 경영 의사결정의 기초 자료(제품의 생산량 결정에 도움을 줌)
2) 적정한 재고 확보파악
3) 생산성 향상(가동률 최대화) 및 경제적, 생산성을 고려한 원자재 및 장비 수급
4) 계획적인 생산으로 생산비용(단가)절감 효과
5) 제품 출고 시 원 부자재 및 제품 재고관리가 자동으로 처리
6) 제품 분류 시 재고내역 자동생성
7) 품목별로 업체별 단가관리가 자동처리

9) 유형별 매출, 매입 조회가 가능

10) 외주처 재고 파악 및 관리가 자동처리

11) 단위 중량 및 중량 관리에 따른 재고관리

12) 기간별, 수주별, №별, 업체별, 주문별, 생산일보 및 불량률 재고 현황관리가 가능

13) 판매 물품별 재고 현황(수불관리)

위의 기능을 살펴보면 현재 적절한 재고관리 시스템의 도입으로 관리자의 정확한 재고관리로 식재료의 낭비를 막아서 각 기업의 이윤추구와 생산자의 업무를 지향 발전할 수 있도록 하여야 할 것이다.

빈카드 시스템이란?

고가품에 대한 철저한 통제 관리로 언제 무엇이 어디에서 얼마만큼 입고되어, 언제 무엇이 어디로 얼마만큼 이동되었으며, 현재 얼마의 재고가 있다는 것을 기록하는 목록카드이다. 적정재고 수준은 주로 이 카드를 기초로 상한선과 하한선이 매 음료 품목마다 있어, 이것을 기초로 재발주가 이루어진다.

마. 재고관리 시 점검사항

1) 재고관리

① 물품을 종류별 · 규격별로 정연하게 보관되어 있는가?

② 물품의 상태는 양호한가?

③ 물품별 입출고 카드가 준비되어 있는가?

④ 입 · 출고 카드는 현행에 맞게 기록되어 있는가?

⑤ 정기적인 재고조사는 실시하고 있는가?

⑥ 실제 재고조사 실시결과 이상이 없는가(장부와 대조)?

⑦ 적정재고의 산출근거는 타당한가?

2) 입 · 출고의 절차

① 물품의 품목에 따른 검수 기준은 확립되어 있는가?

② 출고절차는 타당한가?

③ 출고는 올바르게 이행되는가?

④ 긴급출고의 경우, 사후처리는 되고 있는가?

⑤ 사용 후의 잔여물품은 제대로 파악하여 입고되고 있는가?

⑥ 입고된 잔여물품은 합리적으로 처리되었는가?

3) 물품 수불부의 작성

① 물품일보 또는 월보 등으로 물품의 수불상태가 파악되고 있는가?

② 물품수불부의 작성속도는 물품관리에 지장이 없는가?

13

주방설계 실무

1. 한식주방

가. 고기전문점 주방(생고기, 냉면)　나. 냉면전문점 주방

다. 돌솥밥 주방　라. 해장국 주방

2. 양식당 주방

가. 돈가스 주방　나. 파스타전문점 주방

다. 패밀리레스토랑 주방

3. 일식당 주방

가. 횟집주방(소규모)　나. 회전초밥집 주방

다. 정통일식 주방　라. 일본우동 주방

마. 샤브샤브 주방

4. 중식당 주방

가. 중화요리 주방

5. 기타 주방

가. 캐더링 주방　나. 단체급식 주방

다. 실습실 주방　라. 호텔메인 주방

1. 한식주방

가. 고기전문점 주방(생고기, 냉면)

NO	DESCRIPTION	DIMENSION			Q'TY	PLUMBING			GAS		STEAM		ELECTRICAL			REMARK	NO
		L	W	H		C.W	H.W	DRAIN	IN	Kcal/H	IN	Kg/H	P	V	Kw/H		
01	배식대	1200	700	850	1												01
02	냉장테이블	1500	700	850	1								1	220	0.5		02
03	오픈캐비닛작업대	1500	700	850	1												03
04	잔반처리대/통	900	700	850	1												04
05	담금세정대	1200	700	850	1	15	15	50									05
06	벽선반	1800	350	550	1												06
07	식기세척기	650	700	1350	1		15	50	9.5	9500			1	220	4		07
08	랙건조대	700	700	850	1												08
09	랙선반	700		520	1												09
10	다단식선반	1200	600	1800	1												10
11	냉동냉장고	1260	800	1900	3								1	220	0.54*3		11
12	가스다화구렌지	1800	600	850	1				25	58800							12
13	3구렌지	900	600	850	1				25	25600							13
14	낮은렌지	1200	600	850	1	15			25	42400							14
15	배기후드	4000	800	600	1												15
16	가스 밥솥		55용		1				9.5	8400							16
17	가스대	900	600	650	1												17
18	사리냉각기	600	600	850	1	15	15	50					1	220	0.5		18
19	사리씽크	600	600	850	1	15	15	50									19
20	냉면렌지/기계	900	900	1500	1	15		50	25	30000			1	220	1.5		20
21	배기후드	1000	1000	600	1												21
22	냉장테이블	1500	700	850	1								1	220	0.5		22
23	육수냉장고	850	500	900	1								1	220	0.3		23
24	작업대	1500	700	850	1												24
25	상선반	1500	400	750	1												25
26	냉장테이블	1800	700	850	1								1	220	0.7		26
27	상선반	1800	400	750	2												27
28	작업대	1800	700	850	2												28
29	작업대	600	700	850	1												29
30	2조씽크	1200	700	850	1	15	15	50									30
31	컵소독기				1								1	220	0.2		31
32	작업대	1200	600	850	1												32
33	핫박스				1								1	220	0.5		33
34	동치미냉장고	850	500	850	1								1	220	0.3		34
35	2단작업대	1800	700	850	1												35
36	반찬냉장고	1800	700	850	1								1	220	0.7		36
37	상선반	1800	300	750	2												37
38	2조컵씽크	1200	600	850	1	15	15	50									38
39	냉온정수기				1	6		50					1	220	0.5		39
40	음료냉장고	600	700	1900	2								1	220	0.7*2		40

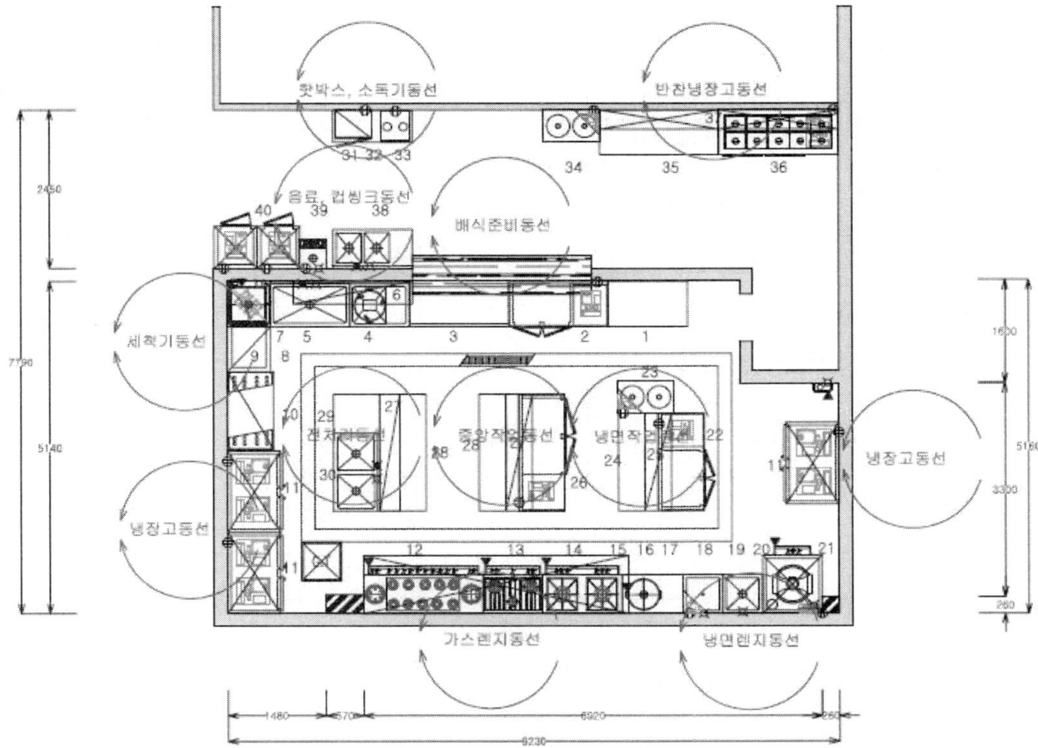

고기전문점주방
생고기,냉면

* 세척기
Door type
우씽크/1조

* 렌지
다화구렌지
3구렌지
낮은렌지
냉면렌지

* 냉장고
냉동냉장고45
냉장테이블
육수냉장고
반찬냉장고

* 홀주방면적
22.56m²(6.8py)

* 주방면적
44.71m²(13.5py)

나. 냉면전문점 주방

NO	DESCRIPTION	DIMENSION			Q.T.Y	PLUMBING			GAS		STEAM		ELECTRICAL			REMARK	NO
		L	W	H		C.W	H.W	DRAIN	IN	Kcal/H	IN	Kg/H	P	V	Kw/H		
01	가스낮은렌지	1200	600	450	1	15			25	42400							01
02	냉면렌지	800	800	850	1	15		50	25	30000							02
03	작업대	500	800	850	1												03
04	자동반죽기계				1								1	220	1		04
05	냉면기계 / 렌지	800	800	1500	1	15		50	25	30000			1	220	1.5		05
06	배기후드	4500	900	600	1												06
07	냉동고	1260	800	600	1								1	220	0.6		07
08	육수냉장고	900	600	920	1								1	220	0.3		08
09	랙건조대	600	700	850	1												09
10	랙선반	600	520		1												10
11	식기세척기	650	700	1350	1		15	50	9.5	9500			1	220	4		11
12	닭금세정대	1200	700	850	1	15	15	50									12
13	김치냉장고	700	700	850	1								1	220	0.5		13
14	장국통/받침대	600	600	850	1								1	220	0.5		14
15	양오픈배식대	1500	700	900	1												15
16	육수냉각기/ 받침대	700		900	1	15		50					1	220	1		16
17	고명냉장고	1800	700	850	1								1	220	0.7		17
18	사리냉각기	3200	400	750	1	15	15	50					1	220	0.5		18
19	사리세정대	700	700	850	1	15	15	50									19
20	상선반	3200	350	750	1												20
21	냉장고	1260	800	1900	1								1	220	0.54		21
22	모터받침대	1500	600	1500	2												22
23	만두찜기	600	450	450	1	15			25	42400							23
24																	24
25																	25
26																	26
27																	27
28																	28
29																	29
30																	30
31																	31
32																	32
33																	33
34																	34
35																	35
36																	36
37																	37

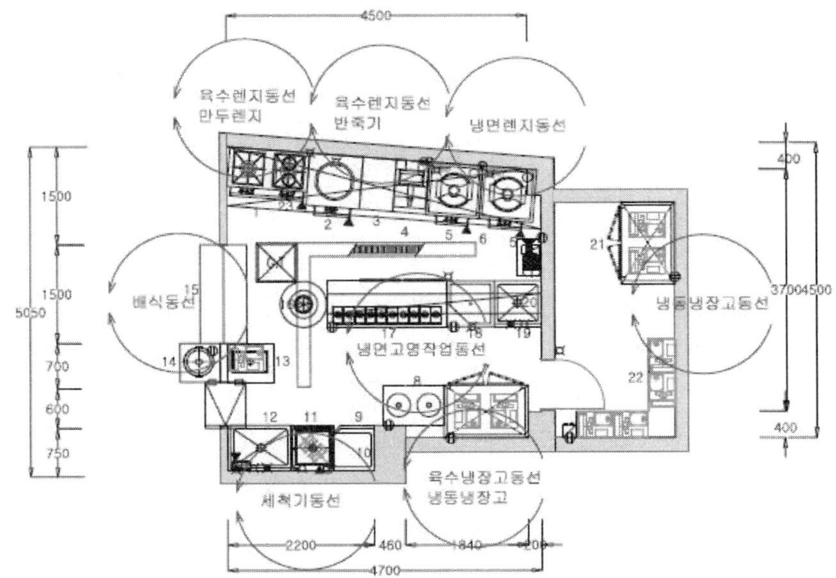

냉면전문점주방

* 세척기:
Door type
우씽크/1조

* 렌지:
만두찜렌지
냉면렌지/기계
육수낮은렌지

* 냉장고
육수냉각기
육수냉장고
사리냉각기
냉동냉장고45

* 주방면적
22.08m²(6.7py)

다. 돌솥밥 주방

NO	DESCRIPTION	DIMENSION L	DIMENSION W	DIMENSION H	Q'TY	PLUMBING C.W	PLUMBING H.W	PLUMBING DRAIN	GAS IN	GAS Kcal/H	STEAM IN	STEAM Kg/H	ELECTRICAL P	ELECTRICAL V	ELECTRICAL Kw/H	REMARK
01	식기세척기	650	670	1360	1		15	50	9.5	9800			1	220	4	
02	잔반처리대	960	670	830	1											
03	퇴식작업대	900	670	850	1											
04	오픈배식대	900	400	800	1											
05	백관장	3000	350	550	1											
06	오픈배식대	1200	800	830	1											
07	반찬냉장고	1800	800	800	1								1	220	0.7	
08	동치미냉장고	650	500	330	1								1	220	0.3	
09	다단식선반	1500	600	1800	1											
10	1단선반	2400	250	50	1											
11	야채선반	500	600	1800	1											
12	철판렌지	1800	800	800	1				25	48000						
13	보조작업대	600	700	830	1											
14	1조씽크대	1500	700	830	1	15	15	50								
15	운반작업대	1200	800	800	1											
16	석쇠운반카	650	650	400	1											
17	낮은렌지1구	600	800	450	1	15			25	17000						
18	1조세정대	600	800	800	1	15	15	50								
19	냉각기	600	800	800	1	15		50					1	220	0.5	
20	작업대	600	800	800	1											
21	육수냉장고	650	550	320	1								1	220	0.3	
22	가스밥솥/ 하부 밥솥[illegible]	570	700	800	1				9.5	8400×2						
23	작업대	500	800	800	1											
24	돌솥밥렌지	1800	800	430	2				9.5	21800×2			1	220	0.1×2	
25	돌솥밥다이	1800	800	450	2											
26	간택기렌지	1500	800	800	2				25	45000×2						
27	보조작업대	600	800	800	1											
28	2조씽크대	1200	600	800	1	15	15	50								
29	중앙작업대	1500	750	800	4											
30	양념조리대	1500	750	800	1											
31	2조씽크대	1500	750	800	1	15	15	50								
32	양념선반	1200	800	1800	2											
33	작업대	1200	800	800	1											
34	낮은렌지2구	1200	800	450	1	15			25	42400						
35	작업대	1500	800	800	1											
36	오픈배식대	1800	500	800	1											
37	백관장	1500	350	550	1											

NO	NO	DESCRIPTION	DIMENSION L	DIMENSION W	DIMENSION H	Q'TY	PLUMBING C.W	PLUMBING H.W	PLUMBING DRAIN	GAS IN	GAS Kcal/H	STEAM IN	STEAM Kg/H	ELECTRICAL P	ELECTRICAL V	ELECTRICAL Kw/H	REMARK	NO
01	38	2조씽크대	1500	600	800	1	15	15	50									38
02	39	배기후드	2000	1600	600	2												39
03	40	배기후드	800	800	600	1												40
04	41	배기후드	1800	800	600	1												41
05	42	배기후드	1400	800	600	1												42
06	43	냉동냉장고	1800	800	1900	1								1	220	0.7×2		43
07	44	냉동냉장고	1200	800	1900	1								1	220	0.54		44
08	45	탁작업대	900	700	850	1												45
09	46	탁건조대	900		520	1												46
10	47	세척기씽크대	1500	700	850	1	15	15	50									47
11	48																	48
12	49																	49
13	50																	50
14	51																	51
15	52																	52
16	53																	53
17	54																	54
18	55																	55
19	56																	56
20	57																	57
21	58																	58
22	59																	59
23	60																	60
24	61																	61
25	62																	62
26	63																	63
27	64																	64
28	65																	65
29	66																	66
30	67																	67
31	68																	68
32	69																	69
33	70																	70
34	71																	71
35	72																	72
36	73																	73
37	74																	74

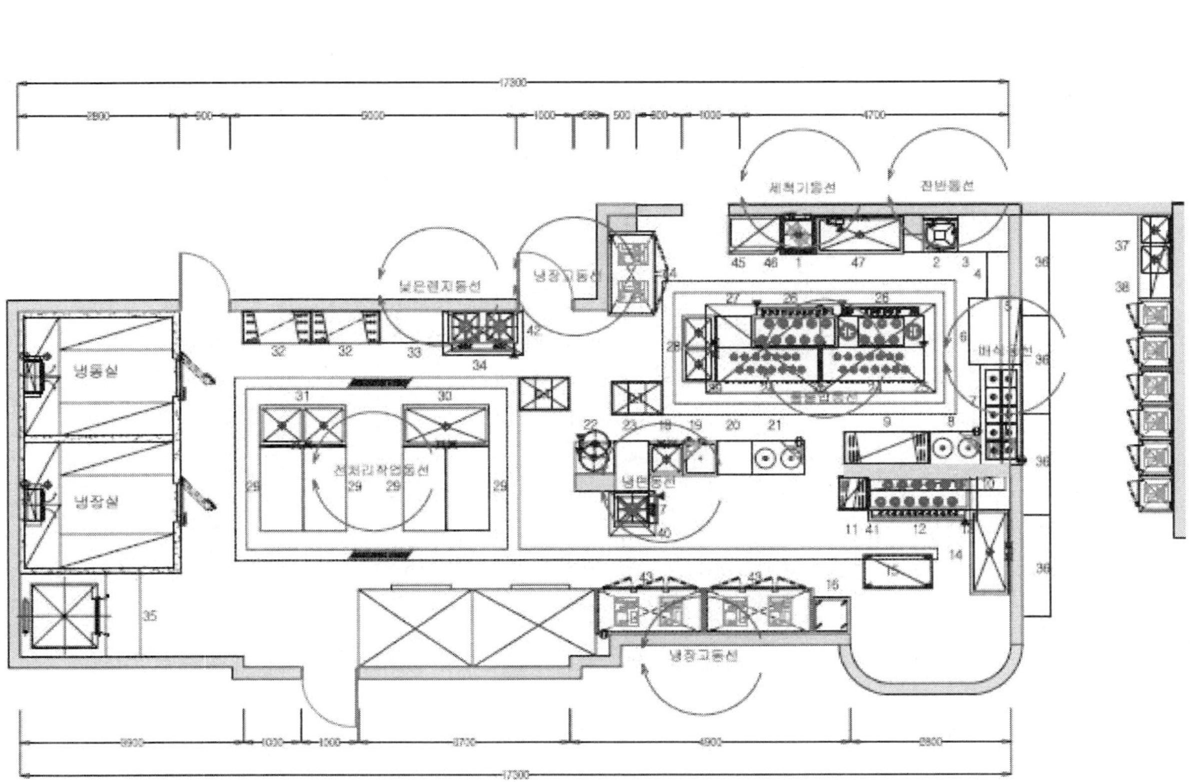

돌솥밥주방

고기,냉면,돌솥밥

* 세척기
  Door type
  우씽크/1조
* 렌지
  다화구렌지
  돌솥밥렌지
  낮은렌지/냉면용
* 냉장고
  냉동냉장고65
  냉동냉장고45
  육수냉장고
  사리냉각기
  반찬냉장고
* 저장고
  냉동실6.58m²(2.0py)
  냉장실6.58m²(2.0py)
* 주방면적
  137.92m² (41.7py)

라. 해장국 주방

NO	DESCRIPTION	DIMENSION			Q'TY	PLUMBING			GAS		STEAM		ELECTRICAL			REMARK	NO
		L	W	H		C.W	H.W	DRAIN	IN	Kcal/H	IN	Kg/H	P	V	Kw/H		
01	음료냉장고	600	600	1900	1								1	220	0.7		01
02	냉온정수기				1	6		50					1	220	0.5		02
03	컵소독기				1								1	220	0.2		03
04	받침대	1200	600	850	1												04
05	핫박스				1								1	220	0.5		05
06	컵세정대	900	600	850	1	15	15	50									06
07	벽선반	900	350	550	1												07
08	양오픈배식대	1850	700	900	1												08
09	양오픈배식대	1200	700	900	1												09
10	반찬냉장고	1200	700	850	1								1	220	0.5		10
11	도아	460	700	50	1												11
12	육수냉장고	850	550	850	1								1	220	0.3		12
13	냉면작업대	1150	550	850	1												13
14	벽선반	2000	350	550	1												14
15	보조대	300	600	850	1												15
16	면씽크	600	600	850	1	15	15	50									16
17	가스간텍기렌지	2200	600	850	1				25	75000							17
18	배기후드	2900	800	600	1												18
19	보조대	600	600	850	1				9.5	8400							19
20	낮은렌지	1200	600	450	1	15			25	39600							20
21	배기후드	1400	800	600	1												21
22	냉동냉장고	1260	800	1900	1								1	220	0.54		22
23	중앙조리대	1500	600	850	2												23
24	상선반	1500	300	750	1												24
25	보조대	600	700	850	1												25
26	벽선반	1200	350	550	1												26
27	1조씽크	1200	700	850	1	15	15	50									27
28	식기세척기	650	700	1350	1		15	50					1	220	4		28
29	책작업대	600	700	850	1												29
30	냉장실	2400	2500	2200	1			50					1	220	2.5		30
31	냉동실	1600	2500	2200	1			50					1	220	2		31
32	가스온수기				1				9.5	9500							32
33	다단식선반	1500	700	1800	1												33
34																	34
35																	35
36																	36
37																	37

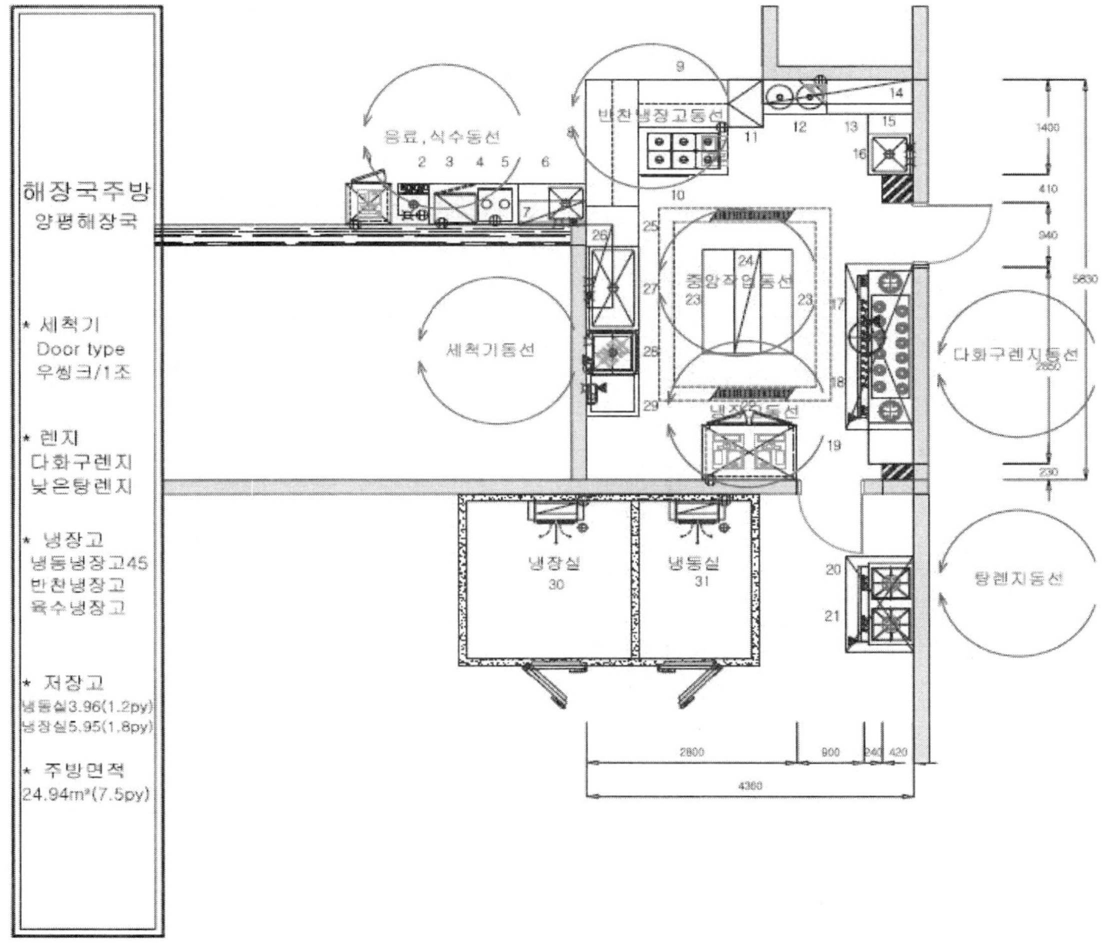
해장국주방
양평해장국
* 세척기
Door type
우씽크/1조
* 렌지
다화구렌지
낮은탕렌지
* 냉장고
냉동냉장고45
반찬냉장고
육수냉장고
* 저장고
냉동실3.96(1.2py)
냉장실5.95(1.8py)
* 주방면적
24.94m²(7.5py)
음료, 식수동선
반찬냉장고동선
세척기동선
중앙작업동선
다화구렌지동선
탕렌지동선
냉장실
30
냉동실
31
1400
410
940
5830
2860
230
2800
900
240
420
4360

2. 양식당 주방

가. 돈가스 주방

NO	DESCRIPTION	DIMENSION			Q.T.Y	PLUMBING			GAS		STEAM		ELECTRICAL			REMARK	NO
		L	W	H		C.W	H.W	DRAIN	IN	Kcal/H	IN	Kg/H	P	V	Kw/H		
01	냉동냉장고	1260	800	1900	1								1	220	0.54		01
02	냉동냉장고	850	800	1900	1								1	220	0.4		02
03	작업대	1800	700	850	1												03
04	벽선반	1800	350	550	1												04
05	4구렌지	1200	600	850	1				25	29600							05
06	보조대	600	600	850	1												06
07	숲워머	600	600	850	1								1	220	3		07
08	전기튀김기	600	600	850	1								1	220	3		08
09	배기후드	3200	800	600	1												09
10	냉장테이블	1800	700	850	1								1	220	0.7		10
11	벽선반	1700	350	550	1												11
12	작업대	1800	700	850	1								1	220	0.7		12
13	상선반	1800	300	700	1												13
14	냉장테이블	1800	700	850	1								1	220	0.7		14
15	1조세정대	600	700	850	1	15	15	50									15
16	다단식선반	1200	700	1800	1												16
17	랙건조대	900	700	850	1												17
18	랙선반	900		520	1												18
19	식기세척기	650	700	1500	1		15	50	9.5	9500			1	220	4		19
20	2조세정대	1500	700	850	1	15	15	50									20
21	잔반처리대/통	700	700	850	1												21
22	퇴식대	900	700	850	1												22
23	벽선반	1500	350	550	2												23
24																	24
25																	25
26																	26
27																	27
28																	28
29																	29
30																	30
31																	31
32																	32
33																	33
34																	34
35																	35
36																	36
37																	37

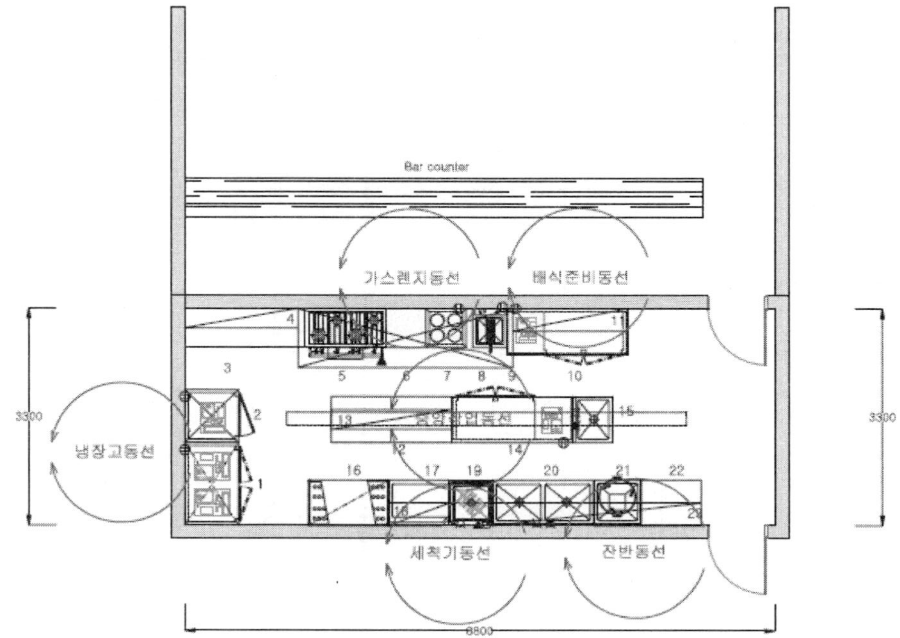

돈가스주방

* 그릇세척
씽크대타입

* 렌지
4구렌지
튀김기
숯워머

* 냉장고
냉동냉장고45
냉동냉장고25
냉장테이블
토핑테이블

* 주방면적
20.25m²(6.1py)

나. 파스타전문점 주방

NO	DESCRIPTION	DIMENSION			Q'TY	PLUMBING			GAS		STEAM		ELECTRICAL			REMARK	NO
		L	W	H		C.W	H.W	DRAIN	IN	Kcal/H	IN	Kg/H	P	V	Kw/H		
01	전기오븐	900	600	550	1								1	220	9		01
02	오븐 받침대/ 보조대	1500	600	850	1												02
03	배기후드/유지망	2900	600	600	1												03
04	파스타세정대	600	600	850	1	15	15	50									04
05	해면기	600	600	850	1	15		50	25	10800							05
06	배기후드/유지망	2900	800	600	1												06
07	보조대	500	600	850	1												07
08	5구렌지	1800	600	850	1				25	54000							08
09	낮은렌지	600	600	450	1	15			25	17000							09
10	냉동냉장고	1260	800	1900	1								1	220	0.54		10
11	해물토핑냉장고	1500	700	850	1								1	220	0.5		11
12	냉장테이블	1500	700	850	1								1	220	0.5		12
13	벽선반	1500	350	550	2												13
14	랙건조대	1200	700	850	1												14
15	랙선반	1200		520	1												15
16	식기세척기	650	700	1350	1		15	50	9.5	9500			1	220	4		16
17	1조세척기 세정대	1200	700	850	1	15	15	50									17
18	잔반처리대/통	600	700	850	1												18
19	벽선반	1200	350	550	1												19
20	작업대	1250	500	850	1												20
21	냉장테이블	1500	700	850	1								1	220	0.5		21
22	접시워머	1500	700	850	1								1	220	5		22
23	벽선반	1500	350	550	2												23
24	제빙기		55kg		1	15		50					1	220	1.5		24
25	중앙작업대	1200	600	850	2												25
26																	26
27																	27
28																	28
29																	29
30																	30
31																	31
32																	32
33																	33
34																	34
35																	35
36																	36
37																	37

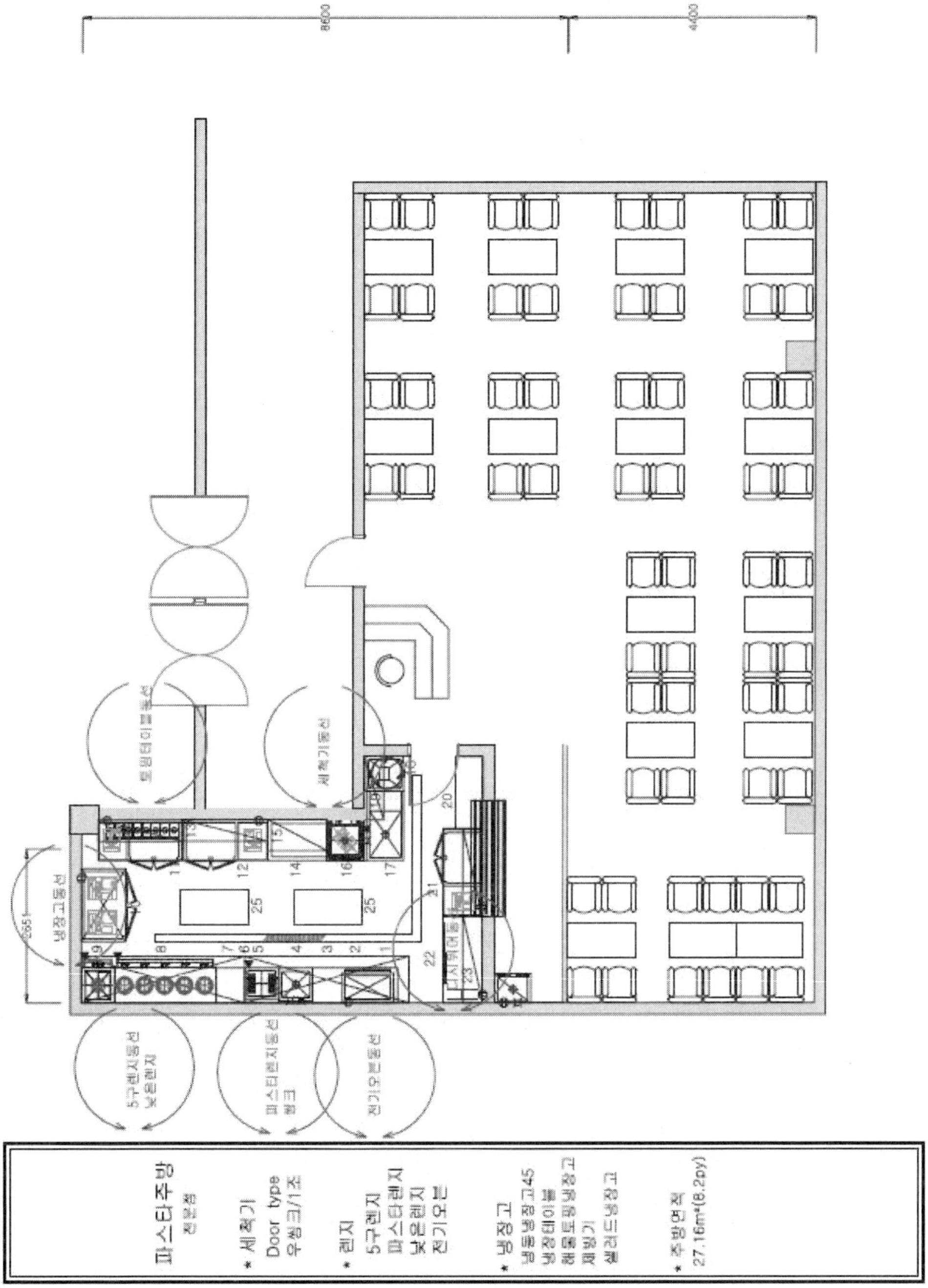
8600
4400
파스타주방
전문점
* 세척기
Door type
우썽 크/1조
* 렌지
5구렌지
파스타렌지
낮은렌지
전기오븐
* 냉장고
냉동냉장고45
냉장테이블
해물토핑냉장고
제빙기
샐러드냉장고
* 주방면적
27.16m²(8.2py)

다. 패밀리레스토랑 주방

NO	DESCRIPTION	DIMENSION			Q.T.Y	PLUMBING			GAS		STEAM		ELECTRICAL			REMARK	NO
		L	W	H		C.W	H.W	DRAIN	IN	Kcal/H	IN	Kg/H	P	V	Kw/H		
01	1조씽크	600	600	850	1	15	15	50									01
02	오픈캐비넷작업대	1500	700	850	1												02
03	샐러드냉장고	1500	700	850	1								1	220	0.5		03
04	디시 워머	1500	700	850	1								1	220	5		04
05	샐러드냉장고	1500	700	850	1								1	220	0.5		05
06	서랍식냉장테이블	1500	700	850	2								1	220	0.5*2		06
07	냉장테이블	1500	700	850	1								1	220	0.5		07
08	아이스크림 냉동고	900	610	850	1								1	220	0.7		08
09	소프트아이스크림 머신/2구				1	15		50					3	380	5		09
10	냉장테이블	1500	700	850	1								1	220	0.5		10
11	파스타렌지	600	600	850	1				25	17000							11
12	1조씽크	600	600	850	1	15	15	50									12
13	가스치즈멜러		923		1				9.5	6300							13
14	6구렌지/서랍식냉장테이블	1800	600	250	1								1	220	0.5		14
15	배기후드	3200	900	600	1												15
16	양념대	300	700	850	1												16
17	숯불그릴러	1200	700	850	1				25	20000							17
18	가스그릴러	600	700	850	1				25	15000							18
19	배기후드	2200	900	600	1												19
20	디시워머	1500	700	850	2								1	220	5*2		20
21	상선반	1500	300	750	2												21
22	자동 워터필				2	15		50									22
23	보조대	300	600	850	1												23
24	전기자동 튀김기	900	600	850	1								1	220	6		24
25	전기소형 오븐				1								1	220	3		25
26	햄슬라이스				1								1	220	0.5		26
27	작업대	1200	700	850	1												27
28	배기후드	2600	900	600	1												28
29	1조씽크	600	600	850	1	15	15	50									29
30	에어컨				1								1	220	3		30
31	냉동냉장고	1260	800	1900	1								1	220	0.54		31
32	파이프선반	1200	300	350	1												32
33	파이프선반	2000	300	350	1												33
34	파이프선반	2400	300	350	1												34
35	가스낮은렌지	1200	600	450	1	15			25	42400							35
36	가스그릴러	600	600	850	1				25	15000							36
37	4구렌지	1200	600	850	1				25	30000							37
38	콤비스티머				1	15		50					3	380	15		38
39	배기후드	6350	1200	600	1												39
40	브레이징팬				1								1	220			40
41	스머킹오븐	700	800	1800	1								1	220	6		41
42	팬랙	600	600	1800	1												42
43	2조씽크	1500	600	650	1	15	15	50									43
44	이동작업대	1200	600	850	1												44
45	버티컬믹서				1								1	220	1		45
46	제빙기				1	15		50					1	220	3		46
47	냉온정수기				1	6		50					1	220	0.5		47
48	커피머신				1	6		50					1	220	3		48
49	냉장테이블	1500	600	850	1								1	220	0.5		49
50	음료디스펜서				2	15		50					1	220	1		50
51	작업대	900	600	850	1												51
52	잔반처리대/통	1200	700	850	1												52
53	벽선반	2200	350	550	1												53
54	세척기씽크	1500	700	850	1	15	15	50									54
55	전처리샤워기				1	15		50									55
56	식기세척기	1250	700	1350	1		15	50	20	36000			3	380	10		56
57	배기후드	1500	900	600	1												57
58	랙건조대	1100	700	850	1												58
59	랙선반	1000		520	1												59
60	냉동실	2200	2300	2400	1			50					1	220	2		60
61	냉장실	3300	2300	2400	1			50					1	220	3		61
62	창고선반	1500	600	1600	2												62
63	창고선반	1500	700	1600	1												63
64	창고선반	1500	700	1600	1												64
65	씨팬카	600	500	1700	2												65
66	상선반/할로겐	1500	300	750	6								1	220	3*6		66
67	벽선반	1200	350	550	1												67
68	벽선반	1200	350	550	2												68
69	벽선반	1700	350	550	2												69

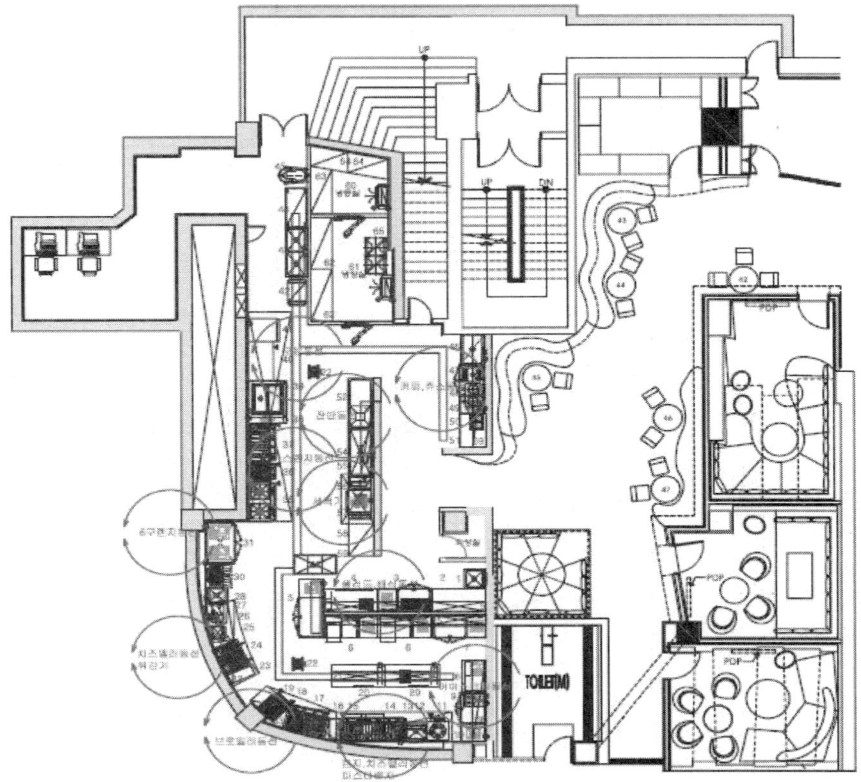

웨미리레스토랑
주방

* 세척기
Rack type
좌씽크/1조

* 렌지
4구렌지/오븐
브로일러
낮은렌지
치즈멜러
튀김기
6구렌지
파스타렌지

* 오븐
콤비오븐
스머킹오븐

* 냉장고
냉동냉장고45
냉장테이블
샐러드냉장고
토핑냉장고

* 저장고
냉동실5.06m²(1.5py)
냉장실7.59m²(2.2py)

* 주방면적
108.48m²(32.8py)
사무실제외

3. 일식당 주방

가. 횟집주방(소규모)

NO	DESCRIPTION	DIMENSION			Q.T.Y	PLUMBING			GAS		STEAM		ELECTRICAL			REMARK	NO
		L	W	H		C.W	H.W	DRAIN	IN	Kcal/H	IN	Kg/H	P	V	Kw/H		
01	반찬냉장고	1200	700	850	1								1	220	0.5		01
02	벽선반	900	350	550	1												02
03	냉장테이블	1800	700	850	1								1	220	0.5		03
04	1조씽크	500	700	850	1	15	15	50									04
05	보조대	750	700	850	1												05
06	벽선반	1000	350	550	1												06
07	홀씽크	900	600	850	1	15	15	50									07
08	벽선반	1350	350	550	1												08
09	잔반처리대/통	600	600	850	1												09
10	벽선반	1350	350	550	1												10
11	담금세정대	1200	700	850	1	15	15	50									11
12	랙작업대	600	700	850	1												12
13	식기세척기	650	700	1350	1	15		50	9.5	9500			1	220	4		13
14	랙건조대	600	700	850	1												14
15	냉동냉장고	1900	800	1900	1								1	220	0.7		15
16	랙선반	600		520	1												16
17	어소기/받침대		923		1				9.5	6200							17
18	보조대	1500	500	850	1												18
19	가스대	1500	600	850	1												19
20	쌀관바니				5				9.5	10800*5							20
21	튀김기		2탱크		1				9.5	24500			1	220	0.1		21
22	배기후드	800	700	600	1												22
23	낮은렌지	600	600	450	1	15			25	17000							23
24	배기후드	3100	800	600	1												24
25	생선씽크	900	700	850	1	15	15	50									25
26	도마 작업대	1500	700	850	1												26
27	냉장테이블	1800	700	850	1								1	220	0.5		27
28	상선반	1800	300	750	1												28
29																	29
30																	30
31																	31
32																	32
33																	33
34																	34
35																	35
36																	36
37																	37

횟집주방
소규모

* 세척기
Door type
1조씽크

* 렌지
쌍관버너
자동튀김기
낮은렌지

* 냉장고
냉동냉장고65
냉장테이블
반찬냉장고

* 주방면적
32.49m²(9.8py)

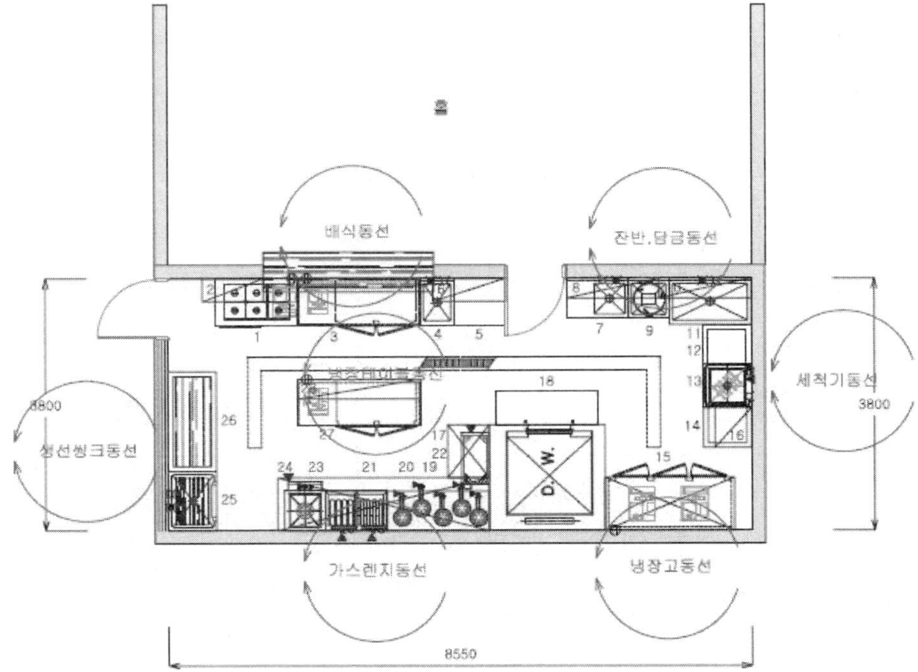

나. 회전초밥집 주방

NO	DESCRIPTION	DIMENSION			QTY	PLUMBING			GAS		STEAM		ELECTRICAL			REMARK	NO
		L	W	H		C.W	H.W	DRAIN	IN	Kcal/H	IN	Kg/H	P	V	Kw/H		
01	냉온 정수기	300	400	1100	1	6		50					1	220	0.5		01
02	전기 물끓이기				1								1	220	3		02
03	받침대	1100	600	700	1												03
04	가스 밥솥	55 용			1				9.5	8400							04
05	가스렌지	4PR			1				9.5	14500							05
06	받침대	900	600	650	1												06
07	배기후드	1600	800	600	1												07
08	2조세정대	1200	600	850	1	15	15	50									08
09	생선초밥성형기	330	380	490	1								1	220	0.3		09
10	냉동테이블	1200	600	850	1								1	220	0.4		10
11	벽선반	1225	350	550	2												11
12	냉동테이블	655	470	845	1								1	220	0.5		12
13	1조세정대	500	600	850	1	15	15	50									13
14	냉동테이블	1800	600	850	1								1	220	0.7		14
15	초밥스시다이	1800	250	250	1								1	220	0.3		15
16																	16
17																	17
18																	18
19																	19
20																	20
21																	21
22																	22
23																	23
24																	24
25																	25
26																	26
27																	27
28																	28
29																	29
30																	30
31																	31
32																	32
33																	33
34																	34
35																	35
36																	36
37																	37

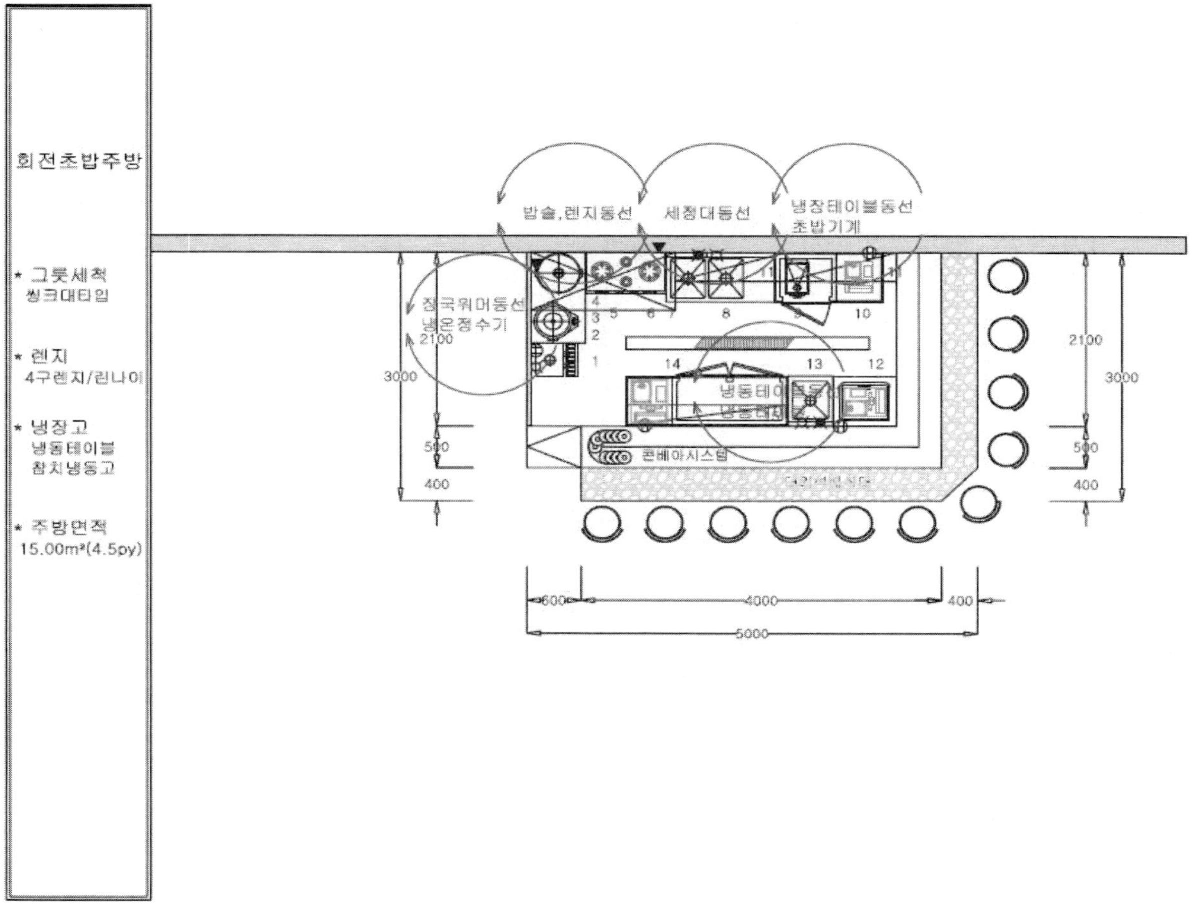
회전초밥주방
* 그릇세척
씽크대타입
* 렌지
4구렌지/린나이
* 냉장고
냉동테이블
참치냉동고
* 주방면적
15.00m²(4.5py)
밥솥,렌지동선
세정대동선
냉장테이블동선
초밥기계
정국워머동선
냉온정수기
냉동테이블
콘베아시스템
3000
2100
500
400
600
4000
5000
1
2
3
4
5
6
7
8
9
10
11
12
13
14

다. 정통일식 주방

NO	DESCRIPTION	DIMENSION			Q'TY	PLUMBING			GAS		STEAM		ELECTRICAL			REMARK	NO
		L	W	H		C.W	H.W	DRAIN	IN	Kcal/H	IN	Kg/H	P	V	Kw/H		
01	냉장고	1260	800	1900	1								1	220	0.54		01
02	참치냉동고	900	610	850	1								1	220	0.7		02
03	냉동고	1260	800	1900	1								1	220	0.7		03
04	가스다화구렌지	1800	600	850	1				25	58800							04
05	가스대	1100	600	850	1												05
06	양념 파이프선반	1800	250	250	1												06
07	가스 어소기		926		1				9.5	12300							07
08	어소기받침대	1300	500	500	1												08
09	가스 밥솥		55용		1				9.5	8400							09
10	밥솥 하부로라	600	600	150	1												10
11	가스자동 튀김기	460	600	1000	1				9.5	12700			1	220	0.1		11
12	가스낮은렌지	1200	600	450	1	15			25	42400							12
13	배기후드	2300	800	600	2												13
14	생선씽크	1200	700	850	1	15	15	50									14
15	수족관	1800	700		1	15							1	220	1		15
16	생선 도마대	900	700	850	1												16
17	랙선반	600		520	1												17
18	랙건조대	600	700	850	1												18
19	식기세척기	650	700	1350	1		15	50	9.5	9500			1	220	4		19
20	담금세정대	1500	700	850	1	15	15	50									20
21	벽선반	1200	350	550	1												21
22	잔반처리대/통	600	700	850	1												22
23	퇴식대	650	700	850	1												23
24	전처리 작업대	1000	700	850	1												24
25	냉장테이블	1500	700	850	1								1	220	0.5		25
26	배식대	1500	600	850	1												26
27	냉장테이블	1800	500	850	2								1	220	0.7*2		27
28	상부선반	1800	300	750	2												28
29	반찬냉장고	1500	700	850	1								1	220	0.5		29
30	배식대	1500	600	850	1												30
31	상부선반	1500	300	750	2												31
32	작업대	1500	600	850	1												32
33	핫박스				1								1	220	0.5		33
34	컵소독기				1								1	220	0.2		34
35	음료냉장고	600	700	1900	2								1	220	0.7*2		35
36	냉온 정수기				1	6		50					1	220	0.5*2		36
37	2조씽크	1100	600	850	1	15	15	50									37
38	벽선반	1100	350	550	1												38
39	창고선반	1200	600	1800	2												39
40	냉동 테이블	1500	700	850	2								1	220	0.7*2		40
41	1조씽크	500	700	850	2	15	15	50									41
42	오픈캐비넷작업대	1500	700	850	1												42
43	생선쇼케이스	1200	300	300	2								1	220	0.3*2		43

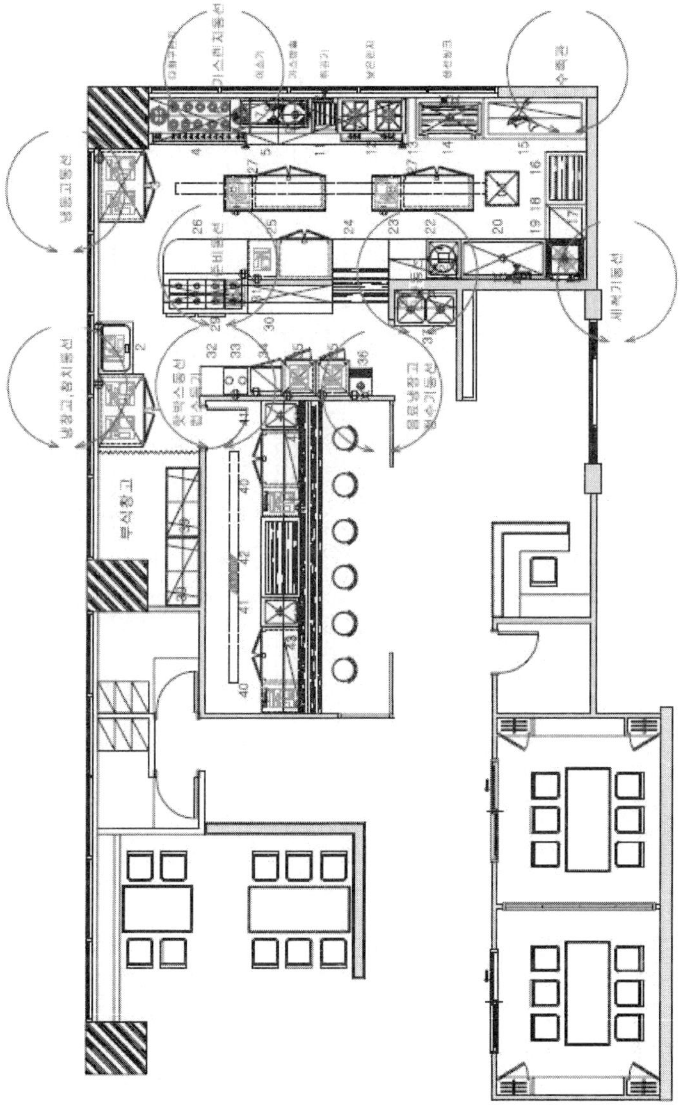

정통일식주방

* 세척기
  Door type
  우씽크/1조

* 렌지
  다회구렌지
  자동튀김기
  낮은렌지
  생선구이기

* 냉장고
  냉동고45
  냉장고45
  냉장테이블
  반찬냉장고
  참치냉동고

* 스시주방면적
  17.82m²(5.3py)

* 홀주방면적
  11.65m²(3.5py)

* 주방면적
  37.34m²(11.2py)

라. 일본우동 주방

NO	DESCRIPTION	DIMENSION L	DIMENSION W	DIMENSION H	QTY	PLUMBING C.W	PLUMBING H.W	PLUMBING DRAIN	GAS IN	GAS Kcal/H	STEAM IN	STEAM Kg/H	ELECTRICAL P	ELECTRICAL V	ELECTRICAL Kw/H	REMARK	NO
01	잔반처리대/통	800	750	850	1												01
02	잔반통/이동형	500		550	1												02
03	전처리 준비대	1000	750	850	1	15	15	50									03
04	벽선반	1650	300	500	1												04
05	식기세척기				1		15	50	9.5	9500			1	220	4		05
06	환기후드	900	900	600	1												06
07	식기건조대	900	750	850	1												07
08	다단식선반	800	400	1800	1												08
09	가스다별렌지/하부 볼솥보리	1500	750	850	1				25	45000							09
10	가스자동밥솥	558			1				9.5	8400							10
11	환기후드/유지장	1800	900	600	1								1	220	0.5		11
12	벽선반	1500	300	350	1												12
13	1조세정작업대	1300	750	850	1	15	15	50									13
14	일미주슬라이서	430	430	520	1								1	220	0.3		14
15	벽선반	1150	300	600	1												15
16	냉동냉장고	1900	800	1900	1								1	220	0.7		16
17	그리스트랩	600	600	500	1												17
18	작업대선반	700	700	850	1												18
19	냉장테이블	1500	700	850	1								1	220	0.5		19
20	벽선반	2050	350	600	1												20
21	가스해면기	500	600	850	2				20	12700*2							21
22	환기후드/유지장	1200	850	600	1												22
23	냉장테이블	1500	700	850	1								1	220	0.5		23
24	벽선반	1350	350	600	1												24
25	벽선반	1100	350	550	1												25
26	가스순간 온수기				2	15		50	9.5	9500*2							26
27																	27
28																	28
29																	29
30																	30
31																	31
32																	32
33																	33
34																	34
35																	35
36																	36
37																	37

NO	DESCRIPTION	DIMENSION L	DIMENSION W	DIMENSION H	QTY	PLUMBING C.W	PLUMBING H.W	PLUMBING DRAIN	GAS IN	GAS Kcal/H	STEAM IN	STEAM Kg/H	ELECTRICAL P	ELECTRICAL V	ELECTRICAL Kw/H	REMARK	NO
01	1조세정대	600	750	850	1	15	15	50									01
02	벽오픈찬장/2단	600	350	600	1												02
03	다단식선반	900	750	1800	1												03
04	식기반납대	750	750	850	1												04
05	공 란				1												05
06	벽선반	750	300	600	1												06
07	서랍식 작업대 좌측/ S/T	1800	500	850	1												07
08	벽선반	1800	350	600	1												08
09	전기보온밥솥	486	356	343	3								1	220	2*3		09
10	작업대/밥솥카트 포함	1500	500	850	1												10
11	제빙기	600	506	890	1	15		50					1	220	2		11
12	[illegible]				1	15		50					1	220	1.5		12
13	밥통대	1450	600	850	1												13
14	장국보온기	600	300	500	1								1	220	2		14
15	벽선반	1800	350	600	1												15
16	정수기	302	350	390	1	8		50					1	220	0.5		16
17	전기물끓이기	280		510	1								1	220	3		17
18	벽선반	1500	350	600	1												18
19	자외선컵소독기	500	400	715	1								1	220	0.2		19
20	작업대선반	1700	600	850	1												20
21	벽선반	1700	350	600	1												21
22	음료냉장고	1050	800	1900	1								1	220	1		22
23																	23
24																	24
25																	25
26																	26
27																	27
28																	28
29																	29
30																	30
31																	31
32																	32
33																	33
34																	34
35																	35
36																	36
37																	37

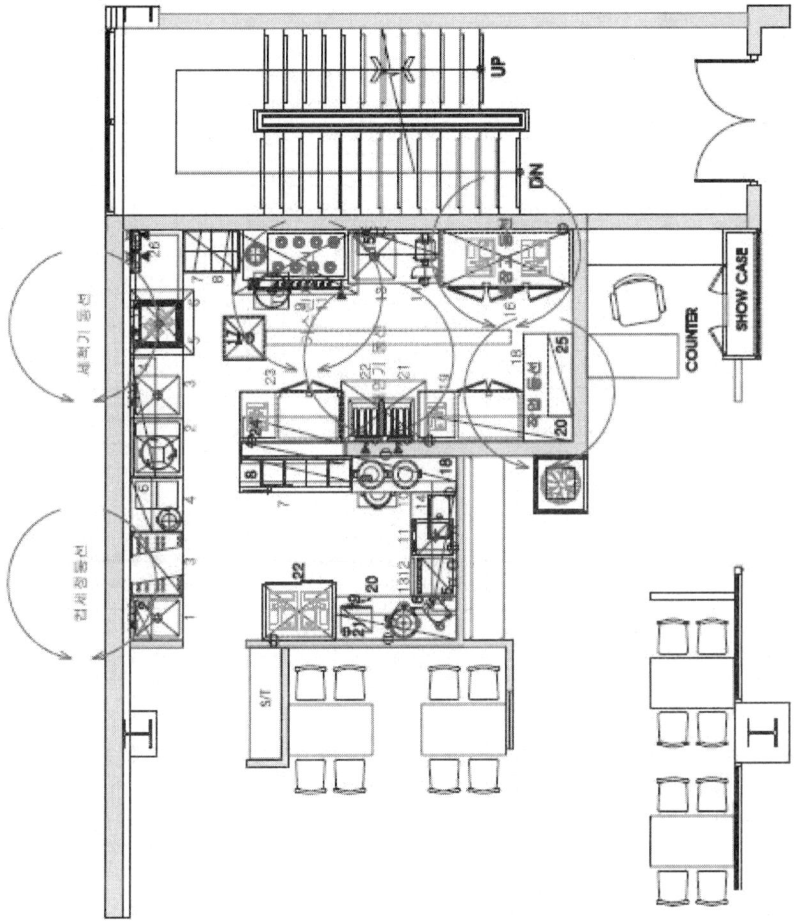

일본우동주방

* 세척기
Door type
좌씽크/1조

* 렌지
다화구렌지
자동튀김기
낮은렌지/추가

* 냉장고
냉동냉장고65
냉장테이블
제빙기

* 주방면적
31.20m²(9.4py)

마. 샤브샤브 주방

NO	DESCRIPTION	DIMENSION			Q.T.Y	PLUMBING			GAS		STEAM		ELECTRICAL			REMARK	NO
		L	W	H		C.W	H.W	DRAIN	IN	Kca/H	IN	Kg/H	P	V	Kw/H		
01	육수냉장고	850	550	920	1								1	220	0.3		01
02	퇴식대	1200	700	850	1												02
03	반찬냉장고	1200	700	850	1								1	220	0.5		03
04	배식대	1500	700	850	1												04
05	냉동냉장고	1260	800	1900	2								1	220	0.54*2		05
06	작업대	1800	700	850	1												06
07	벽선반	1800	350	550	1												07
08	다단식선반	1500	700	1850	1												08
09	랙건조대	1200	700	850	1												09
10	세척기	650	700	1350	1		15	50	9.5	9500			1	220	4		10
11	1조씽크	1500	700	850	1	15	15	50									11
12	퇴식대	1500	700	850	1												12
13	벽선반	1500	350	550	2												13
14	랙선반	1200		520	1												14
15	해물반드냉장고	1800	700	850	1								1	220	0.7		15
16	상선반	1800	300	750	1												16
17	간택기렌지	1800	600	850	1				25	58800							17
18	배기후드	2200	1600	600	1												18
19	낮은렌지	600	600	450	1	15			25	17000							19
20	3구렌지	1200	600	850	1				25	35000							20
21	음료냉장고	600	600	1900	2								1	220	0.7*2		21
22	작업대	1300	600	850	1												22
23	벽선반	1300	350	550	1												23
24	작업대	1200	700	850	1												24
25	1조씽크	700	700	850	1	15	15	50									25
26																	26
27																	27
28																	28
29																	29
30																	30
31																	31
32																	32
33																	33
34																	34
35																	35
36																	36
37																	37

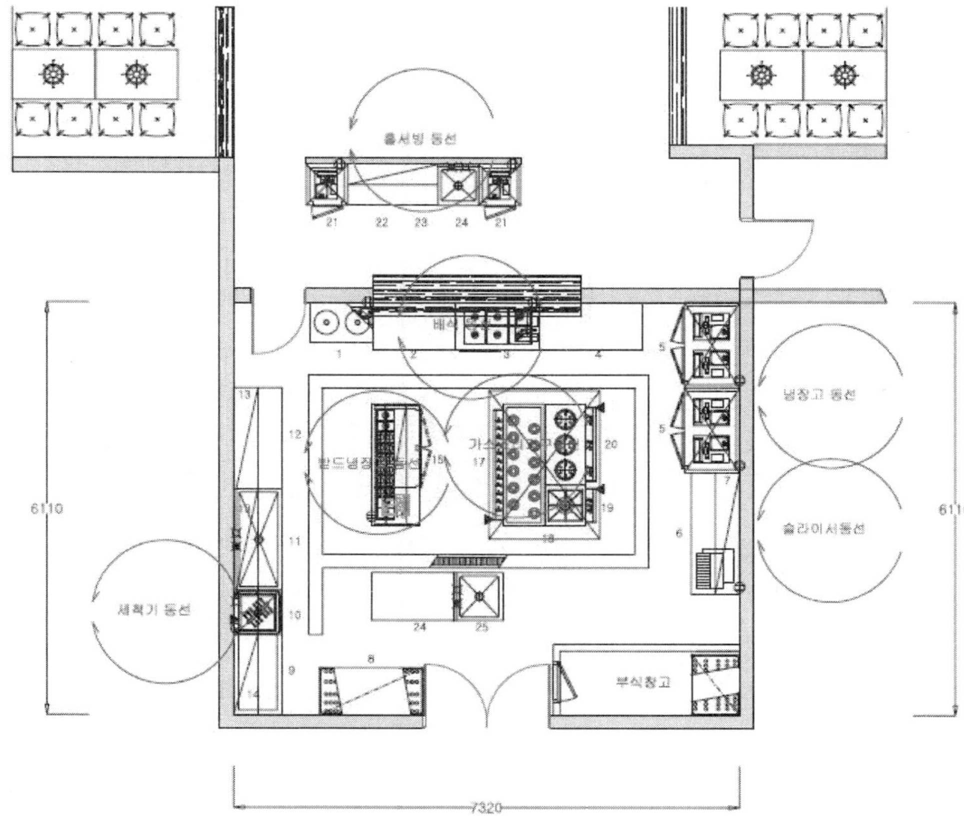

샤브샤브주방

* 세척기
Door type
우씽크/1조

* 렌지
다화구렌지
3구렌지
낮은렌지

* 냉장고
냉동냉장고45
받드냉장고
반찬냉장고

*부식창고면적
2.8m²(0.9py)

* 주방면적
41.92m²(12.6py)

샤브샤브
철벅철벅의 의성어로 일본어이며 끓는 물에 쇠고기를 넣고 저어서 먹는 음식

4. 중식당 주방

가. 중화요리 주방

NO	DESCRIPTION	DIMENSION			Q'TY	PLUMBING			GAS		STEAM		ELECTRICAL			REMARK	NO
		L	W	H		C.W	H.W	DRAIN	IN	Kcal/H	IN	Kg/H	P	V	Kw/H		
01	양념보조대	400	1000	850	3												01
02	중화렌지	1800	1000	850	3	15	15	50	25	70000*2			1	220	0.3*3		02
03	배기후드	5800	1100	600	1												03
04	냉장테이블	1500	750	850	1								1	220	0.5		04
05	벽선반	1500	350	550	1												05
06	퇴식대	1150	700	850	1												06
07	잔반처리대/통	700	700	850	1												07
08	세척기세정대	1500	700	850	1												08
09	식기자동세척기	650	700	1350	1		15	50	9.5	9500			1	220	4		09
10	랙건조대	900	700	850	1												10
11	벽선반	1650	350	550	2												11
12	랙선반	900	520	350	1												12
13	다단식선반	1200	600	1800	2												13
14	면기계				1								1	220	1		14
15	면기계 작업대	1800	700	850	1												15
16	면렌지	800	800	1400	1	15		50	25	30000							16
17	배기후드	1500	1000	600	1												17
18	딤섬렌지/개별스티머타입	700	700	1200	1	15		50	25	25200							18
19	냉동냉장고	1260	800	1900	2								1	220	0.54*2		19
20	덤웨이터 보조대	1250	500	600	2												20
21	캐비넷작업대	1200	600	850	1												21
22	숍워머	600	600	850	1								1	220	3		22
23	배기후드	1700	900	600	1												23
24	3구렌지	900	600	850	1				25	25600							24
25	2조세정대	1500	700	850	2	15	15	50									25
26	소스 워머	1000	750	850	1								1	220	3		26
27	해물반찬냉장고	1800	750	850	1								1	220	0.7		27
28	냉장테이블	1500	750	850	1								1	220	0.5		28
29	디시 워머	1500	750	850	1								1	220	5		29
30	상선반	3000	500	750	1	15	15	50									30
31	냉온정수기				1	15		50					1	220	0.5		31
32	받침대	1200	600	500	1												32
33	티워머/자동온수공급장치				1	15							1	220	3		33
34	컵세정대	1200	600	850	1	15	15	50									34
35	제빙기	110kg			1	15		50					1	220	2		35
36	음료냉장고	600	600	1900	2								1	220	0.7*2		36
37	냉장테이블	1800	600	850	1								1	220	0.7		37
38	벽선반	1800	350	550	1												38

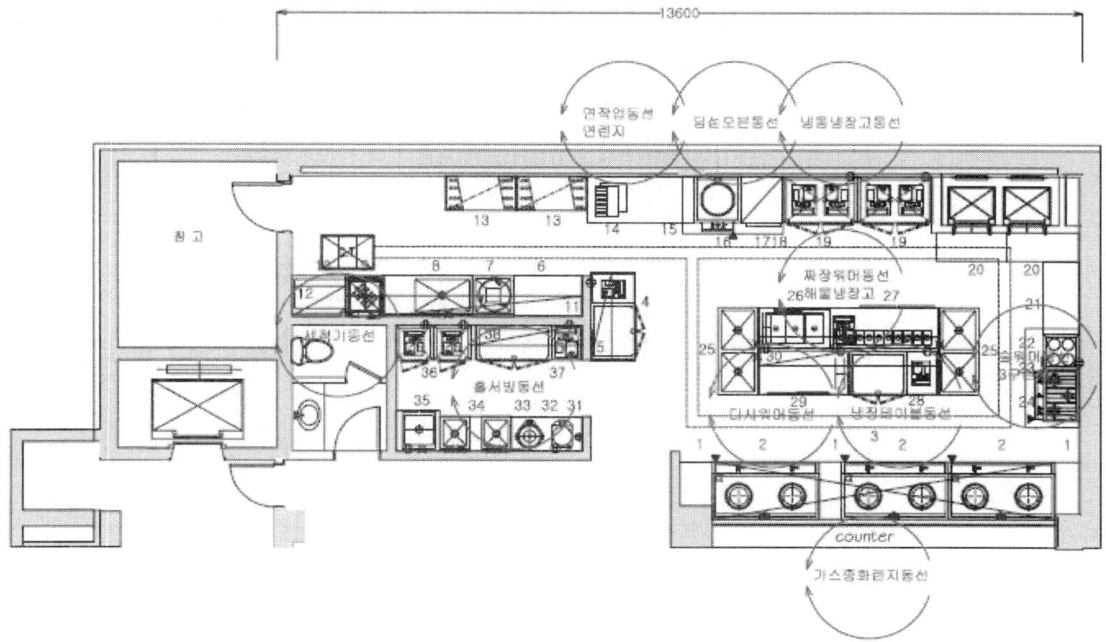

중화요리주방
렌지를 전면에설치함

* 세척기
  Door type
  좌씽크/1조
* 렌지
  중화렌지/브로아
  3구렌지
  숲워머
  면렌지
  딤섬오븐
* 냉장고
  냉동냉장고45
  냉장테이블
  해물받드냉장고
* 창고면적
  8.64m² (2.6py)
* 홀서빙주방
  6.51m² (1.9py)
* 주방면적
  62.80m² (18.9py)

5. 기타 주방

가. 캐더링 주방

NO	DESCRIPTION	DIMENSION L	DIMENSION W	DIMENSION H	Q'TY	PLUMBING C.W	PLUMBING H.W	PLUMBING DRAIN	GAS IN	GAS Kcal/H	STEAM IN	STEAM Kg/H	ELECTRICAL P	ELECTRICAL V	ELECTRICAL Kw/H	REMARK	NO
01	발판소독기	500	500	20	10												01
02	에어 커튼	900	200	200	4								1	220	0.5*4		02
03	손세정대	450	500	850	1	15	15	50									03
04	손소독기				1								1	220	0.1		04
05	칼도마소독기	1050	450	1350	1								1	220	1		05
06	고무장갑소독기				1								1	220	1		06
07	행주소독기				1								1	220	1		07
08	자동워터릴		15m		2	15											08
09	이동작업대	1200	600	850	1												09
10	장화소독기				1								1	220	1		10
11	가스회전식 국솥		600용		3	15			25	33000*3							11
12	배기후드	2400	1500	600	2								1	220	1		12
13	다단식선반	1500	700	1850	1												13
14	가스 볶음솥, 튀김솥				2	15			25	33000*2							14
15	튀김운반카				1												15
16	배기후드	3200	1500	600	1								1	220	1		16
17	가스 다단식 취사기		150용		5				20	24700*5			1	220	0.1*5		17
18	밥솥 운반카				1												18
19	배기후드	2300	1200	600	2								1	220	0.5		19
20	1조씽크	1200	700	850	1	15	15	50									20
21	구근탈피기		MP30		1	15		50					1	220	1.5		21
22	야채절단기				1								1	220	0.5		22
23	기계작업대	1500	700	850	1												23
24	양념민찌기				1								1	220	0.7		24
25	냉동실	2000	1250	2400	1			50					1	220	1.5		25
26	냉장실	2000	1750	2400	1			50					1	220	1.5		26
27	가스부침기	1200	700	850	2				25	16000*2							27
28	낮은렌지	1500	700	450	1				25	39600							28
29	배기후드	3100	1800	600	1								1	220	0.5		29
30	이동작업대	1200	600	850	1												30
31	3구렌지	1500	700	850	1				25	35000							31
32	콘베아 시스템				1	15		50					3	380	3		32
33	작업대	1400	600	850	2												33
34	1조씽크	1200	700	850	1	15	15	50									34
35	2조씽크	1200	700	850	1	15	15	50									35
36	식기소독장	1500	700	1900	4								1	220	7		36
37	1조씽크	2000	800	850	1	15	15	50									37
38	잔반 탈수기	550	1000	1000	1			50					1	220	1		38
39	잔반처리대/ 균절기	700	700	850	1								1	220	3.5		39
40	퇴식콘베아	5000	700	850	1	15		50					3	380	2		40
41	식기세척기/2탱크 드라이	5600	870	1800	1	15		100	20	70000			3	380	40		41
42	배기후드	1200	1000	600	2								1	220	0.5		42
43																	43

캐더링주방

* 세척기
  2탱크 드라이
  Flight type
* 잔반균절기
  잔반탈수기
* 렌지
  다단식취사기
  회전식국솥
  볶음솥
  낮은렌지
  그리들
  3구렌지
* 저장고
  냉동실2.5m²(0.7py)
  냉장실3.5m²(1.0py)
* 주방면적
  143.83m²(43.5py)

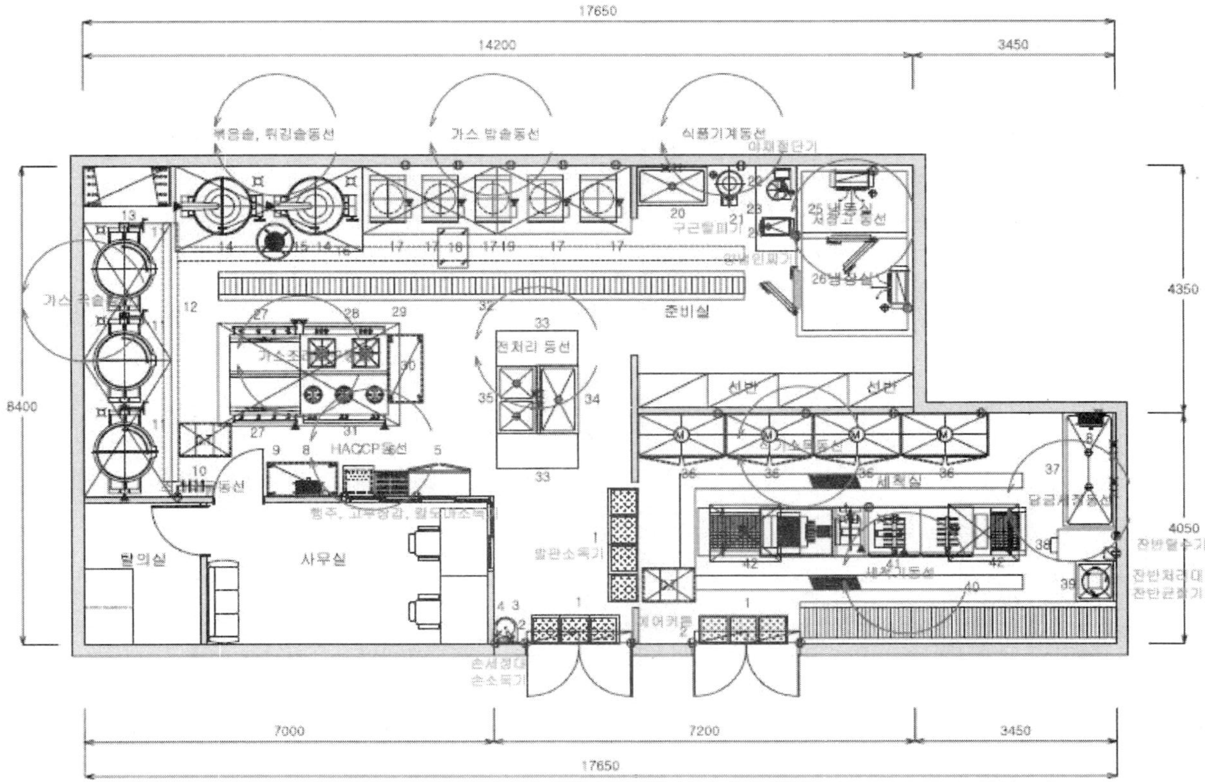

나. 단체급식 주방

NO	DESCRIPTION	DIMENSION			Q.TY	PLUMBING			GAS		STEAM		ELECTRICAL			REMARK	NO
		L	W	H		C.W	H.W	DRAIN	IN	Kcal/H	IN	Kg/H	P	V	Kw/H		
01	창고선반	1500	550	1700	2												01
02	곡물깔판	1000	1000	150	1												02
03	장화 건조기				1								1	220	1		03
04	보존식 냉장고	225liter			1								1	220	0.5		04
05	2조세정 작업대	2300	750	850	1	15	15	50*2									05
06	양념 분쇄기	JY-9506			1								1	220	0.5		06
07	검수 작업대	1500	750	850	1												07
08	야채절단기	HMV-200			1								1	220	0.5		08
09	3조세정대	1800	750	850	1	15	15	50*3									09
10	전동 세미기	80 kg/회			1	15		50					1	220	2		10
11	냉동냉장고 /양문	1260	800	1900	1								1	220	1		11
12	3조세정대	1800	750	850	1	15	15	50*3									12
13	검수 작업대	1200	750	850	1												13
14	전자저울	150kg			1								1	220	0.1		14
15	손세정대	230	200	250	2	15*2	15*2	50*2									15
16	손소독기				2								1	220	0.1*2		16
17	에어커튼	900	208	208	7								1	220	0.5*7		17
18	2조세정대	1500	750	850	1	15	15	50*2									18
19	작업대	1500	750	850	2												19
20	1조세정대	1500	750	850	1	15	15	50*2									20
21	자동워터릴	13m			4	15*4											21
22	가스 만능조리기	1500	750	850	2	15*2			25	25000*2							22
23	배기후드	3600	1500	600	1												23
24	가스 회전식 국솥	500인용			2	15*2			25	30000*2							24
25	배기후드	2550	1500	600	2												25
26	가스 회전식볶음솥	500인용			1	15			25	30000							26
27	3구조리렌지	1500	750	850	1				25	35000							27
28	콤비스티머/ 전기식	CS-0420			1	15		50					3N	380	40		28
29	배기후드/휠타	1450	1200	600	1												29
30	가스 다단식취사기	150인용			4				20	29000*4			1	220	0.1*4		30
31	다단식선반	1200	750	1800	1												31
32	음식보온고 / 양문	1500	800	1900	1								1	220	7		32
33	이동 작업대	1500	750	850	2												33
34	작업대	1500	750	850	2												34
35	이동 무침대	1200	700	850	1												35
36	1조세정대	1500	750	850	1	15	15	50*2									36
37	식기건조대/이동식	1500	750	850	1												37

NO	DESCRIPTION	DIMENSION			QTY	PLUMBING			GAS		STEAM		ELECTRICAL			REMARK	NO
		L	W	H		C.W	H.W	DRAIN	IN	Kcal/H	IN	Kg/H	P	V	Kw/H		
38	식기자동 세척기	6500	870	1800	1		15	100	20	72000			3	380	48		38
39	잔반통/ 이중걸름망	430		490	4												39
40	담금세정대	1800	900	580	1	15*2	15*2	50*2									40
41	담금세정대/이동식	1500	750	850	1	15*2	15*2	50*2									41
42	전기 소독보관고 / 양문	2100	750	1950	1								1	220	12		42
43	전기 소독보관고 / 양문	1800	750	1950	1								1	220	9		43
44	이동식 잔반처리대/캐비넷	1200	600	850	1												44
45	수저식판 배분대	1200	600	900	2												45
46	반찬보온배식대	900	700	850	2								1	220	3*2		46
47	반찬보냉배식대	900	700	850	2								1	220	0.5*2		47
48	밥보온배식대	700	700	850	2												48
49	국보온 운반차	600	600	850	2												49
50	행주소독기				1								1	220	1		50
51	고무장갑소독기				1								1	220	1		51
52	도마소독조	1100	730	850	1												52
53	배기후드	1900	900	600	1												53
54	배기후드	3400	1500	600	1												54
55	밥솥 운반카				2												55
56	음식 보냉고	1300	800	1900	1								1	220	1		56
57	소독기 받침대	1800	750	250	1												57
58	소독기 받침대	2100	750	250	1												58
59	취사기 받침대	610	610	140	4												59
60																	60
61																	61
62																	62
63																	63
64																	64
65																	65
66																	66
67																	67
68																	68
69																	69
70																	70
71																	71
72																	72
73																	73
74																	74

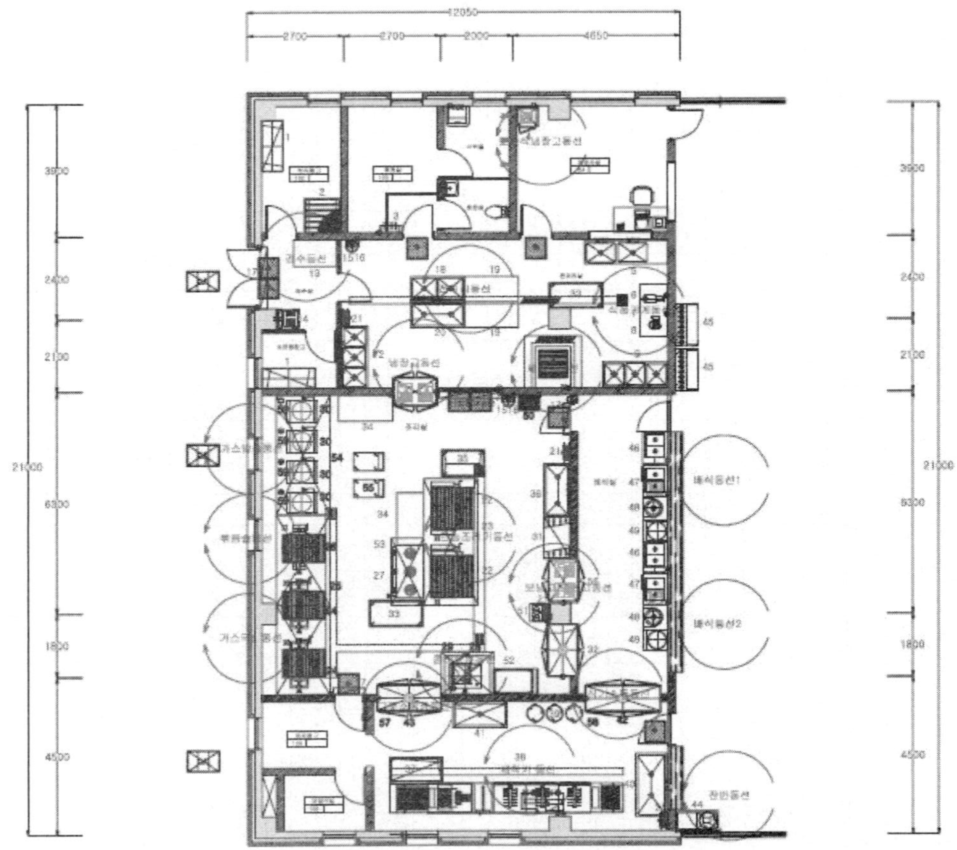

중학교주방

* 세척기
Flight type
2탱크드라이

* 식기소독
양문형소독장

* 렌지
다단식취사기
회전식국솥
3구렌지
만능조리기
콤비스팀오븐

* 냉장고
양문냉장고45
냉동냉장고45
반찬냉장고

*영양사실면적
17.09m²(5.2py)

* 주방면적
253.05m²(76.5py)

다. 실습실 주방

NO	DESCRIPTION	DIMENSION			Q'TY	PLUMBING				ELECTRICAL			GAS CONN		STEAM		REMARKS	NO
		W	D	H		C.W.	H.W.	DRAIN	HEIGHT	P	V	Kcal/H	PIPE	Kcal/H	PIPE	Kg/H		
1.	다단식선반	1200	600	1800	1													1.
2.	랙건조대	1400	700	850	1													2.
3.	랙선반	1500	520	350	1													3.
4.	식기세척기	650	700	1350	1		15	50	100	1	220	4	9.5	9500				4.
5.	1 조세정대	1200	700	850	1	15	15	50	1100									5.
6.	잔반처리대/통	700	700	850	1													6.
7.	벽선반	1900	350	550	1													7.
8.	캐비넷작업대	1500	600	850	1													8.
9.	컨벡션오븐	810	1240	590	1	15		50	100	1	220	7						9.
10.	받침대	810	1300	700	1													10.
11.	배기후드	3000	1300	600	1													11.
12.	콤비스티머	900	860	960	1	15		50	100	3	380	16						12.
13.	받침대	900	900	700	1													13.
14.	전기렌지	1200	600	850	1					1	220	5						14.
15.	작업대	750	700	850	1													15.
16.	냉장테이블	1225	762	914	1					1	220	0.5						16.
17.	2 조세정대 날개	1800	800	850	1	15	15	50	1100									17.
18.	벽선반	1950	350	550	2													18.
19.	에스프레소커피머신	420	530	500	1	15		50	100	1	220	2.5						19.
20.	컵워머	620	400	320	1					1	220	0.5						20.
21.	2 단작업대	1500	600	850	1													21.
22.	바세정대	900	600	850	1	15	15	50	300									22.
23.	제빙기	50 kg			1	15		50	100	1	220	1						23.
24.	냉장테이블	1500	600	850	1					1	220	0.5						24.
25.																		25.
26.																		26.
27.																		27.
28.																		28.
29.																		29.
30.																		30.
31.																		31.
32.																		32.
33.																		33.
34.																		34.
35.																		35.

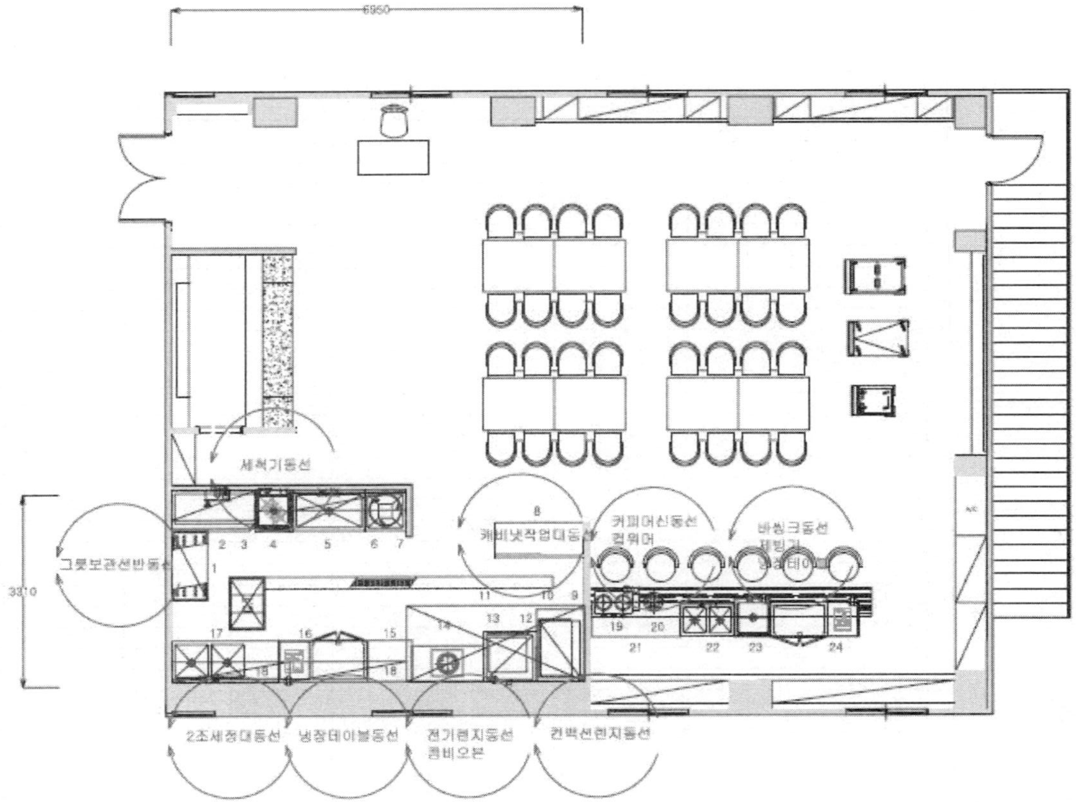

실습실주방
관광고등학교 실습실

* 세척기
  Door type
  우씽크/1조

* 렌지
  전기렌지
  콤비스티머
  컨백션오븐

* 냉장고
  냉장테이블

* 바주방면적
  7.2m² (2.1py)
* 주방면적
  23.46m² (7.0py)

라. 호텔메인 주방

NO	DESCRIPTION	DIMENSION L	DIMENSION W	DIMENSION H	QTY	PLUMBING C.W	PLUMBING H.W	PLUMBING DRAIN	GAS IN	GAS Kcal/H	STEAM IN	STEAM Kg/H	ELECTRICAL P	ELECTRICAL V	ELECTRICAL Kw/H	REMARK	NO
01	숩워머	1200	700	850	1								1	220	5		01
02	보조대	700	700	600	1												02
03	벽선반	1800	350	550	1												03
04	3구렌지오븐	900	700	850	1				20	35000							04
05	가스그릴러	800	700	450	1				20	13200							05
06	가스그리들	1000	700	850	1				20	8800							06
07	컨벡션오븐	HCC 804 (요바드)			1	15		50					3	380	15		07
08	반찬대	1000	1600	600	1												08
09	배기후드/필터	4100	1200	600	1												09
10	식품기계작업대	1800	700	850	1												10
11	양념믹서기				1								1	220	0.5		11
12	야채절단기				1								1	220	0.5		12
13	1조세정대	1500	700	850	1	15	15	50									13
14	벽선반	1650	350	550	2												14
15	가스회전식국솥		500 인용		2	15			20	30000							15
16	배기후드/필터	3200	1500	600	1												16
17	가스낮은렌지	1500	700	450	1	15			20	39600							17
18	배기후드/필터	2600	900	500	1												18
19	3구렌지	900	600	850	1				20	25600							19
20	보조대	660	700	850	1												20
21	베이커리오븐	1280	1000	1800	1								3	380	10		21
22	냉동고	1260	800	1900	1								1	220	0.54		22
23	버티컬믹서		16"		1								1	220	1		23
24	씨렌카	720	530	1700	1												24
25	캐비넷작업대	1500	700	850	1												25
26	벽선반	1300	350	550	1												26
27	3구렌지	900	700	850	1				20	25600							27
28	배기후드/필터	2500	900	600	1												28
29	가스그리들	1000	700	850	1				20	13200							29
30	냉장테이블	1800	700	850	1												30
31	2조세정대	1400	700	850	1	15	15	50									31
32	벽선반	1600	350	550	2												32
33	가스다단식 취사기		150 인용		2				20	24700×8A			1	220	0.04×8A		33
34	배기후드/필터	1640	1200	600	1												34
35	캐비넷작업대	1500	700	850	1												35
36	접시워머	1800	700	850	1								1	220	5		36
37	다단식선반	1200	700	1800	1												37

NO	DESCRIPTION	DIMENSION L	DIMENSION W	DIMENSION H	QTY	PLUMBING C.W	PLUMBING H.W	PLUMBING DRAIN	GAS IN	GAS Kcal/H	STEAM IN	STEAM Kg/H	ELECTRICAL P	ELECTRICAL V	ELECTRICAL Kw/H	REMARK	NO
38	2조세정대	1400	700	850	1	15	15	50									38
39	냉장테이블	1500	700	850	2								1	220	0.5		39
40	작업대	1500	700	850	1												40
41	다단식선반	1400	700	1800	1												41
42	작업대	1400	700	850	1												42
43	간택기렌지	1500	700	850	1				20	43000							43
44	3구렌지	1500	700	850	1				20	32800							44
45	배기후드/필터	7940	2050	600	1												45
46	중화렌지	1500	800	850	1	15		50	20	30000							46
47	2조세정대	1500	700	850	1	15	15	50									47
48	2조세정대	1400	700	850	1	15	15	50									48
49	작업대	1500	700	850	1												49
50	가스어소기		926		1				9	12000							50
51	도마작업대	1500	700	850	1												51
52	냉동실	3000	5300	2400	1	15		50					1	220	6		52
53	냉장실	3000	5300	2400	1	15		50					1	220	5		53
54	저장고선반	1500	600	1800	10												54
55	저장고선반	1400	600	1800	4												55
56	상선반	1800	400	350	1												56
57	상선반	1500	400	350	2												57
58																	58
59																	59
60																	60
61																	61
62																	62
63																	63
64																	64
65																	65
66																	66
67																	67
68																	68
69																	69
70																	70
71																	71
72																	72
73																	73
74																	74

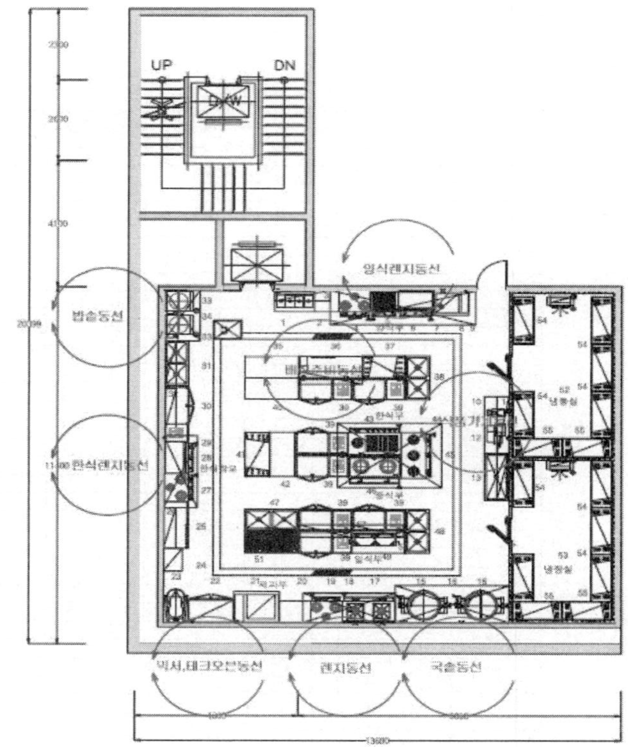

호텔메인주방

* 세척실 별도설치

* 양식렌지
  3구렌지
  그릴러
  그리들
  컨백션오븐

* 한식렌지
  다화구렌지
  3구렌지

* 중식렌지
  중화렌지2구

* 일식렌지
  생선구이기
  3구렌지
  낮은렌지

* 제과부
  테크오븐
  버티컬믹서

* 주방면적
  156.06m²(47.2py)

참/고/문/헌

김기영, 「호텔주방관리론」, 백산 출판사, 2000.

김기영, 「레스토랑주방의 시설배치관리 시스템 모델개발에 관한 연구」, 석사 논문, 1995.

김기영 · 추상용 · 채영철, 「호텔.외식산업 식음료 서비스 실무론」, 대왕사, 2000.

김동승 · 김경주 · 하지원, 「최신급식경영학」, 광문각, 1994.

강무근 · 조한용 · 우문호, 「관광외식 원가관리」, 도서출판 효일, 2001.

강무근 · 최주호 · 우문호, 「외식산업론」, 학문사, 2001.

김병태 · 김승남 · 차근호, 「생산운영론」, 명경사, 2000.

곽이성, 「패밀리레스토랑 종사원의 교육훈련 구성요소가 교육성과에 미치는 영향에 관한 연구」, 세종대학교, 1999.

김용길, 「호텔 주방시스템이 주방조사자의 직무만족과 서비스품질에 미치는 영향에 관한 연구」, 청운대학교, 2005.

김영진 · 우기남 공저, 「호텔시설관리」, 백산출판사, 1998.

공재열, 「식품냉동공학의 기초」, 형설출판사, 1999.

김진수 · 홍홍기, 「레스토랑식음료관리론」, 학문사, 2000.

김종성, 박상배, 「조리실무관리론」, 형설출판사, 1994.

김충호 · 원융희, 「호텔조직인사관리」, 대왕사, 1999.

김충희, 「호텔인사관리」, 형설출판사, 1986.

김현덕, 「관광호텔 조리업무의 효과적인 관리방안에 관한 연구」, 계명대학교, 무역대학원, 석사학위 논문, 1994.

김학수, 「외식업에 진출하라」, 도서출판 수서원, 1999.

김혜원, 「인간형태를 적용한 디자인에 관한 연구」, 홍익대학교 대학원 석사학위 논문, 1987.

김헌희 · 이대홍, 「외식산업경영의 이해」, 백산출판사, 2001.

나정기, 「호텔식음료 원가관리실무」, 백산출판사, 2000.

나정기, 「외식산업의 이해」, 백산출판사, 2000.

대한영양사회, 「현장실습 지침서」

류석배, 「LPG 및 도시가스 실무핸드북」, 구민사, 1988.

박기업, 「주방의 작업능률 극대화를 위한 주방시설 배치 및 설비와 시공에 관한 연구」, 세종대 경영대학원, 2000.
박성부 · 이정실, 「레스토랑식음료 관리론」, 기문사, 1999.
박완희 · 이병철, 「단체급식과 외식산업 HACCP 실무」, 도서출판 뱅골집, 2000.
박종세 · 김동술, 「꼭 알아야 할 식품위생」, 유림문화사, 2001.
박병렬 · 임붕영, 「외식사업주방관리론」, 대왕사, 1999.
박현지, 「Food Service Industry의 위생 및 안전관리에 관한 연구」세종대 석사논문, 1989.
성균관대, 「산업심리학과편」, 박영사, 1996.
신재영, 박기용, 정청송, 「호텔레스토랑 식음료 서비스론」, 대왕사, 2001.
신재영 · 송성인 공저, 「최신호텔경영론」, 백산출판사, 2002.
신재영 · 최대웅, 「외식위생관리론」, 백산출판사, 1999.
신재영 · 조구현, 「레스토랑 관광식음료 관리론」, 대왕사, 2000.
사까끼 요시오, 「식당경영론」, 문지사, 1997.
이권복, 「호텔&외식사업 기물관리론」, 문지사, 2000.
유기현, 「인사관리론」, 서울 무역경영사, 1986.
월간식당, 2000.
오문환 · 하헌국, 「호텔경영론」, 한올출판사, 1997.
오병수, 「인사관리」, 박영사, 1981.
이선희 · 진양호, 「외식창업경영 벤치마킹」, 대왕사, 2000.
안용근외 8명, 「현대 식품가공 저장학」, 효일문화사, 1999.
이은규, 「영업용 주방 설계집」, 에벤에셀기업,
이유경 · 정청송, 「외식사업경영과 서비스이론과 실제」, 도서출판 G.C.S.,1999.
유정봉, 「호텔주방부문 식재료관리에 관한 연구」, 경희대학교 경영대학원 호텔경영전공, 석사학위논문, 1990.
윤태환, 「주방경영론」, 백산출판사, 2008.
조문수 · 윤혁수, 「외식산업경영론」, 지문사, 1998.
장병만, 「설비계획」, 경문사, 1991.
장수덕, 「관광호텔 주방의 효율적 관리에 관한 연구」, 계명대학교, 석사학위논문, 2002.
진양호 · 강종헌, 「호텔/외식산업 원가관리론」, 지구문화사, 2000.
전재근, 「식품공학」, 계문사, 1999.
조춘봉, 이서형, 「조리작업의 다양성이 조리업무 효율성에 미치는 영향에 관한 연구」, 2003

정청송, 「레스토랑 경영관리」, 기전연구사, 1997.
조현석, 「레스토랑 식음료 실무관리론」, 형설출판사, 2000.
최대웅, 「외식사업 실무론」, 백산출판사, 1999.
한국식품영향학 교수협의회, 「단체급식」, 수학사, 1999.
한국 화학공학회, 「에너지공학」, 교보문고, 1996.
한국관리기술원, 「작업방법설계와 작업측정」, 창지사, 1987.
한상명, 「주방시설관리론」, 석학당, 2012.
호텔롯데, 「조리직무교재」, 명지출판사, 1990.

한국산업안전보건공단, www.kosha.or.kr
한성에프앤씨주식회사
농촌진흥청 국립식량과학원
http://cafe.naver.com/sprout365/977
http://www.yoojintech.co.kr/
http://www.operon.cn/img/fdt2013.png
http://www.karmacoffee.co.kr
http://blog.naver.com/yoosc74?Redirect=Log&logNo=30177344104
http://cafe.naver.com/homisa/133
AHMA, Food and Beverage cost planning and control procedure, 1976. 교통부, 해외연수보고서, 1979.
http://cafe.naver.com/homisa/133
C.R.Dooly, Training within Industry in the United States Internationnal Labor Review, V이. 54, No6.

저/자/약/력

여운승

현) 충청대학교 식품영양외식학부 교수
현) 농어촌관광사업 등급결정 심사위원
현) 2014년 NCS개발 심의위원(음식 조리분야)

경기대학교 외식조리전공(관광학 박사)
경기대학교 외식산업경영전공(관광학 석사)
공군사관학교 영양사
동아건설 리비아본부 조리사
영양사 면허증 · 한식 · 중식 · 제과 · 제빵기능사
2008 Food & Expo 문화체육관광부장관상 수상

저서 및 논문

『외식산업창업론』
『외식창업경영실무론』
『조리기능사 이론과 실제』
「외식기업의 고객인지 부조화 요인이 구매적합성에 미치는 영향 연구」(박사학위)
「신세대 장병을 위한 급식서비스 만족도에 관한 연구」(석사학위)
「대학생의 특성에 따른 전공 선택요인과 만족도의 영향」
「환경의식과 소비가치가 친환경식자재 구매의도에 미치는 영향」 외 다수